Inteligencia proyectual

Roberto Fernández

Inteligencia proyectual

Un manual de investigación en arquitectura

Colección UAI - Investigación

Fernández, Roberto
Inteligencia proyectual : un manual de investigación en arquitectura . - 1a ed.
- Ciudad Autónoma de Buenos Aires : Teseo, 2013.
422 p. ; 20x13 cm.
ISBN 978-987-1867-80-6
1. Arquitectura. I. Título
CDD 720.01

Universidad Abierta
Interamericana

© UAI, 2013

© Editorial Teseo, 2013

Teseo - UAI. Colección UAI - Investigación

Buenos Aires, Argentina

ISBN 978-987-1867-80-6

Editorial Teseo

Hecho el depósito que previene la ley 11.723

Para sugerencias o comentarios acerca del contenido de esta obra,
escríbanos a: **info@editorialteseo.com**

www.editorialteseo.com

Comité editorial

Lic. Juan Fernando Adrover
Arq. Carlos Bozzoli
Mg. Osvaldo Barsky
Dr. Marcos Córdoba
Mg. Roberto Cherjovsky
Mg. Ariana De Vincenzi
Dr. Roberto Fernández
Dr. Fernando Grosso
Dr. Mario Lattuada
Dra. Claudia Pons
Dr. Carlos Spector

Los contenidos de libros de esta colección cuentan con evaluación académica previa a su publicación.

PRESENTACIÓN

La Universidad Abierta Interamericana ha planteado desde su fundación en el año 1995 una filosofía institucional en la que la enseñanza de nivel superior se encuentra integrada estrechamente con actividades de extensión y compromiso con la comunidad, y con la generación de conocimientos que contribuyan al desarrollo de la sociedad, en un marco de apertura y pluralismo de ideas.

En este escenario, la Universidad ha decidido emprender junto a la editorial Teseo una política de publicación de libros con el fin de promover la difusión de los resultados de investigación de los trabajos realizados por sus docentes e investigadores y, a través de ellos, contribuir al debate académico y al tratamiento de problemas relevantes y actuales.

La *colección investigación* TESEO-UAI abarca las distintas áreas del conocimiento, acorde a la diversidad de carreras de grado y posgrado dictadas por la institución académica en sus diferentes sedes territoriales y sus líneas estratégicas de investigación, que se extiende desde las ciencias médicas y de la salud, pasando por la tecnología informática, hasta las ciencias sociales y humanidades.

El modelo o formato de publicación y difusión elegido para esta colección merece ser destacado al posibilitar un acceso universal a sus contenidos: ya sea por la vía tradicional impresa en librerías seleccionadas o por nuevos sistemas globales como la impresión por demanda en distintos continentes, acceso a eBooks por tiendas virtuales y difusión por Internet de sus contenidos parciales (Google libros, etc.).

Con esta iniciativa la Universidad Abierta Interamericana ratifica una vez más su compromiso con una educación superior que busca en forma constante mejorar su calidad y contribuir con su trabajo al desarrollo de la comunidad nacional e internacional en la que se encuentra inserta.

Dr. Mario Lattuada
Secretaría de Investigación
Universidad Abierta Interamericana

ÍNDICE

Presentación 9

Introducción 13

I Parte. Conceptos

1. El vacío de la teoría.
Argumentos para la investigación proyectual como
refundación teórica de la arquitectura 31

2. Investigar qué, cómo y para qué.
Observaciones sobre la investigación en arquitectura 79

3. Cómo hacer un texto de investigación.
Instrucciones de escritura 147

II Parte. Productos

4. Perspectivas futuras de ecoproyectos 171

5. Modos americanos de proyecto.
Hibridez, Ilustración, naturaleza 239

6. Arte, cultura y territorio 285

7. Pensar lo técnico que piensa
Derivas de lo tecnológico en la Posmodernidad:
instrumentalidad, autopoiésis, apariencia 307

8. Rastros de modernidad otra 345

9. Inscripciones
Notas sobre notas: *Stylo Eisenman* 371

10. *Hybris* americana
Sobre la modernidad ecléctica de Costa y Barragán 397

INTRODUCCIÓN

Para empezar: ¿qué es *inteligencia proyectual*, o inversamente, *proyecto inteligente*? Es aquella condición cultivada y metódica que toma en cuenta la experiencia precedente para procesarla críticamente como una especie de teoría o fundamentos previos a una práctica; en este caso, proyectual.

Los *proyectos inteligentes* serían así no las meras y eficientistas respuestas a demandas de proyecto devenidas del mercado profesionalista (cuya eficacia sería satisfacer a pleno al cliente, quien según el optimismo de mercado, *siempre tiene razón*) sino los proyectos con talante analítico-crítico, los que innovan en su tema - incluso a veces, retrucando la voluntad del comitente si es que se entiende que su demanda debe cuestionarse o reformularse para *resolver mejor* su problema real y no un problema alienado, si cabe esa vieja expresión *freudomarxista*-, los que ejercitan presupuestos éticos (incluso rechazando encargos) y los que aspiran a calidades de construcción y expresión coherentes con un ámbito cultural y social específico.

Sería pues, la *inteligencia proyectual*, algo pre o protocientífico, mezcla de reflexión sistematizada sobre prácticas previas y componentes específicos de intuición o creatividad que posee cada acto proyectual pero que aspira a tomar la mejor decisión de proyecto. Sin embargo, contra la definición de la arquitectura como arte –que Kant y Hegel aceptaron así como condicionaron en el sentido de negar lo artístico de la arquitectura si no logra autonomizarse de su condición de utilidad– casi cualquier proyecto matiza su extrema novedad con alguna reflexión o procesamiento de proyectos previos.

Llamaríamos *inteligencia proyectual* a los procedimientos de carácter metódico que buscan sistematizar tal experiencia proyectual previa, al servicio de los fundamentos teóricos de proyectos presentes o futuros. La construcción de dicha inteligencia es tarea de la investigación, no de las diversas y extrínsecas maneras de investigar en relación con la arquitectura (como las maneras tecnológico-científicas, históricas, urbanísticas, morfológicas, etc.) sino de la investigación sobre y con el proyecto, de la investigación sobre proyectos y de la investigación que puede hacerse con el proyecto.

Los títulos y subtítulos a veces engañan: le puse a esta colección de escritos el nombre auxiliar de *Manual* no tanto para adscribir al tipo de libros-recetarios de cocina (muy útiles a veces, como el *best seller* de Eco sobre cómo *cocinar*-escribir una tesis o como *Los Fuegos* de Mallman que convierte cocina en ambiente y cultura) sino en relación con la noción de *manufacto* o *artesanal*, provisoria y progresiva actividad de investigar y escribir en temas de arquitectura, tarea difusa ligada a la enseñanza o a la crítica que vengo haciendo hace mucho tiempo y en los últimos años con el agregado de orientar la tarea de investigación en una escuela de arquitectura –de la universidad UAI– que se suma y vincula con mis otras actividades académicas que incluyen investigación en las universidades de Buenos Aires, Salvador y Mar del Plata más excursiones académicas breves pero continuas a muchos sitios del país, de la región y de la parte del mundo que a veces se interesa en nuestras contribuciones (España, Portugal, Italia, Francia e Inglaterra en mi caso).

No es una precisión menor además, haber puesto *Un Manual*, es decir, como identificación de una aproximación relativa y subjetiva bien lejos del apodíctico título de *Manual* (como *El* manual...).

Este *Manual* en tal caso es como una *libreta de apuntes*, algo *in progress* –llevo unas 30 libretas escritas, una cada año, llena de algunos apuntes o esquemas y dibujos que casi siempre evolucionan en trabajos investigativos– y lo manual habla de esa provisoriedad y progresividad: comentarios y posibles lineamientos para proseguir, más que conclusiones apodícticas y prescriptivas. Todo esto se entrelaza y, por ejemplo, cuando voy a dictar un seminario intensivo como Profesor Invitado a México, Perú o Uruguay, tal seminario resulta ser una síntesis que compila trabajos de investigación en mis sedes permanentes, lo que luego muchas veces, termina en libros.

De ese entrelazamiento destaco que para mí es importante *investigar*, *enseñar* (transmitiendo algunos hallazgos, descubrimientos o deducciones logradas en la investigación) y *escribir* (como un segundo y más certero y perdurable registro de las pocas cosas que se adquieren, en términos cognitivos, investigando).

La investigación genera una clase de *resultados* –algunos íntimos, propios del *saber más,* y otros institucionales como *papers*, informes más bien áridos y *en jerga*, a veces artículos o libros contenidos y previstos en la propia investigación, comunicaciones *inter paribus* en congresos o bienales y otras yerbas no tan frecuentes en el campo de la arquitectura– que dan paso y sustentan los discursos más bien dialógicos de la oralidad de la enseñanza, que hoy está algo modificada por recursos de histrionismo y persuasión, necesarios para sostener una tensión didáctica. En mi caso, estos discursos dialógicos terminan por condensarse en artículos y libros que expurgan y difunden lo que a veces es muy árido en las comunicaciones endógenas de la investigación, y que fueron escritos para consolidar mi discurso de enseñanza y para articularme con otros investigadores establecidos o en formación.

La investigación es bastante pobre dentro del campo de la arquitectura y esto es así porque esta disciplina se *in-disciplina* en la Modernidad y contemporaneidad de su devenir, en tanto *desprecia la teoría* –como espacio epistémico referencial de toda práctica– y se desbarranca en una pasión pragmática en la que cabe el capricho, la arbitrariedad o el hermetismo de las *cajas negras* cerebrales de los *grandes maestros*.

No siempre ha sido así, incluso en el último siglo: Le Corbusier, referente indiscutido de las *manos calientes en mentes frías*, tiene repartida su vida productiva en unos 40 libros, 40 obras significativas de arquitectura y 40 trabajos plásticos más o menos relevantes (que si no la esfera de la crítica, él juzgaba tan importantes como los otros tercios de su vida productiva) y repartió además la programación de sus días de trabajo también en tercios, con el agregado de que en el tiempo de sus viajes y sus vacaciones escribía y dibujaba/pintaba pero nunca proyectaba. De hecho solía decir que *un buen proyecto podía sintetizarse en un boleto de tranvía*, porque lo único que llevaba encima eran esas *moleskines* negras llenas de notas y diagramas. El tipo antes que nada, era un *intelectual*, un ejercitador del pensamiento y un lector atento bastante diversificado, como ya se percibe de su inicial tarea como editor de *L´Esprit Nouveau*.

El desprecio de la teoría es un desprecio *institucional* –en los colegios profesionales, en las escuelas formativas, en las revistas cada vez más *fashion* (las revistas de arquitectura mutan lentamente a *revistas de estilo*, como las que sacan algunos diarios los domingos: en 1985 me encargaron presentar la idea de un suplemento de Arquitectura para *Página/12* y cuando me entrevisté para mostrar el borrador a quién era el dueño entonces, Fernando Sokolowicz, este me dijo que *lo que en verdad necesitaba era una revista de estilo, como la de* El País...), las bienales o expos, etc.- acentuado por una declinación de la potencia social de la arquitectura, que desde la modernidad hasta los años sesenta, tenía por destinatarios a las clases bajas a través del Estado y medias a través del crédito y el Mercado, menos expulsivos que lo que después serían, y por ello requería cierto estatus de verdad y legitimidad.

Ahora las cosas cambiaron e incluso es muy difícil instituir un mundo de pensamiento fuera de una profesionalidad tan orientada a satisfacer demandas ya no de la sociedad, sino del Mercado que la interpreta como estratos de consumidores. Ese Mercado en su faceta de *capitalismo inmobiliario real estate* pide megatorres en distritos calificados, casas minimalistas en barrios cerrados, *arquitecturas de franquicia, no-lugares* como *shoppings* o aeropuertos, etc., es decir, un campo empírico que no es que no tenga teoría sino que *la teoría la escriben otros* y ya muy lejos de la ética social moderna. En esa situación cabe incluso el excéntrico caso de Koolhaas, quién *hace* dicha arquitectura socialmente diferencial y *escribe* una teoría que centralmente critica tal situación a través de una crítica –por ejemplo la de su largo artículo, "La ciudad genérica"– susceptible de poder aplicarse a su propia obra proyectual, que acentúa los matices de aquella ciudad disecada y entendida como teatro de desastres humanos.

Pero así y todo, ya sea porque la UAI se propuso como extraña meta (para una universidad privada en un país no central sino emergente) la de armar sus carreras mezclando congruente y equitativamente enseñanza-investigación-extensión, que era lo que pedía la reforma universitaria de 1918, o porque la evaluación institucional que se puso en marcha hace casi una década para esas carreras que como Arquitectura tienen *responsabilidad civil*, consideró necesario que la enseñanza no podía sostenerse sin base (investigar) ni sin efecto (*extensionar*), henos aquí, en la Facultad de Arquitectura de la UAI y en lo que se plantea presentar este *Manual*, que afrontamos el *investigar en arquitectura*, un objeto de deseo o necesidad que se nos escabulle como un pez recién salido del agua.

En este libro agrupo dos clases de trabajos, casi todos inéditos y todos revisados. Un grupo de tres escritos sobre lo que llamo *conceptos*, o sea ideas básicas para la definición de cuestiones temáticas y metodológicas sobre el significado de *investigar en Arquitectura* y un segundo grupo de siete estudios que registran alguna producción de varios proyectos de investigación en la forma de la clase de artículos en revistas especializadas que solemos utilizar como ámbitos de difusión de las investigaciones.

En la primera parte –I. Conceptos– aparecen tres trabajos. El primero de ellos (1. El vacío de la teoría.

Argumentos para la investigación proyectual como refundación teórica de la arquitectura) es un desarrollo ad-hoc para esta publicación de un capítulo de uno de mis libros, que después se utilizó referencialmente en varios programas de Doctorado y que finalmente ahora se presenta con el añadido de comentarios a una especie de agenda de 40 temas que he venido rastreando como representativos de intereses en trabajos de tesis durante los últimos cinco años.

En este escrito, a modo de referencia e ilustración, he ido anexando a cada enunciación conceptual, alguna alusión a producciones de arquitectura que en general no son estrictamente investigaciones pero siempre son desarrollos proyectuales realizados en un contexto de otorgamiento de espesor o reflexividad teórica a cada ejercicio, sean éstos históricos, modernos o contemporáneos.

En tal estudio se hace un análisis de la situación acerca de la declinación del interés en la cuestión de la *teoría de la arquitectura* –que según me parece es una característica de la situación actual en tanto apartamiento o abandono de cierto interés social que había en parte del programa moderno– y se propone desarrollar el tópico del *conocimiento proyectual*, en tanto campo cognitivo específico o autónomo de la arquitectura que debe ser esclarecido como espacio prioritario en la construcción de nuevo conocimiento y soslayando las declinaciones o adjetivaciones según las cuales la investigación arquitectónica debe adquirir cierto estatus de cientificidad en tanto se asimile, como una suerte de subproducto, a campos desarrollados por otras disciplinas, como los estudios de arquitectura tributarios de la *ciencia histórica* o los estudios urbanísticos insertos en temas y métodos de la *ciencia geográfica*: no es que ello esté mal, sino que no se resuelve la cuestión principal acerca de un conocimiento proyectual, específico de la arquitectura como disciplina. Por tanto, me parece que deben hacerse esfuerzos prioritarios en el doble campo de *investigar sobre* y *con* el *dispositivo proyecto*.

El segundo trabajo (2. Investigar qué, cómo y para qué. Observaciones sobre la investigación en arquitectura) fue preparado como insumo básico para un seminario de formación ofrecido al grupo de investigadores de la Facultad de Arquitectura UAI en Abril de 2013 y propone ciertas categorizaciones y tipificaciones sobre el *qué investigar* (comentándose una tipología de 11 campos temáticos que tentativamente incluyen aquello que debería constituir el espacio temático de la investigación en arquitectura; sobre el *cómo investigar* (presentándose una lista de nueve marcos metodológicos genéricos: ensayo, registro, archivo, encuesta, experimento, servicio, didáctica, campo y programa, cada uno con diversas finalidades cognitivas) y sobre el *para qué investigar* (discutiéndose un conjunto de seis estilos o formas de producción conducentes a diferentes espacios del saber: investigación científica, artístico-humanística, ética, *socioproactiva*, *ad-hocista* y proyectual).

Este documento trata de descomponer y analizar la cuestión genérica de la investigación situada en la disciplina de la arquitectura alrededor de combinatorias de las instancias temáticas, metodológicas y epistemológicas respectivamente presentadas. Aquí también, como en el primer trabajo incluido, hemos tratado de referir a las cuestiones conceptuales con alusiones a trabajos proyectuales caracterizados por intereses teóricos y que por tanto, quizá esclarezcan algo acerca de qué significa la investigación en estos campos y más específica aunque no únicamente, de qué trata la *investigación proyectual*.

En el restante estudio incluido en esta primera parte (3. Cómo hacer un texto de investigación. Instrucciones de escritura) también se trató, en origen, de un documento utilizado en reuniones del colectivo de investigación UAI al que nos referimos, en cuyo contexto se buscaron establecer características o criterios generales sobre en qué consiste la producción de artículos expositivos de avances o logros de investigación para ser publicados en revistas especializadas y, naturalmente, más allá de las instrucciones rutinarias que se dan en tales revistas a los autores. La cuestión de cómo hacer o escribir un texto puede parecer un descenso a una instrumentalidad elemental, pero no lo es si se toma en cuenta lo que parece evidente en el desinterés y/o inhabilidad que los arquitectos en general tienen respecto de la escritura.

En la modernidad sobre todo, parece haberse impuesto cierto talante *empiricista* según el cual las acciones proyectuales podían desarrollarse al margen de las prácticas de la textualidad. Esto incluso generó debates sobre la posible condición escrituraria o lingüística de la arquitectura que, entre otros, Tomás Maldonado dirimió negando taxativamente dicha condición posible, incluso cuestionando las posibilidades de la traducción, o sea de la transcripción textual o escritural de situaciones, producciones o registros del orden de lo proyectual o afirmando que tal transcripción no puede ser otra cosa que una descripción. Disiento desde luego con esta negación pues, entre otras cosas, legitimaría la imposibilidad de un *discurso otro* respecto de un proyecto, inclusive en extremo, el discurso mismo de la *crítica*.

Pero por fuera de ese debate acerca de la textualidad contenida o no en el proyecto e incluso de la autonomía o resistencia que el proyecto tendría respecto de su traducción a cierta clase de textualidad o discurso, lo cierto es que investigar en/con el proyecto no sería posible si no se garantizara cierta producción de la comunicación de resultados de esa clase de investigación. Esa comunicación no puede ser otra cosa que lo que transmite cierta clase de texto, escritura o discurso. En la mirada derridiana de la deconstrucción incluso se establece la homología entre textos primeros (en nuestro caso, los proyectos) y textos segundos (en nuestro caso, los textos que comunican resultados de investigación en/de los proyectos) negándose la subordinación de los segundos a los primeros y estableciendo un régimen de autonomía para cada nivel de enunciación.

En la parte final de este escrito hacemos, vinculándose a la temática del mismo, un sucinto análisis de los siete trabajos que se insertan en la segunda parte y que pueden verse como referencias de posibles artículos de las características mencionadas (y algunos lo fueron). Es decir, tratamos de ilustrar o referenciar casos o situaciones de textualidad en las que los textos comunican resultados de desarrollos de investigaciones realizadas en torno de proyectos, sean éstos parte de concepciones genéricas de culturas y movimientos, sean ejercicios puntuales o seriales de determinados autores-proyectistas. Indirectamente así tratamos de proponer artículos o ensayos que plantean, en primer lugar, cierta caracterización de condiciones o marcos de una determinada producción de proyectos y en segundo lugar, una suerte de traducción o deconstrucción de textos primeros a textos segundos.

Concluyendo esta introducción, restaría comentar esta segunda sección (II. Productos) no tanto como formatos o alusiones a ensayos de investigación según lo enumerado en el precedente documento mencionado, sino más bien en tanto intereses o vinculaciones con los problemas del *conocimiento proyectual*.

En el primero de esos ensayos (4. Perspectivas futuras de ecoproyecto) se consideran y describen características de lo que el pensamiento multidisciplinar ambiental fue presentando como *crisis de sustentabilidad*, de modo de tratar de considerar cómo el *proyecto convencional de la modernidad arquitectónica* (remontándonos en este caso hasta el siglo XV) deviene o puede devenir en *ecoproyecto*, es decir, en proyecto consciente del estado de crisis descripto –por ejemplo en cuanto a los fenómenos de extinción virtual de los *stocks* de combustibles fósiles, del alto costo de los combustibles renovables y de la creciente escasez de materiales estratégicos, ya sea en sí o en relación con su alto consumo relativo de energía– y en dispositivo cognitivo sustancial para indagar en fronteras de nueva habitabilidad y productividad, de cara a situarnos, además, en nuestra condición geopolítica en la cual se instalan las mayores reservas de *capital natural*.

El segundo trabajo incluido (5. Modos americanos de proyecto. Hibridez, Ilustración, Naturaleza) es un avance con propuestas nuevas relacionadas con trabajos investigativos que vengo realizando hace casi una década y que fueron explorando grandes categorías de sentido en la producción proyectual; primero, las llamadas *lógicas de proyecto*, como grandes cauces de expresión de las características históricas y teóricas de la llamada *posmodernidad*; segundo, los bautizados *modos de proyecto*, como estipulaciones más laxas y menos evidentes que estarían registrando las nuevas condiciones en que se desenvuelve la producción proyectual dentro de la situación civilizatoria de coexistencia/confrontación de las esferas global/local; y tercero, cómo este segundo grupo de categorías –los *modos*– podrían utilizarse para caracterizar no solo la situación actual-reciente del proyecto sino para una posible *rehistorización* completa de la producción general de la arquitectura, tomando en cuenta –pero a la vez relativizando– los *modos de la arquitectura occidental* (cuya historiografía se pretende *universalista*) pero estudiando otros, como los (posibles) *modos de arquitectura americana*. En este caso, el trabajo incluido es un primer resultado de expresiones que pudieran ser útiles para un encuadre historiográfico original del *proyecto americano*.

En cuarto término, aparece un avance de un proyecto en curso que dirijo en el CIAM-UNdMDP (6. Arte, cultura y territorio) acerca del desarrollo de un enfoque del tipo *Atlas* (siguiendo las caracterizaciones de Warburg, Richter, Didi-Huberman, Buchloh, Guasch, Speranza y otros al respecto) para encarar una descripción compleja de unos *ambientes-culturas* como los del sudeste pampeano, incluyendo categorías múltiples como el conocimiento geológico-geográfico, los análisis socioetnológicos, las descripciones artístico-literarias o los enfoques proyectuales de ciertos trabajos de escala urbana y territorial, de modo de constituir un basamento interpretativo-valorativo respecto de un campo patrimonial ampliado (de artefactos monumentales a los complejos socioterritoriales y sus representaciones) a fin de contribuir en la proposición de nuevas formas de conocimiento, descripción y gestión (desde lo normativo a lo proyectual). La expansión conceptual del proyecto a las dimensiones del arte y la cultura y su ampliación micro y macroescalar a las instancias del arte y diseño situado y a los procesos de mutación de los territorios y sus paisajes, quizá contribuya a pensar una diversificación de lo que supone la instrumentalidad del proyecto y a entenderlo así, como una forma más de conocer una realidad o como reinserto en otros cauces de actuación (como la gestión, el control, la tutela de áreas frágiles, etc.).

El trabajo inserto en quinto lugar (7. Pensar lo técnico que piensa. Derivas de lo tecnológico en la Posmodernidad: instrumentalidad, autopoiesis, apariencia) es un resultado bastante ulterior a la finalización de una investigación de varios años sobre *Las Lógicas del Proyecto*, en cuyo contexto se analizaron un conjunto de ocho grandes campos de teoría posmoderna del proyecto –en tanto desarrollos de fundamentos explicativos de ciertas conductas procedimentales de proyecto– y viendo como tales campos trataban de relacionarse con *megatemas* relevantes de la contemporaneidad (comunicación, sustentabilidad, productividad).

El último tema contiene muchos aspectos de fuerte impacto en la civilización contemporánea, básicamente en cuanto a la impugnación que el pensamiento heideggeriano hará a la creciente *autonomía de lo técnico* y su derivación a una posible *entidad autopoiética* en la cual, consumadas ciertas utopías de *science fiction*, *lo técnico se piensa reproductívamente a sí mismo* y empieza a desarrollarse un *abuso de tecnología* visible en el imperativo de una *instrumentalidad cada vez más carente de finalidad,* una *tecnología que suplanta tecnología fallida* en ciclos tecnoevolutivos inciertos o unas *performances* técnicas colocadas en la *alienación del hiperconsumo* que define un *high-tech como apariencia o retórica* que expresa una cara más de la frivolidad del manejo de significantes sin significados.

El ensayo ubicado en sexto término (8. Rastros de modernidad otra) plantea una primera caracterización general de la arquitectura americana desmintiendo el enfoque que la coloca como una reproducción imperfecta o fallida del modelo de una supuesta modernidad central, replicación que culturalmente formó parte del equivocado modelo político-cultural sesentista de la *oposición entre liberación o dependencia* que simplificaba el análisis cultural al considerar que toda producción inscripta en una fase política de dependencia colonial debía ser cuestionada *in nuce* por esa falla de origen. Si bien existió y existe una cultura y una arquitectura de fallida pretensión cosmopolita, también es reconocible –y eso es lo que propone el artículo– una persistente tentativa de formular lo que llamamos una *modernidad otra*, por ejemplo vinculada positivamente con momentos históricos populistas de la región.

En la séptima posición del grupo de ensayos dispuestos en la segunda sección (9.Inscripciones. Notas sobre notas: Stylo Eisenman) se expone un ejercicio de análisis crítico referido a una clase de arquitectura instalada programáticamente en los territorios de apropiación de los aportes de la filosofía deconstructivista y por tanto, estudiable como expresión de una hipertrofia del temperamento analítico. De tal forma se procura por una parte establecer la verdadera utilidad de las extrapolaciones de aquel pensamiento que esta modalidad proyectual intenta concretar y por otra, analizar y ponderar si cabe, la verdadera calidad de lo proyectado más allá o más acá de la tentativa de convertir la arquitectura en una supuesta *lengua que traduce a otra* (la filosofía). Trato pues de formular la idea de que una arquitectura de mayor vocación polisémica y con la densidad intelectual de extrapolar referencias de otros campos cognitivos, no sustituye la exigencia o necesidad de conseguir umbrales de calidad proyectual. Procedimientos proyectuales de más complejidad e intensidad intelectual no pueden ser excusas de arquitecturas malas.

Por último, en la octava posición de la segunda parte (10. Hybris americana. Sobre la modernidad ecléctica de Costa y Barragán) se efectúa una consideración más casuística, en torno de dos grandes referentes de la modernidad arquitectónica americana como son el brasileño Lucio Costa y el mexicano Luis Barragán, para dar cuenta de su inserción ideológica en las culturas que protagonizan de manera de entender su arquitectura más como manifestación de tal disposición político-cultural (un progresismo sociopopular en Costa, un nacionalismo conservador y elitista pero a la vez, sensible a las artes populares en Barragán) que como supuesta reproducción imperfecta de una idealizada modernidad central, de modo de facilitar la comprensión del *progreso proyectual* más como *capacidad de adaptarse exitosamente a una escena geocultural precisa* que al ejercicio de cánones vanguardistas sancionados desde la centralidad de la teoría y la historia.

En suma, trata este encubierto *Manual* –que no será capaz de garantizar una puntillosa instrucción del inasible *como investigar*– de presentar una diversa exploración de conceptos o enfoques sobre tal actividad y resultados o productos parciales y tentativos, emergentes de investigaciones.

El conjunto, más allá de su eficacia didáctica, busca poner en juego los términos teóricos de la investigación y su necesidad radical en el actual momento histórico de la arquitectura ya que más que contentarnos con unas prácticas profesionalistas crudamente vinculadas con capas sociales altas y sofisticadas, es preciso explorar cómo se perfecciona ese cometido social de la arquitectura, cómo se la enseña para practicarla de manera crítica y cómo se la analiza o critica para otorgarle valores de conocimiento y cualidades de verdad. Es decir, en suma, cómo recupera una más plena *inteligencia proyectual*, la capacidad de devenir socialmente necesaria.

I PARTE
CONCEPTOS

1. EL VACÍO DE LA TEORÍA
ARGUMENTOS PARA LA INVESTIGACIÓN PROYECTUAL COMO REFUNDACIÓN TEÓRICA DE LA ARQUITECTURA

La situación contemporánea de la arquitectura como *Institución* (*pensum* disciplinar pedagógico, sistema de validación de las experiencias, producción disciplinar teórica, crítica e historiográfica) presenca un extremo desprecio por la condición reflexiva propia de la producción de teoría. Desde luego no es el caso de otros campos de conocimiento como la física o la biología, ni siquiera de la economía.

Esta situación inédita en la historia de la arquitectura –en muchos de cuyos momentos relevantes la teoría supuso un estatus central para la construcción del pensamiento y para, si cabe, un *pensar constructivo*, un *proyectar* como *emergente de un basamento intelectual*– remite a una exaltación de la pura práctica, cada vez más *desustancializada* y por tanto, instalada en un devenir frívolo, de un experimentalismo de marcada insustentabilidad social y culpable de degradar el valor o reconocimiento público de la arquitectura y reubicarla ni siquiera en el estamento de las artes sino más crudamente, en el nivel arbitrario de la moda o persuasivo de la publicidad.

La debilidad de la teoría –dentro del espectro cognitivo de la arquitectura– no solo afecta las modalidades de enseñanza (hoy más orientadas a cubrir las expectativas contingentes de tal *frivolidad*: aquello que Derrida definía como *interés por los significantes* y *desinterés por los significados*. Podría rastrearse cómo esta dualidad se distribuye dentro del pensum actual de la enseñanza) sino que compromete la actividad y función misma de la investigación cuyos emergentes deben contribuir a fortalecer la teoría.

Así, por tanto, más que investigación devenida en aportes teóricos, emerge más bien como investigación orientada a conocer más tales significantes y si se quiere, a *teorizar la frivolidad* o en el mejor de los casos, como investigación articulada con la crítica de la construcción/ expresión de tales significantes.

Alguien tan positivamente comprometido con esta actualidad de la arquitectura como fuera el agudo Ignasi Solá-Morales, en algunos pasajes de sus trabajos llega a intuir la inconsistencia de este ultrapragmatismo:

> Entender el propio trabajo, –argumenta amistosamente Solá[1] para los *grandes lápices*– poderlo problematizar exige un cierto extrañamiento, una operación de alienación en el más estricto sentido de esta palabra. Puesto que la práctica aislada carece de discurso, la arquitectura se ve, muy a su pesar, necesitada de ensayos de entendimiento más allá del marco concreto de las condiciones de una determinada obra.

Ante este panorama, la solución solámoralense no era la *teoría* sino la *cartografía* ya que ante la virtual imposibilidad de configurar una plataforma conceptual para la incontinencia pragmática, lo que al menos debía disponerse era de mapas, guías o árboles cognitivos que trazaran alguna delimitación del devaneo individualista, algún portulano de estas navegaciones exasperadas.

---

[1] I. Solá-Morales, *Sadomasoquismo: crítica y práctica arquitectónicas*, en *Diferencias: topografías de la arquitectura*, Editorial G. Gili, Barcelona, 2003, pp.151-2.

Que Solá lo relativizaba al decir que es posible la constitución de discursos internos desde la experiencia sobre la práctica pero con intención de razonarla, sopesando las palabras que se utilizan y huyendo de la pura autobiografía.

Ante este exordio en el que se percibe el lejano rumor del concepto kantiano del saber de una *razón* capaz de *criticar* unas prácticas (que de paso demuestra cuán poco afilados están los *prototeóricos* de la arquitectura si deben remitirse a Kant), se perfila un panorama de un vacío de la teoría apenas compensado por voluntades cartográficas[2], por *autoexégesis* de pretensiones sistémicas y ejemplarizantes de actores-proyectistas[3] o por estallidos o iluminaciones de críticos más bien situados en el descubrimiento de pequeños hallazgos conceptuales antes que de cosmovisiones[4].

---

[2] En este proyecto más bien topográfico puedo incluir *El Proyecto Final*, Editorial Dos Puntos, Montevideo, 2000, de mi autoría, así como los trabajos delimitatorios de Josep Montaner, por ejemplo, *Las Formas del Siglo XX*, Editorial G. Gili, Barcelona, 2002. En mi caso debo decir que la cartografía me interesa en cierta forma y siguiendo a Deleuze, como la manera analítica de resultar una precondición conceptual no para una crítica sino para una *clínica*.

[3] Categoría en la que se pueden integrar las sistematizaciones de su obra hechas por S. Holl (*Anchoring*, Princeton Press, Nueva York, 1991; *Entrelazamientos*, Editorial G. Gili, Barcelona, 1996) o las jeremiadas múltiples de Rem Koolhaas, de relevante consistencia teórico-crítica (por ejemplo, en el acuñamiento de la noción de *generic city*) si no fuera que quedan tan violentamente esquizodisociadas de su práctica proyectual.

[4] Ítem en el que me gustaría incluir a ensayistas algo marginales a la arquitectura, tales como Fredric Jameson (en especial, aunque no excluyentemente, en su denso ensayo casi enteramente centrado en problemas arquitecturales, *Las restricciones del postmodernismo*, parte III del libro *Las semillas del tiempo*,

Sin ánimo de agotar este primer grupo de argumentos sobre las limitaciones de la teoría –que en cualquier forma abren una agenda de posibles y necesarios desarrollos futuros– me gustaría avanzar en este artículo reseñando el proceso argumentativo en que trabajé recientemente indagando las relaciones entre el *modus* cognitivo de la *investigación* (como actividad inherente a la sistematización del saber acumulado y/o a la producción de nuevos conocimientos) y la operación conceptual e instrumental del *dispositivo proyectual*, para poner en marcha programas de Doctorado en Arquitectura[5].

Atento al dominante rango que supone el trabajo de investigación en estos programas, cuyo campo epistemológico vinculado al saber teórico y práctico del proyecto presenta todavía un estado de desarrollo y formación en comparación con la situación en otros campos disciplinares, lo que sigue de este trabajo pretende discutir las cuestiones siguientes:

Editorial Trotta, Madrid, 2000 que, dicho sea de paso, también es un modelo topográfico, aunque más cognitivo que operativo) o a Michael Sorkin (en, al menos una docena de los breves ensayos incluidos en *Some Assembly Required*, University of Minnesota Press, Minneapolis, 2001) y con un algún arrebato de autoestima, otra cantidad semejante de breves ensayos insertos en mi librito *Formas Leves*, Editorial Epígrafe, Lima, 2005.

[5] Fui Director Académico del Doctorado en Arquitectura de la Universidad de Buenos Aires entre 2004 y 2006 y después participé de otros proyectos de diseño curricular de diferentes doctorados en Arquitectura en la Universidades Ricardo Palma, Lima, Perú, Nacional de Córdoba y Nacional de Mar del Plata. Parte de los argumentos de este ensayo derivan de diversos documentos preparados para tales programas.

- ¿Qué es *conocimiento proyectual*?
- ¿Qué características específicas puede tener, dentro del campo de la investigación, la llamada *investigación proyectual*?
- ¿Qué *temáticas* podrían abordarse dentro del campo de las investigaciones proyectuales?
- ¿En qué medida una *investigación proyectual* puede ser la base de una *tesis doctoral* en arquitectura?
- ¿Qué *características* o protocolos debe poseer una *tesis basada en una investigación proyectual*?

Entendemos que referirse a estas cuestiones hace parte de la definición de las tareas del trabajo en una tesis doctoral que como se sabe, consiste en el desarrollo de una investigación cuyos resultados aportan a una ampliación o perfeccionamiento del conocimiento o estado del arte, de tal forma que las notas siguientes buscan plantear algunos términos de partida para tal definición.

Investigar en este sentido es producir conocimiento proyectual, o sea, plataformas teóricas para la praxis pura e instrumental del trabajo del proyecto.

1. ¿Qué es *conocimiento proyectual*?

Hay un campo general de conocimientos ligado a conocer las formas de asentamiento y habitación-producción, en general, los *procesos de transformación de territorios* dominantemente *naturales* según procesos *tecnoantrópicos*.

Este campo general puede ser compartido por la geografía, la antropología y la arquitectura, aunque solo ésta propone el conocer estados dados de tal transformación con la finalidad de fundamentar *nuevos* cambios.

Desde ese origen transformador de algo dominantemente *natural* (tema que sin embargo, vuelve, cualitativamente muy modificado, en la cuestión de la *sustentabilidad* y su crisis), ese campo de conocimientos orientado a saber cómo instalar-se, cómo habitar, fue complejizándose al nivel de operar proponiendo cambios sobre cambios, transformaciones sobre estructuras ya muy antropizados, especialmente, las estructuras urbanas y metropolitanas.

En este punto, el acompañamiento disciplinar de la geografía diverge claramente y en cuanto a la antropología, o más bien, ahora, las ciencias sociales y los *estudios culturales*, se interesan más que en las *formas de hábitat* o asentamiento, en las *prácticas sociales del habitar* y sus *instituciones*.

A la Arquitectura –como un campo genérico de diseño de innovación, transformación y ajuste del hábitat existente, ya muy *tecnosocialmente* complejo– le sigue importando (y definiendo su *pensum* específico) ocuparse de cambios, evoluciones y adaptaciones del estado del hábitat.

A las formas técnicas y cognitivas de esos cambios en términos generales podemos llamarlas *proyectos* que a su vez pueden categorizarse según escalas o tamaños de actuación (desde el territorio a los utensilios pasando por organizaciones urbanas y formas *habitativas* residenciales y productivas). Se puede hablar quizá del problema de *producir nuevos hechos de cultura material*.

En este enfoque, el proyecto se presenta como *forma de conocimiento* e instancia de experimentación tentativa de prever, mediante modelos analógicos y verosímiles, la clase de cambio o ajuste necesario en el hábitat preexistente y ello conlleva así factores de racionalidad, cálculo, evaluación *in antis* de efectos sociales, etc., es decir, todos ellos componentes clásicos de protocolos científicos de generación de nuevo conocimiento.

Es preciso aquí presentar una diferencia entre una idea de *proyecto fundante* respecto de una idea de *proyecto recurrente*: el proyecto fundante sería aquél que en su concepción y proposición contiene un elemento de innovación, una propuesta contributiva a la transformación del problema o necesidad que origina su razón de ser, que pone en marcha la necesidad del proyecto.

El proyecto recurrente, en cambio, refiere más bien a una repetición tipológica, a una *performance* de aplicación serial de una construcción conceptual existente al interior del campo disciplinar/profesional de la arquitectura.

A menudo, se puede pensar que es posible trabajar en la producción de un proyecto fundante (que en sí mismo podría coincidir con la exigencia de aquello que llamaríamos investigación proyectual) en la medida que identifiquemos un *problema*, o sea, un estado de necesidad social susceptible de ser solucionada mediante una actuación proyectual.

Puede haber *problemas genéricos* que admiten o exigen puntos de vista variados, pero tales problemas tienen la posibilidad de *soluciones específicas en la forma de proyectos* y estas soluciones, en una condición virtual de abarcamiento de actuación resolutoria en todo el campo de los problemas sociales, constituyen en sí lo que podemos entender como el espacio de la *Teoría de la arquitectura*.

Asimismo, podría decirse justamente que la tensión cognitiva orientada a proponer proyectos fundantes (que implica, por tanto, desarrollar protocolos de *descubrimiento*) pareciera dar cuerpo al concepto de *disciplina* de la arquitectura y en cambio, que la realización con mayor o menor calidad de *performance* de proyectos recurrentes tendría más bien que ver con la *profesión* de la arquitectura.

Como un aspecto conectado en parte al argumento precedente y con su propia identidad por otro lado, tendríamos el tema de la *producción de comunicación* y de objetos o productos cuya dominante es la *función comunicativa*: a su vez este campo podría desdoblarse si se quiere, en un campo de comunicación dominado por la función o utilidad (comunicación gráfica y visual) de un campo de comunicación escindido de una exigencia de función o utilidad (artes visuales, cine, y más precisamente, la dimensión autónomamente artística de este campo). De todas formas, la esfera propia de la comunicación posee una dimensión proyectual, en tanto proposición de *nuevos objetos o situaciones comunicantes*, que pueden definirse como consecuencia de una actividad proyectual porque son *nuevas*.

También es posible extender la dicotomía entre proyectos fundantes y recurrentes de comunicación, siempre que esté presente la cuestión de la utilidad o, por tanto, el grado de problema o necesidad social que reclama *solución proyectual*.

El conocimiento proyectual comprende así un saber sobre las transformaciones producidas en un territorio o entorno dado –incluyendo, extensivamente, transformaciones de la cultura material y del intercambio simbólico entre las sociedades– tanto como un saber sobre las transformaciones a producirse; es decir, un cierto *saber-hacer lo que aun no existe*.

Tradicionalmente dentro del campo disciplinar de la arquitectura se atribuye más importancia al conocimiento proyectual entendido como el saber necesario para las *transformaciones futuras*, aquellas todavía no proyectadas; por tanto, podríamos coincidir con aquellos autores que se refieren a la arquitectura como una de las disciplinas relacionadas con unas *ciencias de futuro*.

Hay un énfasis cognitivo pues, centrado más bien en conocer nuevos estados o condiciones de realidad y por tanto, con una voluntad o mirada fuertemente dominada por la praxis.

En el caso general del diseño, ese énfasis cognitivo por la prefiguración es todavía más fuerte; el diseñador de objetos y/o de comunicación es antes que nada, un conocedor eventual de nuevos objetos (materiales o simbólicos).

2. ¿Qué características específicas puede tener, dentro del campo de la investigación, la llamada *investigación proyectual*?

El conocimiento en general es procurado por una acumulación de evidencias y comprobaciones experimentales resultante de tareas que solemos llamar de investigación. A menudo la investigación se apoya en construcciones teóricas resultantes de trabajos previos que sirven para dar un marco referencial a nuevas investigaciones, que en tal caso pueden entenderse como avances fuera de las fronteras definidas por dichas construcciones.

Si existe un campo que aceptamos como propio del *conocimiento proyectual* puede haber *investigación* caracterizable como *proyectual* en tanto procura interactuar con tal campo; a saber, constituirlo o trascenderlo. Eventualmente, como fruto relativo de tal proceso de estabilización de la investigación, también podemos hablar de construcciones teóricas emergentes del conocimiento proyectual.

La investigación proyectual, como cualquier otra, puede atenerse a aportar elementos para esas construcciones teóricas o puede dedicarse a trabajar en avances fuera de las *fronteras* de esas construcciones.

En relación con la tendencia a identificar proyectos con dispositivos empíricos de prefiguración de futuros, también decimos que la investigación proyectual puede estar caracterizada por dicha práctica; es decir, se pueden producir *proyectos de futuros* no como actividades extremadamente arbitrarias o subjetivas sino como parte de estrategias cognitivas, es decir, como dispositivos típicos de investigación ligados a la función del descubrimiento, la anticipación o la prognosis. En este punto es importante insistir en el acople de proyecto –como solución– y la demanda, la necesidad o el deseo instalado en el hábitat social –como problema–.

Es decir que la calidad propositiva o contributiva de una forma de conocimiento que llamamos proyectual y que se puede construir mediante mecanismos que llamaríamos propios de la investigación proyectual, requiere constituirse en dicho acople entre solución (proyecto) y problema (necesidad/deseo).

No hace falta insistir demasiado en que la trasposición de la necesidad al deseo incluye el pasaje de la *función* a la *in-utilidad* y que en tal ampliación del espectro de las demandas de proyecto se incluye así la posibilidad del ejercicio artístico o el retorno posible de la arquitectura al espectro de las artes, tal como aceptaban –aunque a su vez, condicionaban– las estéticas iluministas clásicas de Kant y Hegel.

En algunos casos propios del diseño –como el diseño de nuevos objetos de uso cotidiano o de indumentaria, por ejemplo– existe un espacio de la investigación proyectual muy ligado a la verificación de posibilidades resultantes de aplicaciones de nueva tecnología genéricamente disponible y/o a la verificación de respuestas específicas a factores identificados con necesidades sociales y/o deseos culturales.

En estos casos, el acople mencionado entre solución/necesidad-deseo (o la definición de solución como aplicación/aprovechamiento de una condición de producción proyectual previa, en el terreno de la tecnología o del consumo) es todavía más significativo.

3. ¿Qué temáticas podrían abordarse dentro del campo de las investigaciones proyectuales?

Aquí aparece cierta ambigüedad relativa a la escasa consolidación de las construcciones teóricas propias del conocimiento proyectual que resulten plataformas válidas para nuevas investigaciones proyectuales emergentes de esas construcciones. En efecto, no poseemos si se quiere, construcciones teóricas equivalentes por ejemplo, a las de la física cuántica, a las de las matemáticas difusas o las de la biología del ADN. Tampoco tenemos parece, construcciones teóricas equivalentes a las que formulan por ejemplo, las teorías del Estado o del Mercado. Es difícil entonces la investigación proyectual deducida de aportes pensados para expandir fronteras de construcciones teóricas proyectuales, como por ejemplo, una *Teoría general del hábitat*.

Asimismo, debe reconocerse que si bien hoy tal vez no existan *grandes relatos teóricos* en el campo disciplinar de la arquitectura, sí existieron en otros momentos históricos (por ejemplo, en relación con los sistemas propuestos por Vitrubio, Alberti, Palladio, Perrault, Laugier, Durand, etc., véase al respecto el libro de Alberto Pérez-Gómez[6]).

Hoy hay algunas sistematizaciones de pretensión abarcativa más bien en diseño (Maldonado, Manzini, Foster, etc.) y en otro orden, *summas* pretendidamente críticas en dónde la voluntad relativa de sistematización teórica está más bien del lado de la delimitación de los problemas o demandas de proyecto (Koolhaas, Tschumi, *Actar*, etc.).

En cualquier forma, si bien no habría grandes *plataformas de deducción* de temas de investigación proyectual, sí podemos elaborar *agendas abiertas* de temas que reflejan interés, demandas o posibilidades en el cuadro de necesidades cognitivas y epistémicas del saber de la arquitectura. Al final de este ensayo ponemos una lista en tal sentido donde de nuevo insistimos en pensar más que nada condiciones problemáticas del hábitat social en que sería necesario pensar soluciones entendibles como proyectos.

---

[6] *Architecture and the Crisis of Modern Science*, MIT Press, 1984.

4. ¿En que medida una *investigación proyectual* puede ser la base de una tesis doctoral en arquitectura?

Una tesis doctoral en arquitectura tiene que garantizar en principio dos cosas inherentes a su propia definición como tal: tiene que tener *la forma de la investigación* y tiene que poseer *la sustancia de lo proyectual*; una suerte de investigación sustantiva, adjetivada por lo proyectual, en donde lo sustantivo es la condición-problema y lo adjetivo es la condición-solución, con una articulación o acople cuya condición de eficacia o calidad es precisamente la *calidad del proyecto*.

En general suele reconocerse y admitirse una especificidad de la investigación realizada en la esfera de la arquitectura en tanto esta resulte *adjetivada* por la condición proyectual. Lo cual alude a lo *específico* aunque también hay campos de trabajo investigativo activos dentro de las escuelas de arquitectura que no resultan específicos de estas y que resultan legitimados en su calidad por parámetros extradisciplinares, como los campos ligados a la investigación tecnológica, histórica y en parte también, los urbanísticos y *morfosémicos*.

Este campo de trabajos investigativos es perfectamente viable y encuentra sus modos de resolución en metodologías muy desarrolladas en esa condición extradisciplinar que señalamos. Por ello, la lista de temas-problemas que referimos pretende contribuir no a esta dimensión sino a aquella inherente a lo específico-cognitivo de *lo proyectual* dentro de la división del saber como ocurre en la mayoría de las instituciones que enseñan arquitectura.

Aunque colateralmente, deberíamos también discutir las condiciones de instalación de la cuestión proyectual dentro del tipo de investigaciones que, como las mencionadas, poseen en principio, *formas inespecíficas de legitimación* como tales.

Tal vez aquí haya que poner en juego un énfasis en asignar tales estilos o modalidades de investigación, por ejemplo, en relación con el acople solución/problema en situaciones dadas (investigación proyectual-histórica), en relación con la calidad/novedad del acople solución/problema en situaciones paradigmáticas dadas (investigación proyectual-crítica), en relación con las condiciones de posibilidad de nuevas soluciones (investigación proyectual-tecnológica), etc.

La forma de una *investigación* –y por tanto, del *modelo cognitivo de producción de teoría*– contiene sumariamente estos ítems: tema, hipótesis a demostrar (en rigor: se trata de aquello propio del tema por descubrir o trascender), revisión del estado de la cuestión, casuística –o trabajo de campo–, síntesis y proposiciones (que en general son pro, meta o paraproyectuales, pero que deben incluir las propuestas específicamente proyectuales).

La sustancia de lo proyectual implica concentrarse en las diferentes dimensiones recién señaladas de la forma de la investigación, en sus aspectos directa o indirectamente proyectuales: un tema proyectual (ver la agenda de temas), una hipótesis por demostrar que puede asumir la característica de una proposición proyectual (o metaproyectual), un estado de la cuestión (referida a proyectos anteriores), una casuística definida como cierta realización de proyectos –por ejemplo, tareas proyectuales realizadas en una dimensión didáctica entendida como un laboratorio o banco de pruebas– y finalmente proposiciones proyectuales.

5. ¿Qué características o protocolos debe poseer una tesis basada en una investigación proyectual?

Las características de una tesis doctoral en arquitectura tienen que atender, según el punto precedente, a conformar el *protocolo de la forma-investigación* así como a garantizar intrínsecamente unos contenidos que refieran al *protocolo del contenido-proyectual*.

Las características de un protocolo de la forma-investigación son suficientemente conocidas y tanto la forma-investigación típica de las ciencias exactas-naturales como la propia de las ciencias sociales pueden asimilarse perfectamente al desarrollo de una tesis de investigación proyectual.

Es decir puede haber un trabajo experimental y/o un trabajo delimitatorio; una tesis puede basarse en *protocolos de experimentación/descubrimiento/verificación* (forma dominante en las *exactas*) o en *protocolos de delimitación/correlación/sistematización* (forma dominante en las *sociales*).

Lo importante entonces sería pensar las características de un protocolo del contenido-proyectual; es decir aquellas cosas innovadoras que pueden enunciarse, como conocimiento nuevo, única y exclusivamente como *enunciados proyectuales*.

6. Agenda de temas de investigación proyectual

Lo que sigue es una nómina muy sintética y para nada taxativa que postula una agenda entendible como razonablemente vinculada a un diagnóstico de un estado de necesidad o campo de problemas susceptibles de ser abordados según lo que proveería un nuevo conocimiento proyectual.

Los 40 campos temáticos identificados se relacionan con la sistematización que surge del análisis de numerosas tesis doctorales realizadas en los últimos cinco años o en curso en diversos ámbitos formativos.

Cambios psicosociales y transformaciones del *housing*.

Consiste en el tipo de investigación ligado a los procesos de cambio en las formas sociourbanas de habitabilidad, por ejemplo en torno de las líneas de exploración proyectual formuladas en las compilaciones sobre el tema genérico del *housing* (Gausa, M.; Salazar, J., *Housing + Singular Housing*, Actar, Barcelona, 2010) o en trabajos de preproyecto y simulación programática en el caso que Peter Eisenman realizó en Rebstock, Düsseldorf, Alemania.

Los lugares del intercambio: movimientos, *no-lugares*.

Se trata de las investigaciones conceptuales y proyectuales sobre nuevas áreas y focos de intercambios urbanos ligados a temas de logística e intermodalidad y también a la generación de los estereotipos de nuevas funciones de globalidad como las propuestas por Marc Augé en relación con la noción de *no-lugar* (*no-place*). Como ejemplo referencial, se encuentra el tipo de investigación proyectual propuesto por el grupo FOA en su planteo para la Terminal Naval de Yokohama, 2005.

El *no-lugar* como oportunidad y demanda de proyecto.

Se trata de la clase de investigación y posibles actuaciones proyectuales orientadas a *pensar un sitio como no-lugar* o como *área de oportunidad* para desarrollos de función y actividad, mediante la saturación y el aprovechamiento de sus condiciones potenciales y/o la captura y procesamiento de atributos de significación.

En parte, esta clase de investigación coincide con los tema del *client as site* y demás ejemplificaciones desarrolladas por Terry Farrell en su *Manifesto for London* o con ejemplos de actuación como ejercicios que el chileno Taller América realizara en búsqueda de relaciones entre condiciones de sitio (las regiones patagónicas australes chilenas) y posibilidades de desarrollo de proyectos.

Arquitecturas del territorio: lo táctico y mutante.

Consiste en el análisis de los diferentes procesos de transformación territorial basados en diferentes estrategias de desarrollo o poder, identificando más las tensiones de movilidad que los anclajes fijos y locacionales. Actualmente estas consideraciones remiten a indagar sobre los cambios territoriales suscitados por el posfordismo.

Históricamente, los procesos transformadores del siglo XVIII (estudiados entre otros por Georges Teyssot), como por ejemplo la realización de la Presa de Marly para garantizar el suministro de agua a Versailles, ilustran sobre estos procesos que relacionan acciones proyectuales territoriales con nuevas tecnologías productivas y del poder, representado en una capacidad prometeica de transformar las condiciones naturales de los territorios, inventando incluso la noción de *paisaje* que desde el siglo XVIII contiene las características técnicas de las voluntades de transformación de ambientes previos y sus cualidades de representación de ideologías y simbologías de poder absolutista.

Resignificación del espacio público.

Se trata del análisis de cambios paradigmáticos como por caso, los espacios públicos del turismo, de la seguridad, de las *tribus urbanas*, de las minorías socioétnicas, etc.

Una referencia se aborda proyectualmente en la serie de microproyectos urbanos del programa *Rio Cidade* efectuado en Río de Janeiro alrededor del 2000, entre los cuales puede aludirse a los trabajos de rediseño de la Avenida Reina Cristina en Copacabana.

El espacio público: de *contenedor de clases* a expresión multicultural.

Consiste en la indagación de las variaciones históricas del espacio público, preferentemente desde el siglo XVIII con la creación de lo que Habermas llama *esfera pública* y también en relación con las oscilaciones modernas desde la idea de *condensador social* hasta los factores posmodernos de la segregación espacial como sucedáneo de la confrontación social y el arranque de figuras de *ghettos*, *clústers*, fronteras, etc.

Colateralmente en este punto destacan los análisis de relación entre espacio real y espacio virtual y las declinaciones de la corporalidad pública o su deslizamiento hacia figuras de violencia e inseguridad urbana, apropiaciones tácticas de ciudad por colectivos específicos, etc.

También, como en la referencia a los usos públicos-turísticos de áreas históricas –como el caso de las procesiones religiosas en el Pelourinho bahiense (Ilustración 1.1)[7]– es de interés el análisis de los ciclos

---

[7] En adelante, la mención de la ilustración que refiere el texto se indicará 1.2 (capítulo, orden dentro del capítulo).

de degradación-tugurización-recuperación de zonas centrales de ciudad (México DF, Quito, Lima, Buenos Aires, Bahía, etc.) y en especial, la oscilación entre el rescate de condiciones morfológicas del entorno y la voluntad de no escindir las condiciones de la forma urbana histórica de sus patrones antropológicos de uso y habitabilidad. En efecto, salvo en el solitario caso de las actuaciones del centro histórico de Bolonia, en los años setenta, el rescate de la forma histórica suele asociarse a la expulsión de poblaciones y actividades originarias, en lo que la sociología ha designado como *procesos de gentrificación*.

Ilustración 1.1

Arquitectura y diseño como información/comunicación.

Se trata del campo de intersección entre la funcionalidad de la arquitectura y su retórica expresiva, sea en términos de sistemas figurativos especializados (como los contenidos crípticos de la ornamentación hasta el siglo XIX), sea en términos de correlación entre discursividad y arquitectura (como las cuestiones analizadas en los estudios de Venturi & Scott Brown sobre el caso Las Vegas y sus propias exploraciones proyectuales como en el *Perelman Quadrangle* en Harvard) o la *artistización escritural* o figural de artistas-arquitectos, como en el caso de los sobre-textos o grafías superpuestas a la arquitectura que en el proyecto de la Universidad Di Tella (2009) desarrolla Clorindo Testa.

Aprendizaje y espacio. Didáctica del espacio.

Refiere a las modalidades de aprehender o comprender lo espacial para reproducirlo, instancias que generalmente devienen de formas didácticas o de aprendizaje del proyecto como ocurre en el caso de las tareas desarrolladas por Sam Mockbee y el *Rural Studio*, en la Universidad de Auburn, Alabama (1.2), al menos desde el 2002, o en las tareas desplegadas en el caso de la experiencia de la *Cooperativa Amereida* en la Universidad Católica de Valparaíso y sus trabajos en el campo experimental de Ritoque, iniciadas en los años setenta.

Aspectos teóricos en las relaciones entre espacio y didáctica fueron tema de los desarrollos fenomenologistas (Merleau Ponty, Bachelard) y también de las investigaciones de psicología experimental desarrolladas por Jean Piaget y sus discípulos.

Ilustración 1.2

Salud psicofísica y espacio. Terapéutica del espacio.

Este tema refiere al análisis de las posibles aportaciones que cierta clase de espacialidad, según diversos atributos de la misma, puede aportar a la cuestión de los lugares que proveen servicios psicofísicos de salud, como por ejemplo los centros de reeducación de niños con retrasos madurativos o los sitios que se ocupan de tratamientos psíquicos especiales, como por ejemplo los trabajos del estudio coreano Cho & Park, como su Residencia de Discapacitados en Khang Wha, Corea, 2000.

Los lugares del trabajo posindustrial.
Territorios posfordistas.

El pasaje del capitalismo industrial clásico a las formas posfordistas del *just in time* y sus remodelaciones logísticas del territorio (con la supresión de grandes áreas antes destinadas a las cadenas de montaje y a los depósitos para *stock* de insumos y productos) ha generado, como consecuencia, la aparición de un ingente pasivo edilicio, por una parte registrado como *arqueología industrial* y por tanto susceptible de diversas estrategias de gestión de patrimonio y, por otra, como materia prima del tipo suelo/instalaciones tal que puede ser útil para diversas acciones de reutilización y refuncionalización. Esto se aprecia en numerosos ejemplos locales (la conversión en viviendas del Molino Minetti y de La Algodonera en Buenos Aires o de la Cervecería de La Aguada en Montevideo) y múltiples ejemplos internacionales (la conversión del Molino Stucky en hotel en Venecia o las actuaciones de David Chipperfield con sus trabajos de reconversión de antiguas sedes fabriles en Barcelona en 2002).

Arbitrariedad del proyecto: el carácter cerrado y subjetivo del proyecto.

Este ítem refiere a casos que estarían expresando la voluntad de *autonomía del proyecto* como actuación intelectual, según la cual este establece su propia delimitación del campo conceptual de su despliegue, a veces en la forma de un comentario o traducción de un texto primero, como sería el caso del *Danteum* de Terragni (1.3: esta imagen a su vez, registra el trabajo de investigación-restitución del proyecto original que realizó Carlos Hilger) o de los trabajos del jesuita español Juan B. Villalpando, con su voluntad de reconstruir –según análisis filológicos de textos veterotestamentarios, como el *Libro de Daniel*– el mítico Templo de Jerusalén (1605).

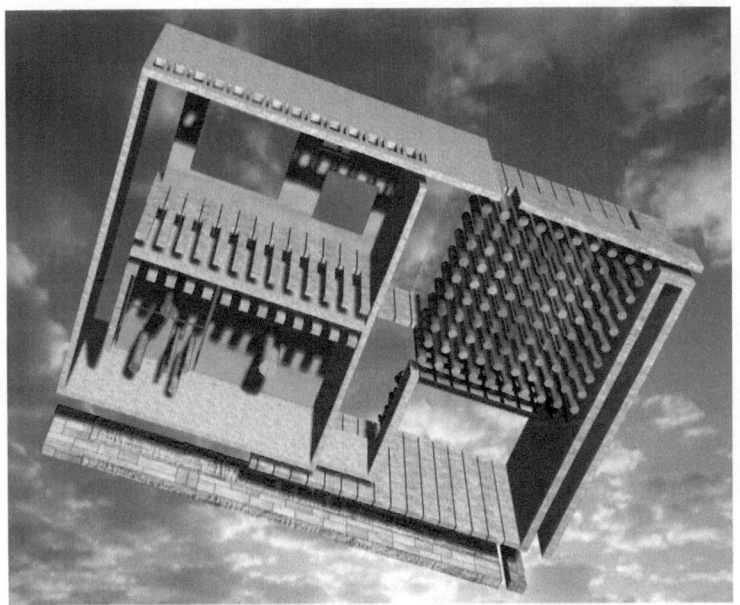

Ilustración 1.3

El proyecto como documento técnico-analógico.

Si el tema precedente entiende el proyecto como instrumento específico de conocimiento o descripción de un tema de referencia (como la simbología inherente a algún pasaje de los textos bíblicos), el proyecto también puede ser estudiado según su condición histórico-moderna más reconocida, es decir, como instrumento técnico o forma de plantearse y resolver exigencias determinadas de estructura o portación y de servicios o prestación, como lo ejemplifican muchos trabajos de carácter experimental de Renzo Piano, como su proyecto para la Academia de Ciencias de California (2008).

Constructividad y expresividad.

Otra dimensión agregada a las precedentes puede constituir un tema de investigación en torno a las cuestiones que en el proyecto plantean las relaciones entre *lo constructivo* y *lo expresivo-estético*, sobre todo en la escena moderna en que tal relación cobra una depuración y esencialización vinculada a la supresión del aparato ornamental. Así existen numerosas experiencias de otorgamiento de claves de sentido a dicha relación, como por ejemplo, en las ideas arquitectónicas de Peter Zumthor, en especial en su proyecto para las Termas de Vals, 1994 (1.4).

Ilustración 1.4

La sustentabilidad: reflexión proyectual sobre la escasez.

La cuestión general de la crisis de sustentabilidad y su manifestación en cierto estado de escasez progresiva en lo matérico-energético da pie a un inédito campo de investigaciones que puede aportar a resignificar el proyecto de cara al cuadro de posibilidades/limitaciones emergentes de tal estado de crisis, territorios teóricos que empiezan a ser populares y hasta banales pero también materia de investigaciones proyectuales como las del malayo Ken Yeang, los franceses François Roche y Duncan Lewis, el belga Lucien Kroll o el argentino Emilio Ambasz, por ejemplo en su proyecto residencial *Nova Concordia*, 2004.

Didácticas del proyecto, ¿lógicas del proyecto?

Este ítem se refiere a las investigaciones sobre las formas de aprendizaje del proyecto, ya sean históricas, modernas o contemporáneas. Se incluyen las investigaciones acerca de lógicas[8] o modos del proyecto en el sentido de utilizar descripciones generales y sistemáticas de formas o métodos contemporáneos del proyecto susceptibles de aplicar modos de aprendizaje del tipo *a la manera de*. Este tema también se refiere a las formas de proyecto ligadas a interacciones con modalidades y/o innovaciones pedagógicas, como por ejemplo, las propuestas desarrolladas por el Estudio 3XN en su Colegio en Copenhaguen, 2011 (1.5), en tanto el proyecto se presenta como instrumento sustantivo de la estrategia de flexibilidad pedagógica o posibilidades inherentes a articular praxis educativas con soportes espaciales adaptables a múltiples alternativas.

---

[8] Ver al respecto, Fernández, R., *Lógicas del Proyecto*, Concentra, Buenos Aires, 2010.

Ilustración 1.5

Desmontaje/montaje: contra lo creativo aleatorio.

En este punto se hace alusión a la investigación en torno a proyectos metódicos basados en estrategias que eluden o cuestionan los enfoques de *caja negra*, es decir, aquellas formas de proyecto signadas por cierta opacidad o cripticidad propias de la *casual creativity*, del orden de la *serendipity* o del preceder aleatorio.

Al contrario, se trataría de indagar en los procedimientos proyectuales de la cita, referencia, alusión o traducción de conceptos externos a la subjetividad del proyecto, lo que puede ejemplificarse en los trabajos de Tadao Ando ligados a transcripciones o referencias al budismo *ninnji* o tántrico como se verifica en sus trabajos *Templo de Agua* (1989) o *The Oval* (1992).

Potenciamiento de lo creativo.

Aquí se trata de la consideración de factores proyectuales ligados a la estimulación y el procesamiento crítico propios de la esfera de creatividad, la innovación o la búsqueda de resultados imprevistos, a veces refiriendo a modalidades productivas asociadas al hecho de la *obra de arte*, a veces considerando el acto proyectual como vinculado a la apropiación de atributos emergentes de la (in)materialidad inherente a tal acto.

Un ejemplo de estas problemáticas –que también conectan con puntos precedentes como la aleatoriedad del hecho creativo o las relaciones entre (de)construcción y expresión– podría ubicarse en la propuesta de Y. Obuchi, en su proyecto no realizado *Wave Garden* (2002), el jardín marítimo compuesto con piezas de diferente reacción eléctrica y por tanto con diversas cualidades de materialidad, o el trabajo *Blur Building* en la Swiss Expo (2002), sobre el Lago Neuchatel, un pabellón que sus autores Diller & Scofidio, conciben como una isla artificial basada en la *transegrity* de Fuller, cuya materialidad evanescente la compone una continua emisión de nubes de niebla que atraviesan la isla, desdibujando los bordes concretos de lo edilicio (1.6).

Ilustración 1.6

Validación social de la arquitectura:
el problema del gusto.

La cuestión del gusto inherente a la formulación y valoración de la potencia estético-comunicativa de la obra arquitectónica atraviesa extensos períodos de su historia tanto en su validación canónica en los estilos sustentados por la alianza entre poder y academia como en las caracterizaciones de acciones *vanguardísticas* entendibles precisamente como voluntad de ruptura o puesta en crisis de esos *dictátums* canónicos, como ocurriera con las distorsiones de Giulio Romano y el *manierismo* en general (entendible como predominio de *manieras* individuales frente a cánones colectivos) o la torsión del barroco hacia cierta pérdida de su eficacia comunicacional en Borromini y el desemboque en el decorativismo desjerarquizado del *rocaille*.

Pero también surgen los temas de la relación entre lo popular y lo culto, por ejemplo, alrededor de las formaciones del *kitsch* [9] o las investigaciones proyectuales del arquitecto boliviano Carlos Villagómez –como en el proyecto Serpaj, El Alto, 1998– alrededor de lo que llama la *arquitectura chicha* o el gusto *kitsch* de sectores populares.

Sobre la relación entre arquitectura y prácticas *habitativas*.

Este ítem se refiere a las relaciones entre las *prácticas sociales del habitar* y las *formas tipológicas* que la disciplina arquitectónica propone para los *soportes del hábitat*. Relaciones complejas por las potencias de acomodamiento, adaptación y diferenciación que las prácticas del habitar establecen mucho más activamente que en relación con un supuesto disciplinamiento cuasi conductista de éstas por parte de las ofertas del soporte que propone la arquitectura.

En realidad cabe incluso aquí también diferenciar el *rol minimalista* y hasta elitista de posibles caracterizaciones tipológicas del habitar devenidas del *pensum* disciplinar a propósito del *rol maximalista* que posee, respecto de una oferta general del hábitat, lo que podríamos llamar el *mundo de la edilicia*, mundo a su vez sesgado en tres dimensiones diferentes entre sí: en primer lugar, la *dimensión del mercado* (o sea

---

[9] Véase al respecto el libro de Celeste Olalquiaga, *El reino artificial. Sobre la experiencia kitsch*, Editorial G. Gili, Barcelona, 2007.

los productos edilicios de mercado, con los cuales la *profesión* arquitectónica busca identificarse como su proveedor principal aunque está muy lejos de lograrlo). En segundo lugar, la *dimensión del no-mercado* (que nombramos así *negativamente*, pues es la producción del hábitat generada por los actores sociales *marginados*: de la propiedad, del mercado, del plan urbano, del trabajo formal, de la ciudad establecida, etc.). Y en tercer lugar, la *dimensión del hábitat estatalista* que todavía puede formar parte de una *idea ampliada de Derechos Humanos* que incluye el *derecho a la vivienda y la ciudad* (dimensión del asistencialismo estatal practicado desde los modelos socialistas o desde los modelos capitalistas de sesgo *Welfare State*, hoy francamente en retirada).

Se trata, pues, del campo de las demandas y *performances* sociales del habitar en relación con las respuestas disciplinares del diseño y refiere en general a la relación entre arquitectura y prácticas *habitativas*, entre las que se encuentran investigaciones como las del grupo Beltrán & Yemail sobre lo que llaman *Arquitectura Wiki* (2009) –entendible como arquitectura urbano-*habitativa* engendrada por la yuxtaposición libre de ofertas, capturas, adaptaciones y acomodamientos que ocurren en el mercado real de necesidades y deseos insatisfechos de nuestras sociedades capitalistas extremas. También cabe aquí considerarse las prácticas proyectuales alternativas propuestas por colectivos como el argentino A77 o por el andaluz Santiago Cirugeda.

Soportes: elementos para adaptaciones y *performances*.

La temática de los *soportes* o estructuras básicas fue relevante en los años sesenta en las investigaciones sociohabitacionales propuestas por diferentes autores tales como Yona Friedman o John Habraken e incluso dio lugar, en el marco de las teorías de la indeterminación, a ejercicios proyectuales diversos como los de Herbert Ohl o Christopher Alexander.

Por otra parte, históricamente existen casos de relación entre formas básicas de los patrones urbanos y procesos de apropiación y transformación de los mismos, como es parte de la historia urbanística americana en relación con el diseño y el uso de las plantas en damero propias de las *Leyes de Indias* y sus diferentes lecturas y propuestas de transformación proyectual. Esto puede ejemplificarse con el plano que el idóneo José Fantete prepara para la ciudad de Santiago de Compostela, Cuba, en 1747, asumiendo el trazado amanzanado pero proponiendo una forma de ocupación edilicia de tal traza que generara un tejido esponjoso y abierto, que se plantea como más apto a las condiciones climáticas del sitio.

Concept-art contemporáneo como generación de ideas proyectuales

La relación entre las artes y modalidades, procedimientos y estéticas de los proyectos de arquitectura es un tema que aborda la historiografía artística al incluir artes plásticas y arquitectura dentro de un campo relacional específico como lo tratan, por ejemplo, autores de inicios del siglo XX[10] y como será visible en los fenómenos de las vanguardias en el Movimiento Moderno.

En el arte contemporáneo, dada su maximización al referir a temáticas más abarcativas (sobre todo en el *land-art*, como lo ejemplifican obras de Robert Smithson

---

[10] Como Wölfflin, Heinrich, *Conceptos Fundamentales de la Historia del Arte*, Espasa Calpe, Madrid, 2007. Original de 1915.

como *Broken Circle & Spiral Hill,* 1971-2011), esta articulación entre nociones del arte conceptual e ideas de proyecto se hace mucho más compleja y determinante.

Teoría de los *efectos especiales* (DX).

Dentro de las novedades técnicas, ópticas y conceptuales que impone el cine y su relación con temas filosófico-modernos (como la relación que Deleuze propone entre el aún nonato cine y las posturas de Henri Bergson sobre el tiempo y la memoria) reaparece el viejo tema platónico del problema de la realidad como apariencia y a partir de ello la multiplicación de efectos de virtualidad que compiten con o superan la conciencia de realidad, como aparecerá sobre todo en la representación figural de realidades complejas (como una hecatombe) con la creación de un campo específico de la producción cinematográfica llamado de *efectos especiales* (conocidos por la sigla DX), que también propone posibles relaciones con derivas actuales de proyecto como algunos trabajos del holandés Grupo NOX (compuesto originariamente por DJ´s), por ejemplo, el complejo de viviendas *Off the Road*, Eindhoven, 2000, en que diseñan una forma arquitectónica cuya geometría se considera ideal para minimizar el impacto del ruido de una autopista vecina.

Prácticas del *sampler* y los DJ´s: otra música, ¿otra arquitectura?

En las teorías contemporáneas del arte[11] se exaltan prácticas impuras o adventicias que se relacionan, básicamente originadas en la música, con acciones de

---

[11] Por ejemplo, en el texto de Nicolas Bourriaud, *Postproducción*, Adriana Hidalgo, Buenos Aires, 2009.

mezcla y yuxtaposición, como la nueva música combinatoria-aleatoria que diseñan los DJ´s en la técnica llamada *sampling*.

La idea de postproducción alude a una *segunda producción*, usando, interviniendo y recreando una *primera producción* y tiene connotaciones ligadas a la *cultura del hacker* y al cuestionamiento de lo llamado *propiedad intelectual*. Las propuestas incursas en el proyecto *Elemental Chile* se ofrecen como una primera producción o soporte básico sobre la cual los usuarios, en prácticas libres incluso usando patrones de gusto clasista rayanos en la banalidad o el *kitsch*, efectúan un *sampleo* o *postproducción* que deviene en resultados fluyentes y de imprevisibles consecuencias para el *aura* de un supuesto *objeto de autor*.

Sobre el *partido*: Historia y uso actual

La idea de *partido* (*parti* en francés, en que también se usa, como sinónimo, la expresión *esquisse*) supuestamente se origina históricamente en la enseñanza de las *Beaux Arts* y tiene como explicación básica la concepción propia de *espacializar una idea*, o dar *formato topológico a una noción mental de proyecto*.

Se trata pues de investigar cómo funciona, cómo se produce (o elige), cómo *se reviste de arquitectura* (resolutiva o de detalle) e incluso de analizar si cabe, porque tal noción es explicativa de una cierta producción de arquitectura de época y lugar (recuérdese el artículo de Kenneth Frampton que en los años ochenta, fuera de sus análisis genéricos, indicaba que en tres ciudades –Buenos Aires, Barcelona y Viena– se imponía lo que definía como *arquitectura de partidos*). Resulta además interesante indagar sobre el *uso pedagógico del partido*

–dentro de una metodología de *esquicios sometidos a prueba y error*– para lo que cabe tratar asimismo la posibilidad de una *crítica de partidos* basada, si cabe, en unas lógicas topológicas.

La noción *Beaux Arts* remite sin embargo a prescripciones canónico-académicas de la *composition avec parti*, propias por caso, antedatadamente, de los trabajos paisajísticos de André Le Notre, como su planteo para el Castillo & Jardines de Sceaux, 1670.

El proyecto como modelo. De la idea mental a la obra.

El concepto recién enunciado de *partido* es uno más en el proceso de entender el proyecto como mediación y como transformación: *mediación* de una ideación y pasaje de una noción mental a una paulatina descripción topológica de un real-posible y transformación técnica de un concepto-deseo de realidad que debe ser traducido en instrucciones de realización.

Es posible entonces indagar en las cuestiones del proyecto como *modelo* que traduce y encarna una *idea mental* trocándola en *vía de pasaje* a un *constructo* pero también cabe investigar el *modus essendi et operandi* de posibles *obras sin proyecto* o más bien con *multiproyectos* como en el caso de la catedral, carente de proyectista unificado y decisor sintético (como lo iba ser Brunelleschi).

En estas circunstancias, destaca la posibilidad del proyecto no como preconcepción topológica sino como juego combinatorio de carácter marcadamente aleatorio y hasta lúdico como por caso en el trabajo de Saez & Barragán para su ecuatoriana Casa Pentimento, artefacto emergente del uso combinatorio de un módulo de hormigón premoldeado.

Geometrías. Posicionamiento, soporte.

Este punto alude a la forma geométrica como un *a priori* proyectual, ya sea la *forma abstracta* o asociada a un mecanismo de ideación proyectual expresable según categorías geométricas, ya sea la *forma compleja del sitio o locus* de implantación del proyecto en sí, ya sean las *formas inherentes a cuestiones de relación entre modos mito-productivos de comunidades y sus territorios.*

El primer caso refiere a preconcepciones proyectuales que están en la base de formas de diseño abstracto o *basic design* en general y en parte tributa a cuestiones de *morfolenguaje* que se aluden en el punto ulterior a éste.

La *geometría del sitio* como elucidación de una condición de soporte (para que el constructo propositivo de proyecto sea adaptado o confrontado) se verifica en criterios de proyecto como los que desarrolla François Roche, por ejemplo en su proyecto de Museo de Lausanne, en el que éste se caracteriza por un *des-pliegue* (de la *geometría en pliegues* del territorio existente, un área de humedal anexa al lago).

Las formas que resultan de la puesta en territorio de discursos mito-poiéticos destacan en numerosas arquitecturas de culturas originarias como por ejemplo en el desarrollo de los observatorios astronómicos, los acueductos o las fábricas vegetales o salinas de la cultura incaica.

Investigación formal como experimentación preproyectual.

La asociación de *geometrías elementales* y constitución de un *lenguaje básico* de la arquitectura tal que limitara su práctica a un conjunto finito y razonado de *combinatorias*, es un tema casi coetáneo del origen de la arquitectura como disciplina y tendría referencias fundantes, como los trabajos de Imhotep para Sakkara.

En algunos casos, esta voluntad de centrar la acción proyectual en una meditación calculada y especulada sobre las formas básicas puede alcanzar a discutir la conexión entre forma y sentido, sobre todo después de la función y el funcionalismo y el lema *forms follows function*, planteándose en tal caso la *autonomía de la forma*.

Ese criterio informa por ejemplo la obra de Etienne Boullée y su estudios teóricos y abstractos (sin función o con una idea de función ligada a la *estética sublime* o del *exceso de forma*) o más recientemente, en la Modenidad, basada en investigaciones formales básicas en el arco que une a Ledoux con Le Corbusier (ese es el título de una monografía de Emil Kauffmann) y hasta Rossi. También a la búsqueda de una esencia morfolingüística visible en los estudios y proyectos engendrados alrededor de la idea de *morfoteca* en Hans van der Laan o en los trabajos teóricos del chileno Juan Borchers[12].

El tamaño del proyecto. Tamaño y detalle.

La cuestión del *tamaño* o *escala* del proyecto puede aludir a dos situaciones; en primer término. a las relaciones entre forma genérica y acabamientos, entre conjunto y detalle, entre lo macro y lo micro de cada proyecto y sus diversas instancias de articulación. En segundo, término la cuestión escalar alude a las relaciones entre arquitectura y ciudad, entre tipologías edilicias y tejidos urbanos, entre proyecto concreto y entorno, localización o ambiente de implantación y en esta segunda caracterización podría

---

[12] Borchers, J., *Institución Arquitectónica; Metarquitectura*, Andrés Bello, Santiago, 1968.

incluirse la cuestión de las relaciones programáticas y hasta metodológicas entre proyecto y plan, entre ejercicio singular y prescripción normativa urbana genérica y asimismo a la relativamente actual situación descripta por la noción de *plan de proyectos*, en la cual, supuestamente, converge el proyecto de partes de ciudad en el que decisiones de tipo sinérgico coadyuvan al logro de propósitos urbanos de ordenamiento.

Un caso de las acciones de proyecto de partes de ciudad (que testimonia además la naturalidad con que la arquitectura deviene *arquitectura grande* en tanto emerge una idea de proyecto indiferente a la escala y, por tanto, cabe la posibilidad de *proyectar arquitectura* y *proyectar –no planificar– urbanismo*) es el proyecto de Affonso Reidy para el morro San Antonio, Río, 1954, en que de todas maneras confluye el Reidy arquitecto de los grandes conjuntos edilicios como Pedregulho y el MES, con el Reidy urbanista que integraba el equipo del francés Alfred Agache a cargo del Plan de Río de Janeiro desde 1939.

Diferencias y homologías entre proyecto y plan.

Las relaciones escalares entre proyecto y plan pueden consistir en determinaciones o estipulaciones genéricas que el plan instituye respecto del proyecto haciendo que éste devenga en cierto sentido una *performance* o demostración ejecutivo-aplicativa de las normas o constricciones operativas que el plan prescribe y establece respecto de cualquier proyecto genérico. Hay muchos casos históricos que ejemplifican estas relaciones desde las acciones barrocas en la Roma de Sixto V y Clemente VIII, dirigidas por Domenico Fontana, hasta las gestiones de arquitectura urbana realizadas por Otto Wägner y Tony Garnier respectivamente para Viena y Lyon.

En el caso del plan de Mauricio de Bolíbar para la ciudad colonial planificada de Santa Marta en Colombia, destaca la noción de proponer, para potenciar las virtudes del plan, no solo proyectos de la diversa arquitectura que debe encarnar y construir el plan abstracto sino, asimismo, una voluntad de estipular un determinado orden edilicio de la arquitectura que debería rellenar las parcelas del plan, ofreciéndose en consecuencia un proyecto urbano en la forma diagramática de *código de barras* cuya verificación debía obtener –mediante el efecto túnel de cada calle perpendicular a la ribera– un microclima benéfico para la urbe tropical.

Las cosas de la gente y las cosas del diseño.

Este punto intenta poner en cuestión las categorías generales del *gusto*, según su caracterización de élite o disciplinar o regulada por decisiones de tipo académicas o por la fuerza prescriptiva de determinadas arquitecturas de autor investidas crítica e historiográficamente como verdad de época. Y confrontar con otra clase de gusto, no necesariamente popular o socialmente opuesto a tal eventual denominación de élite sino anclada en otras características culturales como en general el gusto conservador e historicista (o resistente a las novedades vanguardistas) de las clases altas, en general respecto de cualquier producto cultural e inversamente, como propuestas o criterios estéticos emergentes de tales vanguardias que buscaron ofrecer un imaginario estético para sectores sociales desprovistos de afectos culturales determinados. Esto se verá en la voluntad de desarrollar viviendas proletarias inclusivas de un aparato estético frugal y minimalista, supuestamente ofrecido a tal sujeto *habitativo* (como ocurrirá con la arquitectura de *siedlungs* –el caso paradigmático de esta instancia sería *Weissenhof* en Stuttgart, 1927- y los diseños de Stam, Oud o Le Corbusier, éste también afinando esa proposición en su proyecto de Pessac).

Un caso peculiar de estas oscilaciones del gusto podría manifestarse en la primera etapa de trabajo de Luis Barragán en Guadalajara, como en su Casa Cristo, 1928, etapa que su autor consideraba la más fructífera y legítima de su carrera, en donde era capaz de organizar su voluntad proyectual en orden al imaginario cultural y formal del grupo social del que formaba parte: la aristocracia rural y ultramontana de la región jalisciense.

Artesanía, diseño industrial y diseño serial.

Una parte extremadamente influyente del pensamiento arquitectónico, diríase hasta la actualidad, es la resistencia *artesanalista* a la producción emergente de la Revolución Industrial tal cual se evidenció en las formaciones *Arts & Crafts* y la prédica del socialista estético William Morris, tratando de cuestionar la baja calidad estética y fáctica de los productos industriales, intentando potenciar la reproducibilidad y alcance social de prácticas artesanales, deviniéndose así en la proposición de una antinomia no entre industria y artesanía sino en productos resultantes de procesos industriales respecto de productos seriados mediante la racionalización productiva basada en una alta calificación de la mano de obra, es decir, entre series grandes o muy grandes y series medianas o chicas.

Este tema atraviesa el imaginario victoriano y formula una posición antiindustrial (en el sentido de negar la reproducción infinita de un objeto, o sea, oponerse al *modo de la reproducción técnica* que estudiaba Walter Benjamin) que todavía consta en el centro del ideario estético-productivo de la arquitectura contemporánea.

Los trabajos de Charles Voysey, como su *Dress-wall paper*, 1901, buscan indagar sobre la maximización posible de los efectos sociales alcanzables mediante la forma de proyectar propia del *Art & Crafts*, que como en su caso o en el de Morris, iban a implicar no solo proyectar sino investigar en el desarrollo de formas alternativas de producción de objetos de uso social (como el trabajo de Voysey con la empresa gráfica Sanderson).

Problemas del diseño *folk*: lo regional y lo global.

Este ítem alude a los cruces entre aportaciones de las arquitecturas *espontáneas populares* de carácter *regional* (en general, más precisamente, arquitecturas ligadas a expresiones *etnovernaculares*) con las *cultas* o más bien propias del campo disciplinar *global*, en lo que fue materia de estudios diversos y reconocidos (como los de Bernard Rudofsky[13] o Amos Rapaport[14]) y en que más recientemente –y en el flujo conjunto de crisis de sustentabilidad y auspicio de multiculturalidad– resultan diversificadas y multiplicadas, además de crearse nuevas relaciones entre tales perspectivas de *etnoarquitecturas* más tecnologías pobres con debates disciplinares como se ejemplifica en trabajos del grupo ecuatoriano Barragán & Gangotena, como su *Casa Entre Muros* o del grupo noruego TYIN, con múltiples actividades en Uganda, Tailandia, Senegal y Sumatra. Estos últimos, como en el caso del proyecto de *Baño Colectivo para el Orfanato*

---

[13] Rudofsky, B., *Architecture without Architects: A Short Introduction to Non-pedigreed Architecture*, 1964. Originalmente fue una muestra que se exhibió en 120 sitios y de la cual se hizo un celebrado catálogo.

[14] Rapaport, A., *Vivienda y Cultura*, Editorial G. Gili, Barcelona, 1972.

Save Haven en Ban Tha Song Yang, Tailandia, 2009 (1.7), implican, por una parte, una prestación solidaria a colectivos indigentes y, por otra, la voluntad de articular un saber profesionalizado con formas populares de uso y construcción, además de montar un dispositivo que opera como una fundación a la cual muchos arquitectos convencionales aportan para financiar estas prácticas anticonvencionales.

Ilustración 1.7

Colectivos sociales y formas de comunicación.

Se hace alusión a la multiplicación discursiva de formas de escritura pública –el aporte principal sería el *graffiti*– con lo que se diversifican nuevas relaciones entre determinados colectivos sociales o artistas populares que los expresarían con distintas clases de comunicación superpuesta con y a menudo crítica de las comunicaciones convencionales como las mediáticas.

Este desarrollo tiene características globales, aun en su expresión de subcultura propia de cada lugar y a la vez, expresiones singulares o locales articuladas con problemáticas culturales, sociales y políticas de un sitio en concreto.

En algunos casos esto se relacionó con reivindicaciones de colectivos étnicos marginales en una ciudad –como los *graffiti* de los portorriqueños en Nueva York– y en otros dio paso a expresiones específicas de cada lugar. Son ejemplos las *performances* del grupo *Proyecto Afuera* en Cerro de Pasco y su participación en luchas mineras o del grupo *MePeCe* como *CoCoCorrientes* en Buenos Aires o el trabajo de artistas callejeros como Axel Void, Escif, Liquen, el neoyorquino Basquiat devenido *gallery-artist*, el francés Blek-le-Rat o el inglés Bansky, cuyos murales callejeros –como el *Keep Britain Tidy*, en que una señora inglesa trata de limpiar manchas de sangre para atenerse a lo que dice la escritura del muro: *Mantenga Gran Bretaña en orden*– devienen mensajes político-culturales altamente revulsivos (1.8).

Ilustración 1.8

Sociedades, cuerpos e indumentarias.

La cuestión genérica del hábitat abarca una polifonía diseñada a partir de diversas clases de objetos que pueblan y definen el espacio específico del hábitat arquitectónico, mucho más allá de los condicionantes que éste propone.

Las relaciones entre cultura y proyecto y las formas idiosincrásicas del habitar de cada expresión regional o local, quedan estipuladas por un juego complejo de interacciones entre cuerpos, enseres, indumentarias y aparatos, todos los cuales definen paisajes interiores o *inscapes* en que la densidad de las experiencias *habitativas* –como las estudia por ejemplo, Gastón Bachelard en su *Poética del espacio*– van más allá de las características de la funcionalidad inherente al proyecto de arquitectura.

La teoría alexandriana de los *patterns* apuntaba a definir unidades de proyecto en las que una determinada configuración espacial establecía, en relación con el mundo material de cada lugar y momento, juegos de significado *habitativo* mucho más complejos que lo neutro de una topología.

Algunos sociólogos, como el caso del brasileño Gilberto Freyre, en su célebre *Casa Grande & Senzala*, se ocuparon de describir, en el caso de las sociedades coloniales rurales brasileñas, este complejo de relaciones definido por lugares (las fincas cafetaleras), sistemas y rituales de usos de objetos y regulaciones sociales en relación con los cuerpos (como el *derecho de pernada* o iniciación sexual de niñas esclavas que quedaba a favor del terrateniente dueño de los esclavos).

Ecología artificial, ecología de artefactos.

El mundo precedentemente indicado en el punto anterior conjuga lugar cultural y administración y vigilancia de los cuerpos, orientado básicamente a maximizar la prestación de fuerzas laborales pero también en un nivel de *naturalización de lo humano*.

En una dimensión más urbana y contemporánea es posible analizar complementariamente, la cuestión de los *paisajes de objetos*, sistemas analizados en diversos estudios por Barthes, Baudrillard o Simondon, proponedores de las instancias de *paisajes técnicos* o *ecologías artificiales*. En estas, se subjetivizan roles y relaciones con objetos (por la potencia de la función *subyugante* que se despliega en las sociedades de consumo, acentuadas por las retóricas publicitarias) y se crean imaginarios *habitativos* diseñados como las escenas que Samuel Mead dibuja como *locations* de *Blade Runner* en 1989 o como las máquinas *habitativas* como la *PAQ Project* en que Toyo Ito describe con satírico patetismo, el hábitat-máquina de una mujer sola en Tokio.

Modelación de territorios

Como una megadimensión de proyectualidad no necesariamente a cargo de los proyectistas tradicionales[15], afloran los temas del *paisaje emergente de la globalización*. No solo la remodelación territorial resultante del posfordismo y el imperio de la logística a favor de la producción *just in time*, sino también en cuanto a la uniformización de iniciativas de conversión de ciudades en complejos de programas *new capitalism* (megahoteles, *transfers* de trans-

---

[15] Como lo indica Hal Foster en su *Diseño y Delito*, Akal, Madrid, 2008.

porte, *shoppings* y *malls*, megareceptáculos para espectáculos, barrios cerrados, torres de viviendas autónomas, *thematic parks*, *etnolugares* de centralidad reconvertidos en usos turísticos, etc.) y al desarrollo de instancias de uniformidad globalizante y de diferencia multicultural incluso en el nuevo *marketing* de *green housing*. Un ejemplo de esto se ve en los terrenos plegados de *pseudonaturaleza* que Kisho Kurokawa propone en su *Shenzen Ecomedia* (2000), en China, una ciudad o barrio destinado a albergar las capas gerenciales de las áreas EPZ (*Exporting Process Zones*, eufemismo que encubre el trabajo esclavo de las *áreas maquila*) cercanas de Hong Kong.

El paisaje de la periferia urbana.
Interfases híbridas campo/ciudad

Aquí aparece el tema de las transformaciones de los bordes no planificados de ciudades, ciudades pobres o ciudades terciarias para el turismo –como el caso de Benidorm y la propuesta de *Urbarbolism* para engendrar zonas terciarias explotables que a la vez puedan cumplir un rol de *buffers* o barreras de contención para la expansión espontaneísta indeterminada–; ciudades de crecimiento basado en prácticas de autogestión y autoconstrucción en condiciones de marginalidad (alrededor de un 50% del hábitat urbano americano, por ejemplo en Caracas, Medellín o Lima tiene esa característica y más del 30% en México, Buenos Aires, San Pablo o Bogotá) en que la población se multiplica en acciones externas a las regulaciones urbanas convencionales (propiedad del suelo, codificaciones de construcción, mercado de materiales, sistema de pertenencia al trabajo formal, legalidad dominial, disfrute de servicios básicos de salubridad como agua, cloacas, energía, recolección de residuos, etc.) en escenas que comprometen la sustentabilidad urbana y el funcionamiento de las fronteras de intercambio entre ciudad y campo (con sus áreas de producción de alimentos frescos o cinturones *frutihortícolas* que tienden a desaparecer o con la obliteración de la dinámica de cuencas, etc.) que devienen aceleradores de catástrofes hídricas y de inestabilidad de suelos.

Ciberespacios: fusión de arquitectura y comunicación

Las condiciones de la economía y la cultura globalizada han multiplicado y uniformizado la común repetición de proyectos anclados en los intereses de economías tercerizadas basados en el consumo y la *Mass-Communications* y el desarrollo de ciberespacios o híbridos virtuales, desbordando los programas típicos del comercio de *shopping-mall*, redimensionando áreas enteras de ciudad sin ninguna relación entre emprendimiento y ciudad y motorizando, también, proyectos mestizos. Este último es el caso del emprendimiento WEM en Edmonton, Canadá, ciudad de unos 800.000 habitantes que recibe 28 millones de visitantes anuales en su *megashopping* de medio millón de metros, 20.000 plazas de *parking* y 23.000 empleados. También están los trabajos desarrollados por la firma TJP (a la que perteneció como asesor uno de los padres de la *Science Fiction*, Ray Bradbury) con emprendimientos como Mecenatpolis, Seúl, 2011.

Uniqum y repetición. Obra de arte
única y producto repetitivo.

Este tema comprende la relación entre pieza única o *aurática* y objeto repetible tratando de discernir entre dos grandes categorías de objetos arquitectónicos y reservando para la segunda no tanto la condición y cualidad del proyecto sino la característica de la *performance* repetitiva y reelaborativa de la matriz de referencia, lo que instala, como en ejemplos tales como los *Desiertos* carmelitanos del Siglo XVII –unas formas conventuales estrictamente legisladas por un manual de proyecto redactado por Santa Teresa, fundadora de la orden carmelita–, la *relación entre autor e intérprete* y la cuestión general de la *arquitectura franquiciada*.

Crisis de sustentabilidad y nuevos objetos/prestaciones.

Las características recientemente generalizadas y problematizadas a nivel cultural mundial y ecosférico acerca de la *crisis de sustentabilidad* –conjunción de la extinción del *capital natural* necesario por caso para la provisión de combustibles y algunos alimentos o fármacos en las actuales magnitudes de consumo y del llamado *cambio climático global* con efectos catastróficos de incidentes rápidos, bruscos e impredecibles para la vida de grandes aglomeraciones urbanas, temas unidos además a la exacerbación del modo capitalista en su *maximización del riesgo*– induce a la necesidad de investigar nuevos objetos arquitecturales y, más allá de ellos, nuevas prestaciones por así decir, *transfuncionales*, así como a plantearse nuevas formas de rediseñar ciudades y territorios en condición crítica.

Ejemplos de estas actuaciones pueden ser los trabajos teóricos y proyectuales del malayo Ken Yeang como su *Exhibition Tower*, Singapur, 2002 o el proyecto no concretado de una *miniciudad* móvil, la nave *Freedomship*, megaembarcación concebida hacia 1990 con 1300 metros de eslora y una población de 50.000 personas, pensada para dar permanentemente la vuelta al mundo –en el tiempo de un año cada giro– sin usar suelo y sin demandar energía ni producir residuos.

2. INVESTIGAR QUÉ, CÓMO Y PARA QUÉ
OBSERVACIONES SOBRE LA INVESTIGACIÓN EN ARQUITECTURA

Dado que parece una necesidad el avanzar y profundizar en las tareas de investigación asociadas a una revisión de la enseñanza de la arquitectura y de su estructura misma como campo cognitivo, así como al mejoramiento del cometido social del mismo en cuanto a su aportación a la dimensión de las necesidades inherentes a las grandes problemáticas del hábitat, este ensayo se propone agrupar algunos comentarios acerca de tres grandes temas-problema en el caso de la investigación en los campos de la arquitectura y el diseño (preferentemente en cuanto al conocimiento y a su manejo en instancias de enseñanza y aprendizaje de dichas áreas disciplinares y, correlativamente, en los aspectos de su aplicabilidad a satisfacer demandas sociales), a saber,

1. *Qué*: tipologías temáticas o áreas y campos de temas de trabajo en investigación. Se refiere a *qué investigar*, *qué temas o problemas* emergen como de prioridad, necesidad, conveniencia u oportunidad. Tiene que ver con la presente coyuntura del conocimiento de la arquitectura y/o sus aplicaciones actuales y futuras. En parte incluiría la revisión histórica de las investigaciones precedentes en arquitectura pero esa revisión debería referirse a la *contingencia* (antes que a posibles *esencialismos* o aspectos de *verdad trans* o *ahistóricos* de los temas-problemas de la arquitectura) del saber

disciplinar y sus necesidades de revisarse y desarrollarse en correlación con cada contexto temporal o histórico.

Asimismo, en este ensayo sobrevuela la hipótesis del *valor del proyecto*, más que ligado a su cometido técnico, como *instrumento cognitivo*, es decir, la hipótesis que indica que el principal campo de interés en investigación arquitectónica sería el de la *investigación proyectual: investigación ex post*, sobre *proyectos hechos o dados* –en aquello que constituiría la *experiencia* o la *historia proyectual*, según le otorguemos una *validación subjetiva* o libre de lo llamado *experiencia* o bien, una *valoración crítico-historiográfica* de lo que nombramos *historia*– e *investigación ex ante*, tendiente o conducente a *proyectos por realizarse*.

Es decir, lo estratégico del *qué investigar* sería entonces *investigar acerca del proyecto*, del *proyecto ex post o hecho* y del *proyecto ex ante o por hacerse*, lo cual implica distinguir dos canales de producción de conocimiento: *investigar sobre el proyecto* e *investigar con el proyecto*.

2. *Cómo*: estilos procedimentales en el desarrollo de tareas de investigación. Alude a los marcos o criterios metodológicos (en general comunes a grandes campos de trabajo en investigación) tendientes a producir nuevos saberes de una forma relacionada con la producción de conocimientos útiles y/o verdaderos, conformando esquemas de trabajo orientados por diversas preferencias metódicas y de manejo de los materiales de la investigación, abarcando entonces, por ejemplo, investigaciones delimitativas de campos de estudios respecto de los cuales cabe establecer de manera lo más exhaustiva y rigurosa posible, cierto estado de la

cuestión o investigaciones basadas en experimentos, archivos, trabajo de campo, etc.

Retomando la prioridad estratégica que más arriba otorgamos a la investigación proyectual (investigación *sobre* y *con* el proyecto) cabe señalar en este segundo campo, que todas las modalidades o procedimientos de investigación consignados y sus finalidades (en tanto la característica o acción predominante de su forma de crear conocimiento: opinar, delimitar, comprobar, representar-participar, verificar, prestar-donar, formar-capacitar, situar-localizar, programar-pronosticar) pueden articularse con la cuestión del proyecto.

3. *Para qué*: finalidades cognitivas y usuarios-destinatarios (¿*para quién?*). Remite básicamente a considerar que la investigación a desarrollarse en arquitectura no necesariamente debe definirse como *investigación científica*, o sea aportación de nuevo saber verdadero legitimado por paradigmas epistemológicos de tal campo, sino que puede relacionarse con otras formas de investigación tales como la artística o la proyectual.

Esta pregunta se relaciona con el destino o *finalidad* de lo que se investiga, en el sentido de establecer por así decir, destinatarios o usuarios (el *para quién* del *para qué*) y tal destino o finalidad puede ser la ampliación general o específica del saber –que es lo que pretende la investigación científica, como búsqueda tendiente a la ampliación del saber y el corrimiento de sus fronteras o límites– pero también puede orientarse hacia otros destinos y destinatarios.

Respecto de la enunciada prioridad o valoración estratégica que otorgamos a la investigación proyectual, según se expuso someramente en los ítems anteriores, frente a los diferentes estilos de investigación presentados (científico, artístico-humanístico, ético, socioproactivo, *ad-hocista* o de *problem-solving*, proyectual) inferimos que *todos esos estilos pueden aplicarse a investigaciones sobre el proyecto* y en cambio *solo el estilo que llamamos proyectual* identificaría a las *investigaciones cuya finalidad de producción de conocimiento se daría operando con o mediante la actuación proyectual*, o sea, haciendo uso del *concepto de proyecto* como una estrategia o método y, a la vez, como una producción o resultado tal cuya cualidad sea la *generación de nuevo conocimiento*.

La estructura propuesta para este estudio que se acaba de describir tratará de expresarse en dos planos o niveles: uno conceptual, en el que se establecerá un despliegue de los tres grandes campos planteados así como cierta delimitación de instancias e intento de definición de las mismas y otro, ilustrativo o referencial en el que algunos conceptos de los precedentemente indicados buscarán articularse con cierta casuística proyectual.

Cuando se busca ilustrar una noción con un caso proyectual, no necesariamente ello se da a través de alusiones a trabajos de investigación sino a trabajos proyectuales cuya densidad teórica o conceptual manifiesta procesos o resultados que pueden equivaler a cierta clase de trabajo de investigación.

A veces esas referencias pueden entonces, incluir expresiones de cierta clase de trabajo investigativo que posee el proyecto en sí. A veces tales proyectos, como casos o tipos, pueden resultar eventuales objetos de investigación, es decir, temas alrededor de los cuales puede pensarse el desarrollo de una investigación.

Por otra parte, en la gran mayoría de las referencias consideradas se alude precisamente a casos generales, la mayoría de ellos documentados bibliográficamente.

Debe entenderse que, en cambio, en la gran mayoría de las investigaciones que se realizan en un medio determinado –en las universidades argentinas por ejemplo–, los trabajos se caracterizan por aplicar a situaciones, casos y problemas locales, dado en principio la prioridad cognitiva de obtener avances de conocimientos en relación con tal condición local y la ventaja que supone investigar sobre fuentes y/o actores accesibles, es decir, cercanos como también lo es el *campo* sobre el que suele realizarse lo que llamamos *trabajo de campo*.

De todas maneras, esta prioridad de aplicabilidad local de los trabajos propios de la investigación no inhabilita el manejo de relaciones entre lo global o general y lo local o lo específico, relaciones de pertinencia que el modo científico de investigar considera perfectamente legítimas y necesarias.

El proyecto Yvyrarovana, en el Chaco paraguayo, es un trabajo multidisciplinario abordado por un grupo dirigido por Solano Benítez, quien estableció una relación con una comunidad de pequeños productores agrarios casi circunscriptos a economías de subsistencia que padecen la presión expansiva de grandes conglomerados agroproductivos latifundistas, cuya expansión coincide con el *boom* de las *commodities* agrarias como la soja.

El trabajo se propone estudiar una forma sustentable de producción-instalación de carácter colectivo a medio camino entre un asentamiento rural aislado individual y un asentamiento periurbano, tratando de analizar las condiciones de sitio y producción y ofreciendo un servicio de *empowerment* a tal comunidad, en la cual, debe decirse, ocurrieran los luctuosos enfrentamientos armados de 2012 de donde devino ulteriormente la destitución del presidente Lugo.

Las *escrituras gráficas* de John Hedjuk –parte de su libro *Víctimas*, semejante a otros libros de investigación proyectual de este autor como *Vladivostok* o *Mask of Meduse*– expresan la voluntad de comunicar ideas, de carácter básicamente *poético*, a través de la *arquitectura como lenguaje* y así se cuentan historias o se formulan descripciones de situaciones que podrían parecer enigmáticas o *transracionales*, mediante el material expresivo del lenguaje de la arquitectura (plantas, cortes, alzados, etc.) y en torno de títulos como *El Laberinto, La Bibliotecaria, Las Torres del Libro, El Solista*, etc..

Los dibujos de Aldo Rossi –por ejemplo, muchos de los usados en la preparación del proyecto del Cementerio de San Cataldo– expresan la voluntad analítica del autor en la búsqueda de invariantes tipológicas de la arquitectura disciplinar y de la arquitectura popular (como las *cascinas* rurales lombardas) que sirvieran por una parte, para acceder a un *modo científico de proyectar* –entendible como un modo no subjetivo o en lo posible distanciado de la subjetividad hermética o arbitraria de un autor– y por otra, a una forma de articular racionalmente (o sea: *tipológicamente*) la arquitectura y la ciudad, siendo ésta la depositaria de un catálogo virtual de tipos que hay que descubrir, analizar, sistematizar y reutilizar en nuevos (que serían paradójicamente, viejos) proyectos de arquitectura según una tendencia que atraviesa –y resiste– el paso del tiempo.

La cuestión de la investigación en los campos de la arquitectura y el diseño tienen una dilatada y prestigiosa historia –por ejemplo en el caso de la larga saga de tratados y manuales de arquitectura desarrollados entre los siglos XV y XIX (con los antecedentes de los trabajos de Vitrubio en el siglo I –reeditados desde mitad del siglo XV en adelante– o de Villard d´Honnecourt en el siglo XIII) según los cuales, la actividad investigativa que resumía cada tratado, a cargo de los diferentes autores en cada caso, implicaba una suerte de registro o *summa artis* de saberes previos y a la vez, un marco teórico ofrecido como punto de partida para subsiguientes proyectos.

Esa larga tradición estuvo siempre referida a una relación entre teoría y práctica, según la cual la teoría resumía, evaluaba y seleccionaba las prácticas previas a fin de proponer un marco canónico para las prácticas proyectuales subsiguientes.

En ese sentido, la teoría implicaba una estabilización fruto de una actividad investigativa de cada autor, que se presentaba como necesaria base de futuras prácticas y como el modo que desarrollaba cierta historización de la arquitectura en tanto valor y discernimiento de calidad diferencial de las numerosas obras de cada período considerado por los tratadistas.

El Iluminismo del siglo XVIII concluye en su forma enciclopédica esta voluntad de relación entre teoría y prácticas proyectuales aunque a veces –como en los trabajos teórico-proyectuales de Claude-Nicolas Ledoux– recaiga en la postulación deliberada de una utopía de la arquitectura o en otros casos –como en las compilaciones tecnológicas y estilísticas de Etienne Viollet-le-Duc- introduzca criterios de cierto desprecio moderno hacia los monumentos históricos, hacia los que plantea la técnica de la *restauración* como un modo de volver a la calidad original del monumento, incluso mejorándola.

En todo caso, este proceso de varios siglos de relación entre investigación y teoría y entre teoría y prácticas proyectuales, se ve seriamente modificado por el advenimiento de la *revolución industrial* y la modernización urbana, cuyas características distorsionaron las antiguas seguridades del trabajo teórico-práctico de la arquitectura, introdujeron problemáticas nuevas y complejas, reestructuraron la división del trabajo intelectual y profesional y decantaron en una *modernidad* en cuyo contexto la arquitectura iba a articularse con las novedades estilísticas del arte moderno y se iba a encandilar con las posibilidades de contribuir en términos de ilusión de progreso, a las utopías sociales y a lenguajes a desarrollarse con las posibilidades estéticas engendradas por la nueva cultura técnica.

El resultado iba a ser una hipervaloración de una actividad dominantemente empírica en la que predomina el afán experimental de unos arquitectos-artistas y se desdibuja la anterior importancia de la teoría y la historia, declinando además, las tareas de la investigación, lo cual se verifica asimismo en el carácter ultraprofesionalista que define a las escuelas modernas de enseñanza de la arquitectura.

En la modernidad, sin embargo, hubo algunas tareas de investigación, por ejemplo, en relación con las viviendas de interés o asistencia social (como los estudios programáticos del tema llamado *existenzminimun* desarrollados por Alexander Klein en el equipo de Ernst May en Frankfurt), a la indagación de nuevas posibilidades de uso de las tecnologías estructurales modernas (como los estudios y ensayos desarrollados por Jean Prouvé, Eduardo Torroja, Félix Candela, Pier Luigi Nervi o Frei Otto), a los trabajos relacionados con el hábitat popular y vernacular (como los de Bernard Rudosfky o Enrico Guidoni) o a las investigaciones tipológicas sobre la arquitectura y la ciudad (como los de Aldo Rossi, Giorgio Grassi, Antonio Monestiroli, José Ignacio Linazasoro o Carlos Martí Aris).

A veces ciertas tareas de investigación se hacían como base programática de proyectos complejos o en otros casos, la investigación se asociaba a cierta sistematización de la masa de conocimientos de cara a las necesidades de la enseñanza de la arquitectura.

El *diseño moderno* (industrial, gráfico, textil) si bien tuvo mucha relación de dependencia con la arquitectura (muchos arquitectos modernos fueron a su vez diseñadores, incluso hasta hace bastante poco tiempo no se consideraba necesario formar diseñadores, entendiendo que era suficiente con los arquitectos) y/o con las estéticas artísticas modernas, más actualmente formula necesidades cognitivas mucho más dependientes de saberes que solo puede entregar la actividad investigativa en campos tales como la ergonomía, el llamado *diseño universal* como estipulación básica de prestaciones, la eficacia retórico-comunicacional, las energías alternativas o las tendencias a la minimización de uso de materiales, la robótica y la inteligencia artificial, la parametrización de condiciones de sustentabilidad ecosocial, etc.

Y además, la necesidad de formular desde el diseño, una cierta ética de calidad –en Japón se usa la noción *kansei*, algo así como *calidad total*, alcance pleno de una potencia estético-comunicacional junto a eficacia prestacional– deviene un imperativo de reflexión e investigación para contrarrestar, si se quiere, el carácter mixtificador que la maximización del consumo trata de imponer en la lógica de sus producciones, por ejemplo, favoreciendo un ciclo relativamente corto de durabilidad y obsolescencia de los objetos para aumentar el volumen de negocios.

Más recientemente en las escuelas de arquitectura (a veces también en las de diseño) sobrevino cierta crisis acerca del excesivo peso de la enseñanza puramente profesional, en tanto una clase de enseñanza basada en la reproducción del ejercicio de la profesión y poco o nada dependiente de nuevo conocimiento generado por actividades de investigación.

También los procesos genéricos de evaluación de calidad educativa puestos en marcha hace menos de una década impusieron a los formatos tradicionales de las carreras profesionalistas, la exigencia de desarrollar actividades de investigación, lo que todavía está en ciernes y careciendo del desarrollo e instalaciones necesarias para la clase de investigación capaz de suscitar cambios en las bases técnicas y socioproductivas de las actividades posibles de una arquitectura redefinida como disciplina o área de conocimiento y no entonces, como profesión o campo de prestaciones de demandas técnicas a requerimientos de sectores sociales muy precisos y nada inclusivos.

¿Qué investigar?

El *¿qué investigar?* remite a definir áreas o campos de temas-problema que delimiten parcelas respecto de la cuestión general del conocimiento o el saber propio de la arquitectura y el diseño y de cómo ampliar y profundizar el mismo, aceptando la circunstancia de un ordenamiento general de tal saber bastante diferente respecto de áreas que como la matemática, la biología o la historia –por nombrar terrenos disciplinares nítidos y altamente formalizados– poseen un grado de organización y especialización de su espacio cognitivo mucho más estructurado alrededor de variadas cuestiones. algunas de ellas son las áreas de especialidad y especialistas, las delimitaciones institucionales (como revistas temáticas referidas a ámbitos especializados de investigación dentro de cada disciplina), los campos o instancias de formación superior, especializada y/o continua, la organización institucional formal de espacios específicos de investigación con sus instalaciones, presupuestos y existencia de carreras o escalafones de personal afectado a la investigación, las instancias de confrontación y puesta a prueba de las necesidades de ampliación o expansión del conocimiento (como los congresos, simposios o ateneos de exploración específica de fronteras de determinados saberes y comunicación de los avances obtenidos), los dispositivos de divulgación científica orientados a testear la receptividad social de aportes y desarrollos, o articulaciones sociopolíticas entre demanda social de saberes específicos básicos o aplicados y ofertas generadas por los aparatos de investigación como lo que de alguna forma compone la llamada *política científica* de los estados modernos, con su definición de prioridades y promociones, etc.

Confrontados de tal modo, los campos formales de la investigación científica con el estado más difuso y menos orgánico de los posibles espacios de saberes por desarrollar inherentes a la esfera de la arquitectura y el diseño, cabe así plantear de manera más bien hipotética, una enumeración abierta y preliminar de campos posibles a considerar respecto de la pregunta *¿qué investigar?* en estos ámbitos a los que nos referimos.

1. *Estudios de filosofía del diseño. El qué del diseño. Estudios básicos de Teoría del diseño. Relaciones entre la filosofía del diseño y el proyecto.*

Este campo temático remite al saber básico o teorías generales de la arquitectura y el diseño abarcando el análisis de correlaciones de ese saber con propuestas o corrientes del saber genérico de la filosofía y/o la epistemología así como indagaciones específicas acerca del proyecto como instrumento y/u objeto emergente de aplicaciones del saber de la arquitectura y el diseño. Por ejemplo, así como podría existir una *filosofía del lenguaje* (en cuanto un tipo de pensamiento asociado a factores de decibilidad/legibilidad –por caso, las *investigaciones filosóficas* de Wittgenstein–) podría plantearse una *filosofía del proyecto* o de sus contenidos de prefiguración, predictibilidad, representación, especulación, indagación metódica sobre futuros, etc. Aportes de filósofos del lenguaje como John Austin[16] y sus análisis de la conformación de *lenguas naturales* y sus dialécticas con

---

[16] Austin, J., *Cómo hacer cosas con palabras: Palabras y acciones*, Paidós, Barcelona, 1982.

jergas especializadas, así como el concepto de *actos de habla*, podrían ser útiles para indagar acerca, por caso, del *cómo hablamos* en arquitectura. Una investigación de Carlos Martí Aris[17] sobre el concepto de *tipo* arranca con un primer capítulo (*La idea de tipo como fundamento epistemológico de la arquitectura*) en que intenta explicitar la dimensión cognoscitiva de la arquitectura apelándose a la epistemología de Popper.

Muchos trabajos investigativos sobre condiciones arquetípicas de las relaciones entre espacios y motivos sacros tratan de establecer la razón de esas relaciones como en el caso de las interpretaciones sobre la *Jerusalén Celeste*, la profecía apocalíptica de un espacio sacro que es a su vez fortaleza defensiva y matriz de la *urbis,* con sus 12 arcos coronados de ángeles y de protección del cordero pascual, metáfora del animal místico, teoría fundante del *quadrum* y de los tipos medievales de *castellum* y *turris*, albergue del bélico San Miguel, plano referencial de las 12 tribus israelíes, alusión al edículo del Santo Sepulcro, etc. y motivo fundante –igual que el *Templo de Salomón*– de continuas indagaciones hermenéuticas sobre el carácter fundacional de estas primarias elucubraciones de cómo lo sacro deviene *forma urbis*.

Numerosas interpretaciones de tales relaciones de lo celestial y lo terrenal atraviesan el pensamiento esotérico, trasfondo crítico de la naciente ilustración (Fludd, Kircher, Browne) y arriban a vínculos con la voluntad de sacralizar o legitimar el mundo maquínico de la industria y la vigilancia social, por ejemplo, en

---

[17] Martí Aris, C., *Las variaciones de la identidad. Ensayo sobre el tipo en arquitectura*, Del Serbal, Barcelona, 1993.

la propuesta del *The divine eye* –un ojo triangular que emite *gracia, justicia* y *vigilancia* en su derredor elíptico en que todas las celdas periféricas están aprehendidas en la irradiación de ese ojo divino– en que Jeremy Bentham, filósofo utilitarista, inicia sus estudios de fundamentación de su proyecto de *panóptico*, uno de los verdaderos dispositivos que según Foucault manifiesta el surgimiento de un pensamiento positivista-iluminista sobre la irrupción de la racionalidad de la nueva forma de producción.

2. Problemas del proyecto y del objeto-resultado del desarrollo y aplicación de un proyecto

Como un campo específico o más detallado del precedente, agrupa el tipo de investigaciones referidas al proyecto como un emergente o resultado de las prácticas de la arquitectura y el diseño, sea en tanto dimensión instrumental-conceptual asociada a un *tempo* determinado de la arquitectura (de la renacentista del siglo XV hasta la de la modernidad), sea en cuanto a la caracterización lingüístico-comunicacional de la arquitectura (aquello que esta dice, habla, informa o comunica), sea en cuanto a sus características metodológicas específicas de desarrollo y aplicación (desde el proyecto basado en la *perspectiva communis* renacentista hasta la *composition Beaux-Arts* y las analogías maquínicas en las arquitecturas modernas o las aplicaciones retóricas en las arquitecturas posmodernas, etc.).

En todo caso, en este punto referimos a lo proyectual como algo ligado al *qué investigar* o propio del objeto de investigación –*investigar sobre el proyecto*– dejando fuera del mismo la alusión a lo proyectual como algo ligado al *para qué* (o finalidad del) *investigar* que en tal caso referiría a una forma o modo de investigar (*investigar mediante la actividad proyectual*).

La *Queen´s House* que Iñigo Jones proyecta en Greenwich entre 1615 y 1635, primero para la reina Anna of Dennmark y luego para la borbónica Henriette (por quién aparecerá el motivo de la flor de lis en la baranda metálica de la escalera circular) representa en sí, la recepción del palladianismo en Inglaterra – que Jones estudió *in situ* e incluso poseyó uno de los ejemplares del tratado de Palladio con anotaciones de este– implica en su cuadratura estricta en un volumen de 36 por 36 –que encastra *The cube*, el salón cúbico de 12 metros de lados y altura en cuyo piso se inscribe un círculo de mármol negro y blanco cuya geometría imita la curvatura terráquea (y cuya directriz es atravesada por el meridiano cero del mundo)–. Las formas *mandálicas* de una representación irradiante o circular son juegos que se hicieron entre la formalidad esencialista y neutral del objeto y su condición de organizador del territorio de implantación (el Hospital de Greenwich debió proyectarse en dos alas para dejar libre la visión de la casa de la Reina hacia el río) así como de su manipulación geométrica para ofrecer una simbología representativa, intereses retóricos que Jones congeniaba con su afición por la escenografía y el acompañamiento comunicativo –no sin conflictos– de las *mascarades* del célebre y polémico Ben Jonson (2.1).

Ilustración 2.1

Entre las múltiples tareas urbanísticas y arquitectónicas de Otto Wägner, puente entre los academicismos especulativos de la Viena del *Ring* y el surgimiento del movimiento secesionista, la pequeña intervención para las oficinas de la agencia de noticias del diario *Die Zeit* en la *Karnternstrasse* (1902; demolido en 1908 y reconstruido en 1985) engloba parte de la utopía moderna de la *obra de arte total* (concepto atribuible a su homónimo Richard) al identificar una fachada con una portada o página de periódico, integrando el discurso compositivo de formas y lenguajes (y diseñando las familias tipográficas susceptibles de dar identidad al diario) así como recurriendo al acero niquelado y al aluminio, material que entonces, en su utilización laminada, servía para manejar un objeto arquitectónico plano precisamente como una papiroflexia.

3. Tecnologías y procesos del proyecto

Consistiría en el campo general de relación entre tecnología y proyecto o de cómo los procesos específicos de desarrollo de proyectos se relacionan con el estado de la tecnología disponible. De cómo exigencias o postulaciones proyectuales podrían demandar nuevos desarrollos tecnológicos en cuanto a prestaciones u ofertas de materiales y dispositivos o en cuanto a formas de organización y gestión de los procesos de proyecto tendientes a garantizar la ejecución de obras complejas. En general, esta clase de proyectos de investigación pertenecen a un campo connotado por las modalidades tecnológicas de investigación, en el sentido de referirse a prestaciones o cualidades ofrecidas por el mundo de las ofertas tecnológicas y/o de las aplicaciones tecnológicas de los avances científicos.

Un caso paradigmático y protomoderno de relación entre nuevas disponibilidades tecnológicas y desarrollo de criterios modernos de proyecto es el trabajo de Henri Labrouste para la *Bibliothèque de Sainte Geneviève* (2.2), en el barrio latino parisino, desplegado entre 1840 y 1851, como una caja mixta, renacentista y pétrea por fuera y con alusiones estilísticas al cercano Panteón, que envuelve una de las primeras estructuras metálicas de secciones reducidas que dan paso a paños livianos de cristal y utilizando los recursos técnicos (las prestaciones del material pero también el cálculo y la geometría descriptiva) para conseguir los nuevos efectos estéticos y funcionales ligados a la liviandad y transparencia. En el caso de este trabajo es destacable además el minucioso diseño del catálogo de piezas metálicas para montar en seco (hay más de 100 láminas técnicas de esta representación-catálogo) que anticipa la producción de partes para armar de numerosas empresas proveedoras de piezas metálicas de construcción (como la célebre Vasena en Buenos Aires).

Ilustración 2.2

Otra referencia de temáticas de articulación entre tecnología innovadora y diseño destaca en el trabajo de Konstantin Melnikov en su proyecto para la Torre *Pravda* (*Verdad*), periódico de Leningrado, este edificio-emblema que concursa en 1924, en sí mismo encerraba el problema de tener que resolverse en el pequeño lote de 6x6 que el diario recibió dentro de una plaza pública y que motivó que Melnikov investigara en una forma ascendente torsionada capaz de ofrecer un potente símbolo, pero también de maximizar con sus bandejas volantes, el espacio disponible y además haciendo que el partido adoptado garantizara la mejor manera de resolver una estructura metálica con la mayor capacidad de carga y menor dimensión material, continuando además –como una metáfora también de carácter político– con la espiralada propuesta de Tatlin para la torre-homenaje a la III Internacional.

4. Historias y experiencias del proyecto

Se alude al campo propio de la historización de las experiencias previas de proyecto en el sentido de desarrollar investigaciones caracterizadas genéricamente por las metodologías de la investigación histórica en general atinentes al análisis crítico de aquellas experiencias proyectuales dotadas o por dotarse, de cierta consagración o validación historiográfica de su calidad relativa o valor reproductivo en un momento histórico dado.

El caso del proyecto que Le Corbusier desarrollara en 1928 (el llamado *Mundaneum*, en Basilea) encargado por Paul Otlet, uno de los primeros teóricos de las ciencias de la información y su depósito y codificación, no solo se inscribe en una suerte de máquina cuya función alude a cierta historia de la manipulación sistémica de la información (desde los jeroglíficos egipcios y los glifos ideográficos mesoamericanos a las teorías manieristas del Escorial –que Le Corbusier visitó y dibujó el año anterior a la realización de este proyecto– y sus relaciones con el mundo de las codificaciones del *Templo de Salomón* hasta las concepciones iluministas de la *Encyclopédie* de Diderot) sino también a un trabajo exegético del proyectista que busca dotar a su proyecto de un compendio de referencias sobre los modos históricos de composición proporcional –buceando en las arquitecturas palladianas y en otras canteras referenciales- lo cual le otorgó, desde la mirada de sus amigos marxistas -como el checo Karel Teige- una discutible aureola de idealismo aristocrático bien lejana a sus proyectos entonces contemporáneos (desde la *Ville de tres millones* de 1923 a los proyectos soviéticos del Palacio de Soviets y el construido *Centrosoyus* moscovita de 1929). Las múltiples alusiones del *Mundaneum* a proyectos precolombinos, orientales, tardorenacentistas e ilustrados otorgaron a esta propuesta el aura de enciclopedia de arquitectura histórica, coincidiendo así con el gusto de coleccionista sistémico de Otlet.

5. Estudios articulados de escalas o dimensiones físico-funcionales del diseño: por ejemplo, diseño de células y tejidos, partes y conjuntos, etc.

Se refiere en general a los estudios vinculados a los procesos considerados en el campo de la morfología y/o de la comunicación y representación visual de los proyectos de arquitectura y diseño basados en categorías morfológicas. Dentro de esta caracterización podrían incluirse los estudios de forma básica (*basic forms* para el *diseño básico*), las exploraciones de índole geométrica (desde el diseño de nuevas formas o poliedros hasta las teorías de fractales) y las investigaciones de carácter *morfogenético* como las ligadas a estudios de tejidos, urdimbres, enjambres y otras organizaciones de formas evolutivas.

Ejemplos de estos posibles desarrollos de geometrías generativas pueden darse con el llamado *Árbol Fractal de Pitágoras*, que es un desarrollo del teorema pitagórico realizado por Albert Bosman en 1942 sobre la articulación de tres cuadrados de modo que generen un triángulo rectángulo, acomodo que, mediante una iteración reducida cada vez por un factor lineal de la mitad de la raíz de 2, engendra el efecto-árbol.

Y así deviene un sinnúmero de aplicaciones o formulaciones de geometrías numéricas que proponen tramas generativas como los triángulos de Sierpenski (generación geométrica usada por Steve Holl en su proyecto *Het Oosten* en Ámsterdam, donde también aplicó modulaciones musicales como los parámetros azarosos de Morton Feldman, apelaciones a modalidades rítmicas que Holl también usó en la *Casa Stretto*, en este caso utilizando composiciones de Bela Bartok) o las esponjas de Karl Menger, basadas en iteraciones de criba o extracción efectuadas sobre un cubo.

El caso de la preincaica construcción del Palacio de Puruchuco, hoy dentro de Lima, es también, fuera de su todavía discutida función (residencia, ámbito de gobierno local de un *curaca*, sede y depósito de trabajadores y productos rurales, etc.) y de la reconstrucción efectuada muchas veces dada la deleznabilidad del adobe, un ejemplo de aplicación de geometrías generativas –en este caso, las propias de la razón proporcional del *número de oro*, que su supuesto introductor occidental, Luca Paccioli, ahora se sabe seguramente, conoció en su estadía norafricana, como proveniente del legado arábigo– cuyo valor radica además en la simultánea adquisición de estos criterios proyectuales por culturas diversas y paralelas a la occidental (2.3).

Ilustración 2.3

Tenochtitlán, según los registros cartográficos que se adjudican a los sorprendidos cronistas que acompañaban a Cortés, implica asimismo un modelo generativo de ciudad en una territorialidad lacustre como la originaria en la cual no solo había calzadas o trazas-puente de anclaje del asentamiento con el territorio sino además un formato generativo basado en la agregación de los módulos de las islas flotantes productivas o *chinampas*, en geometrías fluctuantes y adaptativas y móviles.

La fuerza de esta imaginería generativa de ciudad parece haber conmovido especialmente a Thomas More, quién decidió incluir una imagen parecida en la portada de su influyente *Utopía* cuya edición *princeps* es de 1516.

6. Consumos, recepciones y usos del proyecto

Se alude en general a una suerte de *sociología del proyecto* en el sentido de indagar la *performance* receptiva de algunos proyectos por parte de determinados colectivos sociales, lo cual implica profundizar el análisis del alcance de eficacia referido a los aspectos de funcionalidad de un proyecto en las dimensiones más complejas y abarcativas de las características de dicha eficacia funcional (por ejemplo, a nivel biológico, psicológico, relacionadas con circunstancias imperativas de la esfera del consumo o la moda, vinculadas con prestaciones mecánico-operativas y de eficacia energético-material o con prestaciones de información y comunicación, etc.). Inversamente, ciertas clases de investigación ligadas al análisis preoperacional de cierto tipo de proyecto pueden realizarse en torno a las llamadas *investigación operativa, análisis de mercado, diseño orientado a objetivos*, etc. Es decir que esta clase o campo de investigaciones pueden caracterizarse como pre o posproyectuales.

Una referencia interesante acerca de las relaciones entre producción y consumo o recepción de proyectos es en general lo que ocurre con los diseños del *amateur* norteamericano Norman Bell-Geddes –*self-made-man*, inventor del concepto *streamlined* y diseñador oficial de numerosos vehículos de transporte como los autos de Graham-Paige o Chrysler– y en particular con la muestra *Futurama,* que proyecta bajo encargo de la *General Motors* para la Expo Mundial de New York de 1939 por la que cobrará la exorbitante cifra de siete millones de dólares de entonces y que con su extensión y diversidad y un palco elevado que se movía lentamente para ver desde arriba el panorama, acogió al menos cuatro millones de personas que la visitaron y la atención de la entonces muy popular revista *Life* que le dispensó una muy extensa cobertura que leyó y miró medio país.

Bell-Geddes proyectó al respecto 12.000 edificios y 50.000 vehículos a escala que ocupaban la muestra, incluyendo escenas urbanas y territoriales, áreas residenciales o industriales y aeropuertos. Impuso, si se quiere, una especie de gusto medio norteamericano visible en la estética de los años cuarenta y cincuenta –se identificó con los deseos subyacentes del imaginario popular– en vehículos, *gadgets*, vestimenta u objetos de mobiliario y también en el diseño aerodinámico y pregnante de cines, teatros, estaciones de servicio, bares automáticos o *halles* de hotel así como en la imposición de un paisaje doméstico para los interiores estándar.

Walt Disney, uno de los ignotos visitantes de la muestra de 1939, ex masón congregacionalista y militante antimarxista empedernido, recordaba el impacto de aquella y se lo apuntaba como punto de partida de su *comic imaginery* –que había empezado en los años 20– y más aun, de su pasión algo malograda de urbanista que iba a decantar años más tarde, en el desarrollo de la empresa WED (establecimiento cuyo nombre remite a sus iniciales dedicada al diseño y construcción de atractivos recreativos) y en el proyecto EPCOT (*Experimental Prototype Community of Tomorrow*) que solo a su muerte en 1966, deviene en *thematic park* de entretenimientos infantiles (2.4).

Ilustración 2.4

7. *Características, problemas y perspectivas futuras de la ciudad y los grupos sociales urbanos en cuestiones inherentes al diseño y los proyectos*

Se refiere en general a los estudios que podríamos definir como urbanísticos o referentes a las formas y funciones de las estructuras urbanas y sus propuestas de planificación y/o procesos de transformación y cambio o bien sociourbanísticos, o bien relativos a factores del habitar determinadas condiciones del hábitat urbano, por ejemplo, de aquellas características singulares como las de la llamada marginalidad sociourbanística y la autoorganización social de respuesta a necesidades del habitar o como las de las formas *habitativas* de alto *standing* (barrios cerrados, urbanizaciones privadas, etc.).

Pueden tratarse de estudios sincrónicos acerca del estado de una conformación o problemática urbana o diacrónicos, referidos al desarrollo de procesos de transformación urbana planificados o espontáneos, etc.

En general, esta clase de investigaciones remite metodológicamente a los estudios propios de las ciencias geográficas. Extensivamente podrían incluirse en este acápite los estudios referentes a problemáticas territoriales o ambientales y referidas a los deterioros o perturbaciones de áreas dominantemente naturales, fruto de acciones regresivas de antropización. También podrían abarcarse los estudios referidos a las problemáticas del paisaje y sus actuaciones proyectuales.

Los casos de Seattle y Curitiba han resultado recientemente no solo emblemas de una especie de *marketing verde* de ciudad, consecuente de variadas acciones de planificación y orientación de cierta clase de desarrollo urbano en relación con políticas públicas específicas sino además, temas en que puede indagarse la construcción de una visión idiosincrática de ciudad, una suerte de *community vision* sostenida en el tiempo y capaz de conciliar instrumentos técnicos de modelación de la ciudad con microacciones de los ciudadanos sin que esos estén impelidos por normas u obligaciones.

Esto último se advierte, por ejemplo, en la multiplicidad de pequeñas actuaciones empíricas, casi previas a proyectos formales, como las que David Sucher[18] presenta respecto de Seattle: diversas microacciones, como cubiertas-plazas accesibles y permeables (2.5), que empero se superponen a las prescripciones que John Olmsted –hijo y socio de Frederick, *designer* del Central Park neoyorquino– propusiera como ordenamiento de lagos y bosques en que prever el desarrollo urbano sustentable ya desde 1903.

Ilustración 2.5

---

[18] Sucher, D., *City Comforts. How to builds an urban village*, Social Science, Seattle, 2003.

Curitiba también superpuso diferentes acciones de variada envergadura –como su sistema multimodal de transporte, el sistema *Lixo que nao e lixo* o las calles de 24 horas– a criterios basados en una planificación básica sostenida en el tiempo, como fue en tal caso el plan que Alfred Agache –el urbanista francés contratado para revisar el desarrollo de Río– entregó en 1943 y que ya prefiguraba un armado anular progresivo de la ciudad, segmentado por enlaces radiales de transporte público o los criterios de parquizar con visión de prevención de desbordes hídricos, las dos grandes cuencas que bordean la ciudad.

8. *Estudios relacionales o interdisciplinares*

Trata por ejemplo de *cross-fertilization* entre disciplinas como por caso, sociología y diseño (o las relaciones entre el diseño y otro campo disciplinar) o referentes a un campo no disciplinar sino problemático, como por caso, ambiente y diseño (o las relaciones entre el diseño y otro campo problemático).

Aquí habría que distinguir la fertilización cruzada –como forma epistémica alternativa de crear nuevo conocimiento– de las yuxtaposiciones, cruces, importaciones o sustituciones con las que se busca analizar el diseño y sus prácticas mediante extrapolaciones conceptuales provenientes de otros campos disciplinares, o sea tendiendo a cierta adjetivación no sustancial del diseño según la utilización de conceptos (a veces, meramente terminológica) emergentes de la disciplina originaria de la *contaminación* (diseño sociologista o sociologizado, arquitectura economicista, proyecto etnoantropológico, etc.).

En cuanto a la *cuestión ambiental* antes mencionada –entendida como campo problemático antes que como estrato disciplinar o pluridisciplinar, atento a las objeciones que todavía tiene, desde la academia, esta noción relativamente reciente– también cabría auspiciar la clase de cruce fertilizante que aporte tratamientos originales que, provenientes desde el campo disciplinar de la arquitectura y el diseño, pudieran aportarse al entendimiento, manejo y gestión de tal campo problemático evitando así la mera adjetivación (arquitectura ambiental, diseño sostenible, proyecto ecológico, etc.).

Acciones proyectuales de índole interdisciplinar pueden ser ejemplificadas con la reciente iniciativa que Alan Berger, del MIT, viene desarrollando en su *Propuesta agropontina*, 2006, concebida para recuperar la dinámica de humedal de las vastas áreas desecadas según criterios de salubridad antipalúdica e intención de creación de nuevas ciudades por Benito Mussolini. Tales ciudades (Latina, Sabaudia, Pontinia y Aprilia, fundadas entre 1932 y 1936) se plantearon como intención fuertemente simbólica del *Estado Nuevo* y requirieron obras de desecamiento cuya realización implicó, con el tiempo, su degradación ambiental y contaminación por el estancamiento, eutrofización y pérdida de dinámica de los drenajes.

Los trabajos del MIT modelizaron el ambiente perturbado mediante la concurrencia de diversos aportes disciplinarios –desde ingenierías hidráulicas hasta modelizaciones matemáticas, desde *expertise* en *biorecuperación* hasta arquitectura y ecología del paisaje– y plantearon acciones de regresión y recuperación de las áreas agropontinas para lograr mejorar los flujos de humedales mediante usos de baja intensidad.

El término *co-housing* (malamente traducido como *co-vivienda*) refiere a iniciativas de organización cooperativa de usuarios en relación con modelos basados en la obtención de criterios de calidad ambiental y sustentabilidad y bajo tal directiva se desarrollaron numerosas iniciativas en Canadá, Dinamarca, Holanda o USA, conjuntando conocimientos de urbanistas expertos en *optimum insertion* territorial, asesores legales y dominiales, gestores en iniciativas locales, economistas de *real estate* y gestores ambientales y de tecnología ambiental (en temas como los de construcción, instalaciones racionales y producción sustentable).

Hay diversos estudios sobre esta temática[19] que registran además iniciativas americanas como las regenteadas por la entidad *The Co-Housing Association of United States* que constituye una federación de más de un millar de iniciativas ya realizadas así como también ofrece servicios de asistencia y consultoría a quiénes se proponen desarrollar un CH.

9. Estudios sobre el análisis y la crítica de los procesos y productos del diseño

Consiste en el campo en el que se establecen criterios de valoración de la calidad o *performance* social de determinados procesos y productos del diseño, es decir, las investigaciones sobre las formas y criterios analíticos en que sustanciar la actividad crítica en relación con la significación lógico-filosófico-ética que la enunciación de *juicios críticos* tiene desde Kant, influencias en la construcción del conocimiento.

---

[19] Tales como el de McCamant-Durrett-Hertzman, *Cohousing: A Contemporary Approach to Housing Ourselves*, Ten Speed Press, 1994.

En ciertas instancias, los procesos de diseño se constituyen en procesos de investigación y exploración que, basados en procedimientos conceptuales (como la utilización de notaciones diagramáticas), tratan de moderar o anular preconceptos de forma, ya sea según marcos estéticos o históricos.

Es el caso de proyectos de François Roche, como la Casa Barak, Sommieres, 2008 (2.6), desarrollada bajo el criterio que Roche indica así: "No estético, no histórico, sino genético", aludiendo a su método analítico y crítico de proyecto que le abre dimensiones experimentales en relación con operaciones definidas como de hibridación, injertos, clonación, *morphing* (como forma en mutación o generación), etc.

También disolviendo el objeto arquitectónico en su inserción ambiental, ya sea acomodándose al territorio físico, ya a cuestiones de organicidad que más allá de lo estético buscan profundizar aspectos fundantes de carácter ambiental. Esta casa es una geometría derramada en el relieve de un territorio escarpado resuelta en hormigón y ladrillo, con aberturas que se cierran levemente con cortinas de tiras plásticas, que a su vez está envuelta por una especie de piel biodinámica construida con el poliuretano Emis y que se convierte por una parte en una red sensible al material verde y por otra, una matriz interactuante con el ambiente, por ejemplo, fijando electroestáticamente el polvo aéreo o permitiendo un manejo dinámico y natural del clima.

Ilustración2.6

10. *Estudios sobre el desempeño de productos del diseño*

Un campo específico eventualmente articulado con el precedente y con lo indicado en el ítem 6 más arriba, es aquel propio de las investigaciones que refieren al análisis del desempeño de un producto o cosa emergente de una acción proyectual de diseño; es decir, a cuestiones relacionadas con la *biografía de los objetos* y cómo estos constituyen o establecen campos relacionales distintivos de la cultura material y simbólica, por ejemplo, en torno al análisis de componentes urbanos como las calles o las plazas, elementos tipológicos de la arquitectura como las casas o los templos, piezas del paisaje técnico como los vehículos, las herramientas o el mobiliario, partes de lo que Barthes llamó *El sistema de la moda* como los uniformes o las vestimentas de diferente uso y funcionalidad social, instrumentos propios de la comunicación como el libro, el periódico o los aparatos modernos de comunicación, etc.

Estos estudios pueden ser recursivos: del objeto de diseño estudiado a su impacto en la cultura y de los cambios culturales y su determinación de nuevos objetos de diseño, en el seno de cierta clase de progreso instrumental.

Un caso interesante y a la vez con un carácter casi profético o anticipativo son las viñetas publicitarias que realiza el diseñador Carl Schridde para la firma *Motorola* en 1961, en que se procura presentar los recientemente disponibles aparatos de TV de esa firma como redefinidores del *way of life* y del espacio social de las viviendas. De tal modo propone una serie de disposiciones arquitecturales (como una casa en una marina, una casa submarina o una replicación popularizada de la casa de la Cascada de Wright, entre muchas otras alternativas) que sin embargo coinciden en armarse alrededor del polo convocante del grupo familiar que será el aparato televisivo, ya no un *gadget* más sino un factor intensamente remodelador de la vida familiar –recuérdese la precipitación con la que la familia Simpson se acomoda en un sillón frente a su TV apenas entra a su casa– y por lo tanto, protagonista singular de un nuevo paisaje doméstico y de una nueva configuración relacional y funcional de los miembros del grupo familiar. Núcleo también de una mutación de la idea de privacidad doméstica, visible en la transparencia magnificada de los ambientes de Schridde y además, en la introducción de una forma *virtual* (a través de la TV y más adelante, de toda la oferta informática que se desplegará) de percibir/usar lo público que irá en detrimento del uso corporal o físico de lo público y de la declinación misma de la noción de espacio público.

Se abre, por otra parte, con esta irrupción protagónica de la TV y luego de los restantes medios como los programas electrónicos de interacción social (*Facebook, Twitter*, etc.), el *doble flujo óptico-perceptual del mirar y ser mirado* y con ello derivas formativas de la sociedad contemporánea como la *relación entre mirar y consumir* o la *relación entre ser mirado y ser controlado/vigilado* (esa derivación disciplinar anticipada por Foucault y por las concepciones de Bentham y su *The Divine Eye* o Orwell y su *Great Brother*, hasta el pertinente uso de tal utopía orwelliana en los *reality shows* actuales, sin duda cáusticamente anticipados por *films* como *The Truman Show*, cuyo terror es suscitado por resultar enteramente posible y factible).

11. *Estudios sobre el conocimiento proyectual y la epistemología del diseño*

Este ítem se refiere a la posibilidad de generación de nuevo conocimiento mediante la actividad proyectual o sea cómo la realización de proyectos podría asociarse por una parte, a posibles rupturas y evoluciones epistemológicas del *saber hacer* del diseño y por otra, a cómo tal actividad proyectual pudiera derivar en la proposición de un cierto conocimiento específico en relación con el tratamiento o actuación en un determinado campo problemático.

Por ejemplo, así como la esfera de *lo jurídico* o la esfera de *lo criminológico* pueden aducir un cierto conocimiento o aptitud para entender las *problemáticas de la inseguridad y violencia urbana contemporáneas*, también podría teóricamente aportarse un conocimiento diferente para actuar en tal dimensión que emerja de la esfera de *lo proyectual*. Es decir, cabe pensar en cierta clase específica de investigación que utilice criterios proyectuales para desarrollar propuestas transformativas de ciertas instancias de *problem-solving*.

Los casos en que la actuación proyectual consiste básicamente en un modo de pensar/resolver un problema –más allá de un resultado previsible como sería el caso de la mayoría de los encargos profesionales de proyectos– deben relacionarse con aquellos en que es lo producido intelectual o cognitivamente por el proyecto lo que aporta un valor de novedad y verdad/eficacia en relación con el campo problemática en que se origina.

Esto abre una dimensión experimental del proyecto de investigación que Terry Farrell[20] describió como *client as site*, es decir, una actividad proyectual engendrada no por el encargo de un cliente sino por la voluntad de actuar en un sitio problemático, aportando una solución o mitigación del problema mediante un proyecto, fuera que exista formalmente un encargo de proyecto.

El sitio incaico de Moray, en Maras, con 3.500 metros de altura y a unos 30 kilómetros al noroeste de Cusco, en el Valle Sagrado, parece constituir un proyecto territorial utilizado para proveer conocimientos agronómicos que expandieran la productividad sustentable tan relevante en dicho imperio.

La palabra *moray* etimológicamente tiene que ver con la cosecha de maíz y con el mes de mayo, además de aludir a la papa deshidratada, y el sitio es como un simulador ecológico o un modelo a escala de latitud-altitud que en sus doce andenes permitía establecer las

---

[20] Farrell, T., "Manifesto for London", en *The Architectural Review*, vol. 222, núm. 1327, Londres, 2007. Desarrollo de 20 proyectos como proposiciones *problem-solving*.

características de 20 microclimas y experimentar cultivos incluso indagando mediante las sombras producidas por unos monolitos o *ñustas*, las diferentes condiciones de asoleamiento. Fuera de su evidente atractivo como acción de modelación territorial –una pieza de *land-art avant la lettre*– configura, mediante una concepción proyectual consciente, una verdadera máquina de producción de conocimientos experimentales.

Rising Currents (2.7) es una iniciativa del MoMA para un proyecto-investigación promovido en cinco zonas costeras del área metropolitana de Nueva York –Lower Manhattan, Jersey, Liberty Island, Brooklin y Queens– según la curaduría del encargado de Arquitectura & Diseño de ese Museo, Barry Bergold[21] quién organizó sendos grupos de trabajo interdisciplinario cuya motivación central es imaginar soluciones y previsiones que el conocimiento proyectual pudiera ofrecer para moderar el impacto hídrico negativo que es esperable en la región como efecto de la variación de indicadores emergentes del proceso llamado *cambio climático global*, cuyas características meteorológicamente regresivas parecen, a la vez, aceleradas e irreversibles.

Las propuestas son diversas, desde restaurar áreas fuelle de humedales hasta desarrollar una llamada *oyster-tecture* en los bordes marinos de Queens o promover tejidos móviles de islas artificiales sobre el frente de Jersey o calles-canales de diversa clase de drenaje-absorción en pleno Manhattan, etc.

---

[21] Bergold, B. (ed.). *Rising Currents: Projects for New York's waterfront*, MoMa, New York, 2011.

Ilustración 2.7

¿Cómo investigar?

El *cómo investigar* implica definir una modalidad o criterio para la actividad investigativa, cuya elección asimismo dependerá de preguntarse acerca de *para qué investigar* (o qué resultados generales pretende conseguir una investigación) y *para quién investigar* (cuáles serían los sujetos *beneficiados* por el conocimiento provisto por una investigación).

La tipología enunciada a continuación no es exhaustiva ni deja fuera un variable y múltiple conjunto de opciones o modalidades del cómo investigar que conjunten criterios de dos o más de los tipos presentados.

Una referencia de interés acerca de la relación entre investigación y proyecto –haciendo que el proyecto en sí, sea materia de un proceso diverso y complejo de investigación– es el de Peter Hübner, por ejemplo, en el proceso participativo de trabajo desarrollado en su Escuela en Kassel (2002). Hübner, que trabaja con sede en Stuttgart y que tuvo una primera relación con los establecimientos educativos en su ciudad de residencia con el caso del modelo steineriano de enseñanza desarrollado en las llamadas *escuelas Waldorf*, se plantea usar el diseño de escuelas como un modo de *learning environment* (o aprendizaje deducido de la comprehensión ambiental) y también aspirando a desarrollar una *school family & community* en que el desarrollo de lugares de enseñanza sea una oportunidad de trabajar con estructuras familiares y comunitarias con base en desarrollos de proyectos participativos como fue el caso de su *Evangelist Gesamtschule* en Gelsenkirchen (2009) o su *Kindergaten* de Heslach, Sttutgart (1994), todos casos de aplicación de lo que anuncia desde su propio título el trabajo recopilador y analítico de sus proyectos-procesos realizado por P. Blundell Jones[22], donde se ensayan técnicas de participación de las comunidades de proyecto, uso de aportes vernaculares y estrategias de sustentabilidad.

---

[22] Blundell Jones, P., *Peter Hübner: Building as a Social Process*, Axel Menges, Stuttgart, 2007.

1. Investigación-ensayo

La finalidad principal sería la *opinión*.

Consiste en la generación de una opinión o en la presentación de comentarios acerca de hipótesis parcialmente demostradas y con alto grado de especulación e intuición aunque con resultados innovadores en el estado del arte. Pueden resultar en protoinvestigaciones o planteos hipotéticos –aunque basados en evidencias– que puedan dar paso a fases ulteriores de comprobación, profundización y confirmación o refutación de aquellas hipótesis.

En los campos de la teoría y la crítica social existen numerosas aportaciones desarrolladas en la primera mitad del siglo XX que tienen características de esbozos o esquicios: me refiero a los trabajos ensayísticos de Georg Simmel (como los ensayos *Puente y Puerta* o *El Asa*, por ejemplo), Walter Benjamin (como sus escritos "Tesis sobre filosofía de la historia", "El autor como productor" o sus libros de apuntes o viñetas como *Dirección única*), Siegfried Kracauer (como los ensayos compilados en la antología *Estética sin Territorio* o sus *Escritos sobre Arquitectura*) o Georges Bataille (como sus compilaciones de ensayos *La Conjuración Sagrada*, *La Oscuridad no miente* o *La Parte Maldita*), que en todo caso reafirman la tradición ensayística inaugurada con Montaigne (la colección de sus *Ensayos* es accesible digitalmente en la Biblioteca Cervantes). O también los trabajos críticos de Sainte-Beuve (*Crónicas Parisinas*, 1843-1876), Valery (los dos tomos de sus *Cahiers*, editados *postmortem* en 1973), los criterios de acopio de observaciones o apuntes que destacan en la obra poligráfica de Goethe (como en sus pasajes del *Viaje a Italia* o sus incursiones naturalistas de su *Teoría de los Colores*) o la trastienda reflexiva de las investigaciones sobre arte conceptual que iría acumulando en sus comentarios-programa Marcel Duchamp[23].

Un caso de esta clase de investigación sería el que abordamos en nuestra serie de textos publicados en *Summa+*[24], de los cuales un ejemplo es el dedicado a Walter Griffin, discípulo dilecto de Wright y miembro de la *Cofradía Praire*, que gana el concurso y proyecta en clave masónica (lo era) la nueva capital australiana de Canberra. Se radica allí desarrollando un progresivo apartamiento de su canon moderno occidental matizándolo con referencias de culturas locales, lo cual tendrá un giro adicional en los últimos 15 meses de su vida cuando se traslada a la India y proyecta obras como el *Jawala Bank*, Jhansi, India, 1936, o el complejo bibliotecario de Lucknow, decididamente embarcado en una búsqueda de una modernidad tal que fuera capaz de absorber la densidad de las culturas vernaculares y sus motivos, como la *Mughal arch* o el *horror vacuii* de estructuras *profundas* en bajo relieve, evitando las citas de carácter ornamental o decorativo y buscando la razón de su *euritmia compositiva* (Griffin adherirá al antroposofismo de matriz steineriana en su última etapa hindú).

La hipótesis-opinión es el análisis de estos complejos tránsitos de modernidad central a exploraciones en márgenes de la cultura buscando niveles de síntesis (de racionalidad y esoterismo; de motivos universales y regionales, etc.) mutando profundamente su producción

---

[23] Duchamp, M. *Escritos*, curados por José Jiménez, Galaxia Gutemberg, Madrid, 2012.
[24] De cuyo primer medio centenar hay una edición antológica bajo el título *Formas Leves*, Epígrafe, Lima, 2005.

pero evitando posturas de *picturesque design*, inquiriéndonos además por qué esta clase de propuestas devienen marginales o ausentes en la mayoría de las historiografías.

2. Investigación-registro

La finalidad principal sería la *delimitación*.

Se trata de la caracterización o formulación original en la delimitación o explicación comprehensiva de un campo-problema, establecimiento de un estado de la cuestión, mapas cognitivos, topografías o cartografías temáticas, etc.

Las investigaciones de carácter delimitativo o enciclopédico son bastante frecuentes en la historia de la arquitectura, en tanto el estado de su saber teórico suele asociarse a cierto inventario de experiencias previas, aunque cada delimitación o descripción de pretensión comprehensiva suele tener sus connotaciones ideológicas e históricas.

El pensamiento iluminista y su proyección a la arquitectura (desde las secciones de estas temáticas de la *Encyclopédie* hasta los catálogos compositivos e historicistas del siglo XIX, de Durand a Viollet) o la cultura posmodernista (con la voluntad clasificatoria de los libros de Charles Jencks) son dos momentos en que florecen, si se quiere, los trabajos de compilación y sistematización de pretensiones inclusivas.

La época tratadística y manualística que se extiende entre el Renacimiento maduro y la era manierista-barroca (siglos XV a XVII) también se nutrirá de muchos intentos sistematizadores de los saberes previos como en el caso de Antonio Averlino, *detto Il Filarete* (amigo de la virtud) que en los 25 libros de su *Trattato d´Architettura*, terminado de aparecer como manuscritos dibujados hacia 1460, realiza, con una interesante combinación de escritos y *dessegnos* (que no aparecerá por ejemplo en los tratados albertianos) un recorrido de pretensión comprehensiva de los orígenes arquetípicos de la arquitectura y sus relaciones con las matrices territoriales, de la articulación de arquitectura y ciudad (el *Trattato* entre sus libros III y XI presenta una formulación dialogada entre el mecenas y el artista de la ciudad ideal de *Sforzinda*, dedicada a la familia Sforza) y del conocimiento vinculado al análisis de las ruinas romanas (que era prácticamente lo único que se estudiaba para ser arquitecto en el Renacimiento).

3. *Investigación-archivo*

La finalidad principal sería la *comprobación*.

Esta clase de investigación puede caracterizarse como la enunciación original de un tema mediante su explicación emergente del contraste de material de archivo y su comprobación documental; interpretación acerca de una verdad ligada a la existencia de datos de archivo o producción intelectual basada en la manipulación de materiales considerados veraces acerca de la documentación de hechos.

Podría ejemplificarse en torno de trabajos o investigaciones proyectuales tales como aquellas abordadas como emergentes conclusivos de la recopilación de datos, como se evidencia por caso en la producción intelectual de los arquitectos del neoracionalismo italiano como Aldo Rossi, Giorgio Grassi o Antonio Monestiroli y también en corresponsales externos de esta clase de trabajo como en los escritos de los españoles José Linazasoro y Carlos Martí Aris.

En muchos pasajes de estos trabajos –como en tramos de las investigaciones sobre tipologías históricas de vivienda popular que ensaya Giorgio Grassi– la actividad consiste en la acumulación razonada de evidencias de experiencias previas (pero en un contexto algo preconcebida de *tendencia*) tal que puedan ser útiles para establecer una *genealogía* de proyectos.

También resultarían compilaciones archivísticas más o menos orientadas a proponer genealogías proyectuales, trabajos como los de Alfred Roth (*La nouvelle architecture*, compilación-manifiesto racionalista de 1947) o, en general, las *historiografías tendenciadas* o genealogistas de Russell-Hitchcock, Collins, Zevi, Richards, Behrendt.

En el desarrollo de investigaciones asociadas a proyectos de arquitectura, a menudo esta voluntad de convertir el proyecto en cuestión en una *deducción* de antecedentes o acontecimientos previos que prescriben determinadas genealogías o tramas de sucesos articulados, queda manifiesta en los trabajos de los arquitectos neorracionalistas arriba mencionados, siendo tal vocación archivística un medio de asegurar la racionalidad de opciones proyectuales que Rossi, por ejemplo, hacía parte de una voluntad de *arquitectura científica*, en el sentido de extinguir o minimizar el rol subjetivo del proyectista y su conversión en manipulador de antecedentes o argumentaciones previas.

Grupos experimentalistas como Diller & Scofidio, Andrés Jaque o Ecosistema Urbano (por ejemplo, en sus proyectos del Museo de la Astronomía, 2005) abordan metodologías sesgadas por acciones archivísticas, dentro además del campo que Ana María Guasch[25] define

---

[25] Guasch, A., *Arte y Archivo, 1920-2010. Genealogías, tipologías y discontinuidades*, Akal, Madrid, 2011.

como *arte de archivo*, que remite además al rescate moderno del enfoque de Aby Warburg en sus criterios de *Atlas-Mnemosyne* recientemente reestudiados por George Didi-Huberman.[26]

4. Investigación-encuesta

La finalidad principal sería la *representación* (de sujetos externos a la investigación) asegurando la *participación* (de sujetos representativos del colectivo considerado).

Consistiría en una modalidad semejante a la anterior pero desarrollada mediante procedimientos interpretativos de materiales obtenidos de relevamientos, chequeos, muestreos, historias de vida, etc., ya sea mediante la aplicación de métodos estadísticos y/o mediante uso de técnicas cualitativas (análisis de opinión, métodos *delphi* o P66, etc.).

El punto central de esta modalidad sería tratar de investigar y proyectar con base en cierta legitimidad transferida por la vocación de representar una situación determinada, representación que implicaría para el proyectista-analista, una tarea de traducción-interpretación de la voluntad de deseos y necesidades de un colectivo externo al analista-proyectista que éste procurará transferir a su trabajo intelectual entre otros medios, mediante mecanismos de participación de aquel colectivo externo.

Un caso singular de proyecto desarrollado mediante una voluntad compleja de representación, basada a la vez en modalidades diversas de participación y

---

[26] Didi-Huberman, G., *La imagen superviviente. Historia del arte y tiempo de fantasmas según Aby Warburg*, Abada, 2011; *Atlas: ¿Como llevar el mundo a cuestas?* Centro Reina Sofia, 2010. Libro-catálogo de la muestra sobre Warburg.

legitimación, es el caso de la ciudad *Auroville*, desarrollada por Roger Anger e inaugurada en 1968 bajo las directivas de Mirra Alfassa (la *Madre*), discípula del místico hindú Sri Aurobindo en Pondichery, India, como un *ashram* o asentamiento tradicional generado como un mandala territorializado expandido desde un centro simbólico –el *Matrimandir*, templo de la Madre o receptáculo de la esfera del mundo– para alcanzar una irradiación radial de 25 km2 (de los cuales hoy se ocuparon, con 100 aldeas, unos 10 km2 con unos 2.000 habitantes).

La ciudad, presentada como experimento de convivencia, fue auspiciada por la Unesco y por representantes de 124 países que participaron de su inauguración llevando cada uno, un puñado de su tierra. Trata de proponer una articulación de lo tradicional y lo actual, desarrollando una modalidad de producción cooperativa basada en el rango máximo de 1-3 en cuanto a las diferencias de los ingresos, siendo la unidad lo considerado *maintenance* o rango de supervivencia.

Podría ser entendida, aun en su grado de ingenuidad o exceso de optimismo espiritual, como un caso de proyecto deducido de referencias, muestras, chequeos y comprobaciones de acuerdos y legitimidades emergentes de expresiones que procuran traducir criterios equilibrados de convivencialidad.

5. *Investigación-experimento*

La finalidad principal sería la *verificación* de una hipótesis.

Implica la producción de resultados cognitivos emergentes de la interpretación de pruebas experimentales de verificación de determinadas hipótesis, o sea una clase de actividad de búsqueda y generación de conocimiento en arquitectura que sea emergente de ciertas pruebas o ensayos en una modalidad convergente a las prácticas de la investigación experimental típicas, por ejemplo, en el área de las ciencias biológicas.

En el desarrollo de proyectos de arquitectura fuertemente basados en estrategias de experimentación, destaca el caso de los trabajos de Richard Buckminster Fuller y en particular sus proyectos *Dymaxion*, aplicados a viviendas y vehículos. La expresión de Fuller mezclaba tres conceptos: *Dy* de *dymension*, *Max* de *maximumm* y *Ion* de *tension*, por lo cual la idea expresaría la generación de una dimensión proyectual de máxima tensión.

La casa Dymaxion –de la que se hacen solo tres prototipos: Barwise, Danbury y Wichita– se pensaba con un mástil del que colgaba una red de tensores que contenían las *boxes* mecánicas (como las dos *bubbles* sanitarias) y los cerramientos de placa de aluminio. Las casas fueron compradas por un aficionado que las adaptó y habitó por tres décadas y hace dos, fueron adquiridas por el Museo Ford que reconstruyó una con todo el material disponible, que se exhibe desde 2001.

El nivel de investigaciones experimentales que Fuller desarrolló fue muy diverso, desde la posibilidad de utilizar la tecnología de estructuras metálicas laminares de los silos de granos (con este criterio proveyó de varios centenares de estas viviendas a la URSS durante la II Guerra Mundial) hasta la intención de minimizar el uso de recursos sustentables como el agua para lo que desarrolló el sistema *fogger* por el que se suministraba agua mezclada con aire comprimido para el baño o el lavado, con lo que se ahorraba hasta un 90% del consumo convencional. Los trabajos de Fuller convergían y se superponían al de otros diseñadores-experimentadores como sobre todo, el caso de Wallace Neff (Lavadero de Vernon, 1944, concepto *Air Form*, etc.).

El auto Dymaxion se desarrolló en 1933 con solo dos prototipos y era un vehículo tipo tubo de 6 metros de largo, para 11 pasajeros y con tres ruedas; una posterior que permitía el autogiro propulsado por un motor Ford V8, tenía un consumo de 8 litros cada 100 kilómetros y alcanzaba la velocidad de 190 km/hora.

El proyecto se abortó por un accidente en una prueba en que murieron los tripulantes y también, según se dice, por la presión de bancos que veían al mismo como una propuesta que haría tambalear el mercado convencional, sobre todo, de vehículos usados. Norman Foster –que trabajó junto a Fuller en sus años finales– reconstruyó recientemente el tercer y único activo auto Dymaxion.

6. *Investigación-servicio*

La finalidad principal sería la *prestación* de un servicio (al colectivo con que se trabaja). Tal servicio, si bien puede ser útil y formativo para el grupo que lo promueve, idealmente debe concluir en resultados concretos útiles y positivos para la comunidad a la que se pretende servir y, a su vez, que tales resultados trasciendan en efectos de *empowerment* más allá del beneficio inmediato.

Se trataría de la producción sintética de ciertos saberes desarrollados y procesados para asistir a demandas y problemas de un grupo social concreto con el que se interactúa; indirectamente, también podría ser una forma de aprendizaje de roles técnicos proyectuales. La característica principal de esta modalidad –cuando incluye una faceta de proyecto– es que el proyecto en sí resulta una actuación emergente del conocimiento del otro, a quién se sirve.

Un caso reciente y conocido en este sesgo de trabajo es la actividad del grupo noruego, basado en Trondheim, TYIN, que es un colectivo de jóvenes diseñadores que han constituido un fondo de asistencia (al cual proveen entre muchos otros, profesionales conocidos de la arquitectura) el cual financia la actividad laboral del grupo y parte de los trabajos sociales que éstos hacen. Las obras-tareas más conocidas son un grupo de desarrollos realizados en Tailandia como el llamado *Community Lantern* –un centro de prestaciones comunitarias– en el muy marginal barrio de Klong Toey, un suburbio de Bangkok de 140.000 habitantes. Algunos ejemplos son una pequeña biblioteca que han hecho usando parte de un mercado incendiado, la *Old Market Library* en el barrio de Min Buri, dos trabajos rurales como un grupo de seis dormitorios para un orfanato –la *Soe Kier Tie House* en Noh Botak– o un pequeño baño comunitario, *Safe Haven Bathouse* en Ban Tha Song.

Estas obras realizadas alrededor de 2009 costaron respectivamente 4.500, 3.000, 2.900 y 9.000 euros y se hicieron mediante un trabajo con las propias comunidades, absorbiendo todos sus saberes vernaculares en lo técnico pero también sus criterios estéticos y funcionales: el resultado es un híbrido que fusiona ambos campos de saber y quizá quiénes más aprendieron fueron en rigor los de los grupos TYIN. Han trabajado después en otros sitios de pobreza y marginalidad en Senegal, Sumatra y Uganda y también en un par de actuaciones de base participativa realizadas en Noruega.

7. Investigación-didáctica

La finalidad principal sería la *formación* (de alumnos) y/o la *reproducción* (de figuras estamentarias profesionales), en lo posible tratando de innovar en la formación y en las posibles actuaciones sociotécnicas que emerjan de tal voluntad de innovación.

Consistiría en la producción sintética de saberes a fin de aportar cuerpos de conocimientos entendidos como renovadores o mejoradores de la enseñanza y el aprendizaje del diseño y de las actuaciones proyectuales.

Uno de los casos más conocidos de esta estrategia experimental de aprendizaje sería el practicado desde hace tres décadas por la llamada *Cooperativa Amereida*, un grupo cooperativo de docentes, de la Facultad de Arquitectura de la Universidd Católica de Valparaíso, quiénes compraron un terreno en la zona ribereña de Ritoque, en Viña del Mar, y desarrollaron allí un formato de aprendizaje de arquitectura basado en una metodología *sui géneris* –con instancias como lo que llamaron *actos poéticos*, investidores y fundacionales, o el *trabajo en ronda*, un modo de proyecto dialogado y colectivo, ajeno al subjetivismo individualista tradicional–. Esta metodología implica un *aprender-haciendo* objetos arquitecturales (no modelos o representaciones), caracterizados por factores que hacen divergir el proyecto de los procesos reales o convencionales, ya que se eluden las cuestiones funcionales, la existencia de un cliente-programa, los condicionamientos de sitio o de tecnologías (se suele apelar al reciclado de materiales en desecho).

Pero quizá el ejemplo más cabal de esta modalidad –que además también aplicaría al formato descripto precedentemente de la investigación-servicio– sería el caso de la experiencia de *Rural Studio*, un grupo afincado en Newbern, Alabama, compuesto por tres socios (Mockbee, ya desaparecido, Ruth y Freear) que enseñaban además en tercer año y en la tesis de graduación de la escuela de arquitectura de la *Auburn University*, de modo que se montaron equipos con grupos de hasta cinco alumnos y la asistencia del equipo profesional (más asesores de varias disciplinas) para realizar unos 80 proyectos, casi todos ellos casas para habitantes pobres de los condados de Hale, Perry y Marengo, la mayoría afroamericanos, además de algunas instalaciones comunitarias, como capillas o mercados. Aquí se puso en juego una modalidad que llamaron *sweat charity* (asistencia social basada en el sudor del trabajo material directo) que trataba de aunar asistencia a necesidades concretas con formación y entrenamiento.

8. *Investigación-campo*

La finalidad principal sería la obtención de un *análisis de situación* (del campo a observar y en el que la investigación actúa). Tal análisis se practica para revertirlo en decisiones o acciones, es decir usar el material del análisis para generar una actuación proyectual. La idea de campo también connota lugar, sitio, ambiente, contexto: es decir singularidad tópica y eventual desarrollo de identidades de lugar o aplicación de caracterizaciones de *genius locci*.

Se refiere pues a la producción de conocimientos inherente al descubrimiento de situaciones de un campo (social y/o territorial) que implica de por sí el llamado *trabajo de campo* con cierto grado de implicación del investigador con tal delimitación de campo y modo de actuación.

Ejemplos caracterizados de estas instancias de proyecto-trabajo de campo serían aquellos vinculados con indagaciones sobre el potencial de un sitio o ambiente, sean las actuaciones del orden de descubrimiento de sitio (como las acciones típicas del *land-art*, desde los clásicos trabajos de Robert Smithson hasta los actuales de Francis Lÿs) o los que se relacionan con la utilización y manipulación de materiales de sitio, como el barro, la arena o la piedra y también por caso, las investigaciones sobre la guadua que realizara desde Colombia Simón Vélez o las aplicaciones que la joven diseñadora ecuatoriana Macarena Chiriboga formada en USA realiza en Bali, Asia y Oceanía.

El caso de Vélez devino en realizaciones significativas en tamaño, función y potencia simbólica –como la instalación museográfica transitoria del *Museo Nómade* erigido en 2010 en el Zócalo de México o la *Catedral de la Pobreza* en Risaralda– pero también en investigaciones que relacionaban el material vernacular con sus cualidades convergentes a la sustentabilidad como el *pabellón ZERI*, que Vélez desarrolló para la Expo de Hanover de 2000 en conexión con el instituto de ese nombre que investiga el cambio climático y las *zero emissions* de gases contaminantes, el cual terminada esa muestra se desarmó y rearmó en Manizales, Colombia, ciudad de la que es oriundo Vélez.

9. *Investigación-programa*

La finalidad principal sería la realización de una *programación* de investigaciones ulteriores y/o la *prognosis* tendiente a establecer una delimitación del campo de trabajo y también el desarrollo de acciones puntuales conectadas por la voluntad de formar parte de un programa, es decir, actuaciones puntuales cuyo contexto de previsión se organiza en torno del desarrollo de tareas que van más allá de tal singularidad y que por tanto, procura encadenar acciones de cara a fases más complejas de planificación.

Consistiría pues en una *meta-investigación* en tanto programadora –a partir de diversas hipótesis y constataciones– de un programa ulterior de investigaciones por llevar adelante, sea mediante la estipulación de entender en necesidades cognitivas futuras, sea mediante actuaciones de verificación y profundización de hipótesis preliminares.

Un caso singular expresivo de esta tipología sería la actividad proyectual entendida más que como actuaciones técnicas, como iniciativas de promoción cultural, que caracterizan la obra de la ítalo-brasileña Lina Bo Bardi, por ejemplo, en su conjunto de acciones realizadas para Bahía, desde la recuperación y puesta en función de casas populares del siglo XVIII hasta la restauración *sui géneris* de antiguos asentamientos para desarrollar emprendimientos museográficos heterodoxos –como museos de la negritud ligada a las regiones africanas como el Benín, de donde salieron los contingentes de esclavos para Brasil, o el desarrollo de una sede para las comparsas populares de percusión sobre tambores de metal como el *Olodum*, a fin que este movimiento pudiera tener con un punto fijo, posibilidades para enseñar y entrenar esas habilidades, manteniendo y preservando su identidad o que puedan realizarse actividades de interés cultural como atractivo turístico. En esta línea también se inscribe el desarrollo del CESC de *Nova Pompeia*, en San Pablo, en que la arquitecta no solo recicla una antigua fábrica siderúrgica, sino que la rescata para unos usos más de recreación popular que de actividades culturales formales, aunque también Lina se hará cargo allí de montar memorables exposiciones sobre objetos cotidianos y de alta implicación en la cultura popular, como piezas de las religiones de fusión o juguetes.

¿Para qué investigar?

En este punto se trata de preguntarnos acerca de las finalidades cognitivas de la investigación en Diseño. O sea, preguntarnos hacia qué ejes u objetivos cognitivos se orientan las investigaciones, qué es lo que buscan en sus propósitos, en cuanto a la generación de conocimiento e incluyendo a la diversa gama de instancias de conocimiento (por ejemplo, conocimiento científico versus conocimiento artístico).

Proposiciones:

1. Se acepta que la generación o búsqueda y producción de conocimiento científico no debe entenderse como única y exclusiva razón o finalidad de la investigación en Arquitectura & Diseño.

Aunque aceptamos que en términos generales *aquello que llamamos investigación es investigación científica* (o sea investigación realizada según los criterios del método científico y orientada a expandir el *corpus* de conocimiento de una disciplina científica) el problema de investigar en Arquitectura ocurre que se da respecto de un *corpus* de conocimiento que no es estrictamente, una disciplina científica que por tanto no tiene un *corpus* definido. En tal sentido y por ello, no puede hablarse en propiedad de expandir dicho *corpus*.

De hecho, existen muchas maneras de definir epistemológicamente la arquitectura, para algunos es un arte, para otros es una técnica y en general suele caracterizarse por aspectos concurrentes de carácter científico, técnico-tecnológico y artístico. Por eso es que se puede hacer investigación científica que sea tal y que aporte a la arquitectura como campo de actividad y pensamiento, pero a la vez muy alternativamente, pueden hacerse otra clase de investigaciones.

Algunos desarrollos proyectuales implican la voluntad de aprovechar novedades técnicas así como de ampliar la diversidad funcional y operacional de las ciudades, amén de plantearse objetivos metafóricos como sería el caso del proyecto de *Floating Church*, una iglesia episcopal abocada a *Saint John* y luego llamada del *Redeemer*, construida en madera en New Jersey en 1848 sobre un viejo *ferry* de 35 x 10 metros, pintada de gris piedra y en estilo gótico (absolutamente negado a cualquier principio de aerodinamia naval) y de peligrosa navegación por el río Delaware hasta que se ancló en una base de ladrillo en 1853 e incendió, desapareciendo definitivamente, en 1870.

La persistencia de esta mezcla de supuesta disponibilidad técnica e impacto resultante de mover algo que en general se identifica como inamovible llega hasta la *floating church* que el planificador Fritz van Dongen propone en 1999 para amenizar el borde marino de Ijburg, el nuevo suburbio de Ámsterdam.

Como parte del desenfreno espectacular de una ciudad que se propone exacerbar estímulos de consumo –como bien analiza *Coney Island* Rem Koolhaas en su *Delirio de New York*– allí florece una conversión de la arquitectura en discursos populares (todas las noches un espectáculo de Coney Island era un incendio provocado) que se manifiesta en productos que cruzan el imaginario de la publicidad y la fantasía como el *Colossal Elephant* o *Elephant Hotel*, que John Lafferty proyecta en Coney Island en 1885, con sus siete pisos y 50 metros de altura, 37 habitaciones, patas de 6 metros de diámetro y unos telescopios falsos que mostraban del otro lado del lente a Paris o Río de Janeiro.

2. Se postula que en cualquier caso o criterio el conocimiento que engendre una investigación en A & D debería ser original, innovador u ocupante de espacios vacantes en la actual o reciente manifestación del estado de las cuestiones.

3. Se propone que toda investigación opere preferentemente en un esquema conceptual relacional sincrónico/diacrónico por el cual se trata de otorgar contextualidad, secuencialidad y referencialidad cognitivas a los conocimientos producidos.

4. Como consecuencia de la proposición precedente, se descarta, en principio, el tipo de investigación de pretendido carácter absolutamente *ex novo* o de *tabula rasa*.

5. O sea que se trata siempre de *verificar lo nuevo en lo dado*, mediante procesos cognitivos de profundización, revisión, análisis crítico, explayamientos, refutaciones y contrastes, etc.

6. La enumeración de tipos o modalidades de destino (acerca de para qué/para quién se investiga) no

necesariamente implica alternativas sino que pueden haber mezclas de modalidades.

Demostraciones o *performances* de *lo nuevo en lo viejo-dado* pueden dar curso a investigaciones proyectuales como las que los paulistanos Irmaos Campana, hoy una de las firmas más conocidas de *art-industrial design*, se proponen plantear mediante la reutilización de materiales de desecho de tapicería o carpintería – haciendo que el *fáctum* resultante adquiera el aura de la intervención poético-proyectual– o como el trabajo melancólico de Luis Barragán con su arquitectura de reminiscencias de antiguas construcciones eclesiásticas coloniales o de los historicismos aristocráticos de los hacendados ultracatólicos de Jalisco, su región originaria, tan afecta al universo cristiano-hispano, mezclado todo con sus afectos antimodernos como el pintoresquismo de Ferdinand Bac o el imaginario popular de las estéticas hispanoárabes.

Hay en todo ello numerosas vías de investigación proyectual en donde la novedad absoluta troca en *descubrimiento* de referencias, citaciones, recuerdos y hasta pulsiones del inconsciente.

Tipos

1. Investigación científica (cuantitativista, cualitativista, mixta, de protocolos experimentales, de protocolos experienciales, etc.)

Consiste en el tipo de investigación que aplica las nociones y protocolos del método científico en sus distintas variantes, pero básicamente a través de la identificación clara de un objeto de estudio y del enunciado de hipótesis verificadas mediante comprobaciones experimentales.

Se incluyen desde luego todas las investigaciones asociables en tema y desarrollo a las ciencias exactas y naturales así como a las relacionables en general con las ciencias sociales (como la sociología, geografía, historia, antropología, etc.).

Este segundo campo puede operar en el marco de tipos de investigación basadas en información de carácter cualitativo y/o puede basarse más que en el *modelo experimental* (comprobación de hipótesis mediante pruebas ad-hoc) en el *modelo experiencial* (por ejemplo, en la clase de investigaciones de historia oral/popular que se apoya en historias de vida, etc.).

La visita que la máxima figura de las ciencias europeas de inicios del XIX, Alexander von Humboldt, hace a las Américas en esa fecha, constituye en parte una demostración de una *lectura científica* de tales territorios, ajena a preconceptos de *naturalidad atrasada* (como era la visión de Hegel y en cierta forma sería más tarde la de Marx) y orientada a una posible óptica de investigación proyectual sesgada por el conocimiento científico dada, sobre todo, la precisión descriptiva e interpretativa de los territorios que recorrerá y documentará. Tal es el caso de su *Vista del Chimborazo*, que en realidad es una calcografía del documentalista J.B. Thibaut a quién Humboldt, en 1803, indicaba qué registrar y cómo documentar la supernaturaleza o *hylea* que iba descubriendo, describiendo y transcribiendo (como posibles instancias de un *proyectar científico*).

Para establecer una posible *ciencia del proyecto de arquitectura*, el tratadista Jean Nicolas Durand, profesor de la *École de Beaux Arts* edita en 1805 su *Précis d´Architecture*, un conjunto de láminas que trata de sistematizar la metodología de la *composition*, como capacidad de articular elementos que formaran ciertas grandes categorías más topológicas que *tipológicas* de la arquitectura (tiras o bloques, complejos generados en torno de vacíos centrales, conjuntos exentos o de bordes libres, etc.) que pudieran concentrar, *fuera de la historia* –o más bien, remitiendo a las *esencias arquetípicas* que ésta instituyó–, el *métier* de organizar piezas complejas de arquitectura que a su vez fuera posible *re-vestir* o semantizar mediante una relación de las leyes geométricas de la composición con los catálogos ornamentales discursivos de cada propuesta estilística, en plena época de fusión entre el iluminismo positivista y cientificista y los lenguajes del eclecticismo historicista.

2. Investigación artística/humanística (inventiva, creacionista, derivativa, delimitativa, etc.)

Se entiende que, basado en aceptar que la arquitectura también comporta el carácter de una disciplina artística, pueden desarrollarse investigaciones orientadas en dicho sentido, por ejemplo, alrededor de planteos o desarrollos de contenidos estéticos o expresivos en determinada arquitectura por analizarse, por caso alrededor de acciones proyectuales caracterizadas por la subjetividad impresa a las mismas por sus autores-proyectistas, tareas analíticas en las cuales existen procedimientos ligados a la intuición o la interpretación o al desarrollo de mecanismos hermenéuticos de comprensión de lo analizado, como ocurre no solo en las investigaciones artísticas sino también en aquellas vinculadas con cierta producción literario-poética, etc.

Las investigaciones de esta clase, aun en su divergencia metódica respecto de las de índole científica, pueden generar resultados que llamamos *derivativos* (en cuanto a establecer relaciones de derivación entre un conjunto de objetos o acciones proyectuales) o resultados que llamamos *delimitativos* (en cuanto a definir campos, mapas cognitivos, redes de relación/causación/efectuación respecto de conjuntos de objetos o acciones proyectuales).

El caso del *Danteum* –el monumento conmemorativo de la obra del Dante– es un proyecto que constituye en sí, un proceso de investigación sobre cómo *traducir en arquitectura*, la estructura y el contenido del poema del Dante, *La Divina Comedia*, ofreciendo así una interpretación de un *modus operandi* propio de la poesía aligheriana y su transcripción a un modo de proyecto.

En 1938 se instituye el *Ente Nazionale Danteum*, dedicado a aquilatar la obra del poeta fundador cuya sede, monumento y biblioteca propondrá se instale en los Foros Romanos. El socio de Terragni, Pietro Lingeri, es convocado urgentemente a preparar un proyecto con el mecenazgo del empresario metalúrgico Alessandro Poss y el auspicio de Giovanni Gentile, el filósofo oficial del régimen. Los arquitectos prepararon un grupo de cartones con dibujos en tinta y acuarela y una maqueta totalmente blanca y ese material se lo mostraron a Mussolini el 18 de Noviembre de 1938: todo esto está excelentemente documentado en un policíaco libro de Thomas Schumacher[27] fruto del hallazgo de materiales en la casa de *weekend* de Lingeri donde se habían trasladado salvándose así de la total destrucción de su estudio milanés en 1944.

El proyecto que parece ser autoría casi exclusiva de Terragni, fue acompañado de un documento manuscrito también de Terragni a modo de memoria llamado

---

[27] Schumacher, T., *Il Danteum di Terragni. 1938*, Officina Edizioni, Roma, 1980.

Relazione sul Danteum que son 28 puntos desarrollados en unos cuatro ó cinco folios: allí Terragni describe el proyecto, descarta que fuera circular (3), remite a los aspectos numéricos de la obra del poeta (4), formula las analogías entre el monumento arquitectónico y la obra literaria (5), presenta el desarrollo numerológico con base en el *número de oro* y a la serie 1.3.7.10, luego reducida a operar con el 1 y el 3 (lo único y lo trinitario, 6), despliega su interpretación del sitio en la Vía Sacra buscando una analogía proporcional con la Basílica de Majencio y situándose deliberadamente junto a la ruina medieval de la Torre dei Conti (7, aunque lo medieval era severamente denostado por *Il Duce, fan* de la romanidad imperial) y así siguiendo, para establecer un cuidadoso mecanismo de transcripción de *La Divina Comedia* con base en tres recintos rectangulares metidos en el perímetro general destinados al Infierno –cerrado y espiralado en una serie de cuadrados y columnas–, el Purgatorio semitechado y conectado –para elegidos– al Paraíso, que es un bosque de muchas columnas de cristal transparente bajo una cubierta también vítrea.

La operación que Francesco Venezia realiza en 1981 en el pequeño Museo de Gibellina –situado en la nueva ciudad erigida *ex novo* a 18 kilómetros de la originaria, destruída por un devastador terremoto en 1968, cuyo resquebrajamiento trágico evoca la *land-sculpture* de Alberto Burri llamada *Cretto*– es una obra casi enteramente nueva armada alrededor de un remanente de la fachada del *Palazzo di Lorenzo*, alrededor de lo cual se organiza una arquitectura decididamente anacrónica centrada en meditar sobre la ruina y vestigio de lo perdido.

Venezia dice al respecto:

> (...) uno de los alcances de nuestro trabajo es oponer una cierta resistencia al rápido extinguirse de la razón práctica que determina la construcción de un edificio. Se trata de suscitar un tiempo oculto que resista al tiempo de su uso y que tenga el grado de conferir unas valencias estéticas incluso en el caso extraño en el que la función original desaparezca, sea incomprensible o que el edificio mismo sea degradado por el tiempo o que, por eventos traumáticos, quede reducido a ruina.[28]

3. Investigación ética (búsqueda de lo verdadero-ético y/o sujeto a normas)

En este caso se hace referencia al tipo de producción de discursos o codificaciones morales, éticas y de correlación con criterios de normatividad de las acciones y sus objetos como aquellas que refieren al campo de las investigaciones jurídicas dirigidas a proponer acuerdos axiológicos-valorativos y reconocimientos de verdad.

Según una mirada materialista, esta clase de investigación resultaría connotada por lo ideológico, como campo referencial estrictamente opuesto a lo científico, caracterizando lo ideológico como verdad relativa instituida en una época y en relación con un determinado grupo social.

Las investigaciones acerca de la axiología y moralidad de la arquitectura fueron abundantes y centrales en el siglo XIX pero recogen cierto talante prescriptivo y canonizante de las épocas del tratadismo y las academias (como instituciones de regulación del gusto) y pueden extenderse a las proposiciones del pensamiento

---

[28] Venezia, F., "Architettura e scultura", en *La Torre d´Ombre o l´architettura delle apparenze reali*, Fiorentino, Napoli, 1987.

tipologista (Rossi, Grassi pero sobre todo, Rob Krier y la escuela de arquitectura del *Prince Charles*).

También tendría un carácter prescriptivo-normativo la proposición de un lenguaje de *patterns* que propondrá, hacia los años setenta, el matemático y arquitecto Christopher Alexander, que sería docente de la escuela del Príncipe Carlos en los años noventa. En sus investigaciones, la identificación y definición de *patterns* indicaría un mecanismo para describir y tipificar la *microfísica de la habitabilidad* (o sea, el conjunto de acciones que configuran la habitabilidad en un grado mucho más fino y fenomenológico de la noción de *función*). La idea de *lenguaje* o combinatoria articulada o racional de tales *patterns* daría paso pues a la noción alexanderiana de un proyecto verdadero o *ético* y por tanto, también en cierta forma, la idea de un proyecto científico (en tanto una manipulación regulada y objetiva de *patterns*).

El trabajo de Bruno Taut se orienta hacia la generación de una conciencia moral dentro de la modernidad, sea creando una sociedad epistolar de pensadores-proyectistas críticos –la *Cadena de Cristal*–, sea en una serie de libros-manifiesto tales como especialmente, *La disolución de las ciudades* (1921), –en que propone vigorosamente la necesidad de disolver las ciudades en los territorios en un premonitorio gesto de sustentabilidad y cuestionando los desmadres emergentes de la civilización capitalista industrial –o *Arquitectura Alpina* (1920)– que propone la construcción de un lenguaje analógico a la geometría de la naturaleza para reinstalar la arquitectura en una dimensión compatible con el diseño del paisaje, en su cuestionamiento y reelaboración del árido modelo de la *siedlung*, la tipología de la vivienda colectiva subsidiada desde el Estado para atender necesidades *habitativas* proletarias, que propone redefinir acentuando la subjetividad de cada usuario antes que la regularidad maquínica de la colectivización.

Los hermanos Robert y Leon Krier aportan a la idea de una arquitectura que sea capaz de investigar la forma de la ciudad histórica (que es para ellos, la forma de la ciudad racional-iluminista del siglo XVIII) y cuya disposición de nueva construcción se instruya estrictamente en la mera reproducción de tal arquitectura referencial, todo ello en la dimensión ética de afirmar y conservar un supuesto cénit disciplinar que sin embargo, autores como John Ruskin, también con parecido enfoque de regulación ética, reservaba para la ciudad fruto del pensamiento y acción propias del estilo gótico medieval.

Los Krier forman parte de un elenco de proyectistas –como Ungers, Rossi, Grassi hasta los más actuales Dudler, Carmassi o Rizzi– que proponen una fusión de análisis y conservación de la ciudad histórica con una regulación ética de nuevos proyectos y de ello, León Krier (junto al arriba mencionado Alexander) formó parte de la conservadora escuela del *Prince Charles*, que posee una suerte de mandamientos morales para la práctica. Asimismo, Rob Krier, en varios trabajos –como la proposición de restauración-reactivación de la villa de San Leucio, enclave paternalista que el hispano Reino de las Dos Sicilias fundó en el sur de Italia en el siglo XVII– enfoca, incluso en la forma que dibuja sus proyectos, una tajante referencia a un no innovar netamente conservador (en el sentido político e histórico-técnico de esta noción) respecto de su hipervalorada y elitista idea de ciudad histórica.

4. Investigación socioproactiva (la llamada ciencia con la gente)

Aludimos a las corrientes de crítica epistemológica al desarrollo científico convencional, por ejemplo visible en la epistemología anarquista de Paul Feyerabend o en las proposiciones recientes de Jerome Ravetz y Silvio Funtowicz[29] y también en las revisiones epistemológicas de la investigación científica *dura* realizadas por Bruno Latour[30].

Un caso que en materia proyectual, podría referir a la clase de *investigación socioproactiva* aquí comentada es el dilatado trabajo llamado Nuevo Sol de Oriente o popularmente Juan Bobo, por ser ese el nombre de la quebrada de Medellín en que se implanta este desarrollo sociohabitacional que lleva más de una década y que quizá tenga por delante otro tanto.

En esta área de ladera de la ciudad, que está coronada por el barrio de Santo Domingo y que también se conoció como Loma Roja, se fueron instalando por décadas, poblaciones marginales en ocupaciones ilegales de bajísima calidad ambiental.

Dentro de los procesos de reactivación urbana conocidos en Medellín –la mayoría de los cuales se destinaron a emprendimientos resonantes de equipamiento social como la célebre Biblioteca España, justamente en la cima de esta ladera– algunas operaciones más discretas y complejas se hicieron a fin de conseguir a la vez, un avance de integración urbana y ciudadanía

---

[29] Ravetz, J.; Funtowicz, S., *La ciencia posnormal. Ciencia con la gente*, Icaria, Barcelona, 2000. Hay una edición por CEAL, Buenos Aires, 1993.

[30] Latour, B., *La esperanza de Pandora. Ensayos sobre la realidad de los estudios de la ciencia*, Gedisa, Barcelona, 2001.

de estas poblaciones (mediante mejoras en su accesibilidad y en sus servicios e infraestructuras además de la legalización de su ocupación) junto al saneamiento ambiental y el desarrollo de nuevas áreas residenciales de ciudad, que sin embargo no erradicaran población ni desconocieran los complejos procesos de organización de las barriadas y las comunidades.

Se trata por tanto de desarrollos urbanísticos caracterizados por una fuerte implicación participativa de la comunidad implantada y sus referentes, lo que genera procesos muy elaborados en la toma de decisión sin que existan preconceptos de forma acabada ni desapego a continuas reelaboraciones y adaptaciones (2.8).

Ilustración 2.8

5. Investigación ad-hocista (problem-solving)

La *investigación ad-hocista* remite a las tareas metódicas dirigidas a tratar de resolver un problema. A veces estas tareas se inscriben en protocolos habituales del trabajo investigativo –ya que en cualquier campo del conocimiento o la necesidad social siempre hay problemas por resolver– pero en otros casos remiten a tareas cuyas operaciones vinculadas al trabajo investigativo vienen dictadas por el problema mismo, o sea que no resisten los marcos devenidos de criterios disciplinares preconcebidos.

El *problem-solving* como activador de una clase específica de investigación a veces resulta de lo que epistémicamente pueden llamarse *cambios catastróficos* en la manifestación de valores de cualquier indicador de medición o expresión del problema detonante y en tales casos la excepcionalidad en la calidad/magnitud del problema puede exceder los marcos disciplinares convencionales y requerir actuaciones *ad-hoc* (que luego podrán derivar en nuevos cursos convencionales o rutinarios de actividad investigativa).

El caso del emplazamiento *Fresh Kills*, en Staten Island, Nueva York, remite a los problemas que suscitan instalaciones críticas que supuestamente tienen *deadline* de funcionamiento y luego obligaciones de *remediación*. Se trata en este caso, del mayor relleno sanitario de basura urbana del mundo, fundado en 1947 por el plazo de 20 años en una extensión cercana a las 1.000 hectáreas. Se desactivó sin embargo en 2011, 34 años después de lo previsto y solo debido a enérgicas reclamaciones populares.

Después empezó otra clase de reclamos para cumplir lo especificado en su destinación original que era remediar y recuperar suelo y subsuelo generando un área de uso multipropósito. Solo en 2008 se aprobó realizar un Parque Metropolitano (que será tres veces más grande que el *Central Park*) a cargo de la firma Corner-FO, que empezó los trabajos un año después sin que todavía hoy el sitio alcance un grado de calidad mínimo, sobre todo por las grandes dificultades en descomprimir los bolsones subterráneos de gas metano. Este caso ejemplifica, desde su institución hasta su desmontaje y las diversas dificultades urbanas, la condición en que las actuaciones proyectuales posibles configuran aportes de investigación *problem-solving*.

6. Investigación proyectual

Lo que referimos genéricamente como investigación proyectual remite al campo o especie de trabajo investigativo que implica no investigar sobre el proyecto sino *investigar con el proyecto*; es decir, se trataría de la clase de actuaciones en que el proyecto –como aparato cognitivo– cambia de producto u objeto (de la investigación) a medio o instrumento (de la investigación).

En este sentido, la investigación proyectual estaría caracterizada por el aprovechamiento del potencial cognitivo de *futuribles* o estados hipotéticos futuros de una situación de habitabilidad dada que justamente es lo que, como instrumento o medio de generación de conocimiento, permite el *proyecto* en su entidad conceptual fundante, cuya etimología alude precisamente a un *ver-antes*, a una *anticipación simulada de futuros posibles*.

La Quebrada de Infiernillo, dentro de la ciudad de Córdoba, fue uno de los casos considerados en un seminario-taller a mi cargo realizado en 2004. Supuso una actuación en la que pudieran aportarse ideas de desarrollo desde el enfoque de la oportunidad proyectual, para lo cual se realizaron estudios preparatorios y se montó una escena (una gran maqueta apta para experimentar alternativas) ante la cual pudiera desarrollarse un debate entre el grupo de proyectistas, vecinos y referentes de organizaciones vecinales del área, funcionarios y expertos, a partir del cual pudieran discernirse alternativas proyectuales, procesos de actuación y regulación, simulaciones diversas según prevaleciera tal o cual interés hegemónico, etc.

Se trató de poner en la esfera de reflexión proyectual un área de oportunidad, cuyo destino o uso posible pudiera ser, sobre todo, indagado y testeado desde ciertos principios de calidad proyectual (no afectación del sitio natural, condiciones de eventual reversibilidad de cualquier intervención artificial, etc.).

El caso de *High Line*, en Nueva York, por una parte se parece al tipo de *problem-solving* presentado más arriba (de hecho en la intervención proyectual de este caso también actuó el grupo Corner-FO, junto a *designers* asesores como el grupo Diller-Scofidio) y por otra, a la condición de área vacante o de oportunidad que puede ser reflexionada desde la perspectiva de eventuales actuaciones proyectuales.

Consistía en un antiguo ramal ferroviario elevado desactivado en 1980, sobre el que se pensaron diversas utilizaciones –incluso su demolición– para optarse hacia 2003 por el desarrollo de un parque lineal de unos 2 kilómetros de extensión que también fue fruto de movilizaciones y aportes de diferentes ONGs, más que una iniciativa emergente del poder local.

3. CÓMO HACER UN TEXTO DE INVESTIGACIÓN
INSTRUCCIONES DE ESCRITURA

Para comunicar resultados de una práctica investigativa que supuestamente engendra nuevo conocimiento –o que cuestiona, critica o polemiza respecto del estado previo del conocimiento– resulta inevitable *escribir:* escribir un *texto* (escritura de texto que puede abarcar las numerosas *figuras mixtas de palabra-imagen,* habituales en la discursividad arquitectónica) a modo de *registro* de lo conseguido después del trabajo de investigación.

Una *mediación* de esa producción *textual* –que en rigor también supone un ejercicio discursivo– resulta de la *comunicación* de los avances en la coloquialidad de la actividad didáctica, pero esa comunicación basada en un estatus de *oralidad,* debe ser entendida como una clase particular, a menudo provisoria o *in progress,* respecto del registro escritural de lo investigado, provisoriedad que se ejemplifica en las *notas* de una clase o seminario[31].

---

[31] A veces, este pasaje entre la investigación y la publicación que supone las primeras comunicaciones de avances de la investigación en una actividad didáctica, deviene en *publicaciones provisorias,* como los textos que *se escribía para sí mismo,* como ayuda al dictado de sus seminarios, Roland Barthes –que se fueron publicando póstumamente: véanse los tres volúmenes titulados *Cómo Vivir Juntos. Simulaciones Novelescas de algunos espacios cotidianos. Notas de cursos y seminarios en el College de France, 1976-1977, Lo Neutro. Notas de cursos y seminarios en el College de France, 1977-1978* y *La Preparación de la Novela. Notas de cursos y seminarios en el College de France, 1978-1979,* Siglo XXI, Buenos Aires, 2003-2005–. Estos textos no tuvieron transcripción a artículos o libros en parte porque Barthes murió

Este ensayo se propone ofrecer algunos argumentos, quizá instrucciones, para *escribir resultados emergentes de una investigación*, habitualmente relacionables con avances como los artículos en revistas *ad-hoc*, es decir, artículos basados en cierta estructura y características (extensión, modo de citaciones, proposiciones de resúmenes y/o palabras-clave –que en general son cosas requeridas por los sistemas de clasificación de bibliografía–, etc.) que suelen convertirse en las *pruebas* de un avance de investigación: *pruebas para el propio investigador* enfrentado a extraer conclusiones y proposiciones –en lo posible innovadoras– de su propio trabajo y *pruebas para la comunidad lectora* con que interactúa cada investigador y que tal comunidad incorpora o no al estado de la cuestión que admite y utiliza.

1. El propósito de un ensayo emergente de un proyecto de investigación –o un *artículo científico* del tipo de los publicados en revistas especializadas– es sintetizar y comunicar procesos y/o resultados o avances

---

en un accidente en 1980 y son como pruebas o balbuceos. El otro ejemplo conocido es de Gilles Deleuze, que *probaba* sus libros en seminarios previos, como el editado como *Cine I. Bergson y las imágenes*, Cactus, Buenos Aires, 2009, publicación que resulta de la transcripción de grabaciones y apuntes de quiénes cursaban y que después devendría en libros de Deleuze (en ese caso: *La imagen-movimiento* y *La imagen-tiempo*, libros de Paidós, Barcelona, 1984). Los textos de Barthes citados son muy provisorios, casi apuntes íntimos; los de Deleuze (la editorial Cactus publicó casi todos sus seminarios desgrabados) son en otro sentido, extremadamente coloquiales, aunque ambas formas son de mucho interés en el *pasaje de la investigación a la escritura*. Derrida o Foucault, por el contrario, escribían bastante rigurosamente sus seminarios, es decir que, como también Lacan, tenían escritos sus libros antes de sus clases.

obtenidos en una investigación. Es decir, para escribir debe existir un trabajo previo de investigación del cual emerge aquello que comunica el artículo científico. El curso de la investigación a veces permite ir haciendo anotaciones o registros tipo *bitácora* (la bitácora marina es un registro pormenorizado de un *derrotero*) y tales apuntes provisorios pueden ser útiles a la hora de redactar un artículo. Cuando se trabaja con fuentes, en archivos, con informantes o levantando descripciones de un campo, estas registraciones provisorias pueden resultar fundamentales. Un caso típico de esta *pretextualidad* son frecuentemente, los llamados *diarios de campañas arqueológicas*.

No se trata entonces de *transcribir* los informes o protocolos internos del trabajo de investigación sino de extraer del mismo sus *resultados* significativos en tanto *aporte* a la *comunidad científica* (en este caso del campo disciplinar de la arquitectura y el urbanismo). No siempre los resultados formales de una investigación poseen las características para una adecuada comunicación y entendimiento de los mismos; no se trata a veces, de simples transcripciones sino que la redacción del artículo o los documentos por así decir, de pretendida difusión pública de tales resultados, requieren de un diseño *ad-hoc* y constituyen un trabajo discursivo que debe afrontarse con apego a las normas que garanticen la adecuada comunicabilidad que debe conseguir tal discurso.

Además, una investigación produce resultados diversos y una de las cuestiones propias de los artículos científicos deducidos de ellas es seleccionar aquellos resultados que concentren valores de novedad o innovación o aportes a las discusiones que pudieran estar dándose sobre la cuestión investigada.

2. En general, tanto las investigaciones en sí como los ensayos que trasmiten sus conclusiones o resultados, no surgen desde una *tabula rasa* sino que se inscriben en una determinada genealogía de autores y trabajos previos.

Esta adscripción a una determinada línea o campo de trabajo debe quedar indicada en el ensayo o artículo que transmite los resultados; es decir, éste debe esencialmente contener en una parte del mismo alguna referencia a esas adscripciones, algún comentario de ubicación acerca del *estado de la cuestión* en que inserta el ensayo (y la investigación que lo sustenta).

En este sentido diríamos junto a lo que postulaba Nietzsche, que una transcripción de los resultados de un proyecto de investigación debe contener la *genealogía* conceptual en que se inscriben, en parte porque resulta éticamente necesario dejar establecidas las tributaciones que la investigación posea respecto de determinadas referencias o fuentes y en parte porque tal estipulación genealógica es lo que contribuye a esclarecer el estado del arte o de la cuestión en que se inscribe el tema tratado. Algunas investigaciones y sus artículos de comunicación valen más por la nueva caracterización que hacen de un campo que por sus aportes de novedad teórica: ordenar y sistematizar un campo temático determinado puede ser muy útil para investigaciones subsiguientes y esto es mucho más necesario en esferas que como la de la arquitectura se caracterizan actualmente por la debilidad de sus enfoques teóricos.

3. Un artículo científico o ensayo de comunicación de los avances y resultados de una investigación debe tener una cierta *calidad como texto*, es decir, una *calidad literaria* en su armado gramatical, en la corrección de su terminología (cuando hace falta incluir una definición de un concepto o término nuevo, ello debe hacerse a pie de página o en un glosario).

Debe ser fácil de leer y entender y fácil de citar; armado con frases más bien cortas y precisas. Se deben evitar las jergas propias de los informes internos que suelen hacerse cuando se presenta el proyecto o cuando se documenta el avance o finalización de las investigaciones, es decir toda aquella *cocina* como la que refiere a objetivos, metodologías, plazos, etc. Es decir todo ello debe figurar pero no como ítems presentados de manera sistemática (como la ordenación ordinal típica de los documentos programáticos internos) sino que puedan deducirse del estilo y contenido del ensayo. La metodología aplicada debe ser *contada*, no meramente transcripta en sus formatos habitualmente áridos.

Un artículo emergente de una investigación debe por lo tanto asumir el estilo discursivo de comunicación más o menos aceptado o convencional en el área que fuese y conseguir una adecuada transmisión de las ideas en una prosa correcta y precisa.

Si el artículo en cuestión tuviese una receptividad más amplia –por ejemplo, si fuese para una revista menos especializada y que a la vez debiera garantizar un efecto didáctico (por caso, para estudiantes o personas del área de la investigación pero sin su formación completa) y/o de divulgación (es decir, para legos en la temática tratada) la calidad explicativa y la claridad de transmisión de las ideas serán todavía más exigentes, sobre todo en la precisión de la terminología.

En los casos de artículos de carácter periodístico para la prensa convencional (aun cuando se inserte en los típicos suplementos temáticos de un periódico) la pieza en cuestión debe articular con precisión el doble discurso que podría contener (comunicación a especialistas, comunicación a legos o función de divulgación). Los ensayos periodísticos en muchos casos –como por ejemplo, las contribuciones a la prensa diaria de autores como Huxtable o Sorkin en USA o Fernández Galiano o Maderuelo en España– pueden conciliar razonablemente tal doble discurso.

4. Hay que elegir muy bien el título, intentando que sea lo más corto posible y que refiera más a resultados que a propósitos. Si existe un concepto nuevo asociado a una palabra es conveniente que figure en el título. Un subtítulo puede agregar información complementaria, por ejemplo, en relación con el campo o área de trabajo en que se situó la investigación.

Habitualmente, los artículos científicos contienen *palabras clave* (generalmente tres, tratando de no repetir palabras incluidas en el título y ayudando a las tareas de clasificación del artículo) y un resumen o *abstract*, que en no más de 15 líneas de texto debe resumir el artículo básicamente indicando de dónde se partió (qué se quería demostrar) y a qué se llegó (qué resultados innovadores produjo la investigación). Habitualmente se pide que el *abstract* se escriba también en inglés y allí hay que cuidar muy bien la traducción técnica si es que existiera alguna palabra relativamente novedosa en cuanto a lo que el artículo propone.

5. El artículo técnico debe tener una estructura, por ejemplo: comienzo (referencia a los objetivos o propósitos de la investigación), desarrollo (indicación del método, pasos y actividades seguidas en la investigación) y remate (conclusiones, aportaciones, aplicaciones, puntos que merecerán nuevos desarrollos, etc.). Asimismo, debe manejar un conjunto razonable de citas o referencias (que deben hacerse con un criterio que generalmente es establecido por cada publicación) y subrayar, si cabe, algunos pasos o tramos de la investigación (como un estudio de caso o el debate con algún autor, etc.). Si resultara útil, el artículo científico puede contener subtítulos siempre que éstos ayuden a entender e identificar la estructura del ensayo.

En todo caso, si se trata de comunicar en una sola pieza la cuestión de un proceso y proyecto de investigación, el ensayo debe contener en su discurso, con la mayor claridad y síntesis posible, la hipótesis del trabajo y cómo se demostró la misma, informando los puntos de partida o *genealogía* de inscripción de la investigación en el *estado de la cuestión* y los resultados o conclusiones significativos a que se haya llegado.

Si el artículo cumple una función de información técnica y/o divulgativa mucho más expandida que el universo estricto de la comunicaciones científicas, las conclusiones deben presentarse no tanto como alcances de metas específicas que el investigador se puede haber planteado, sino más bien como resultados que puedan ser recibidos por la comunidad lectora en cuestión, como aportes novedosos a un tema de interés común (entre ensayista y lector).

Los artículos, en numerosos casos, no se hacen para contar una investigación (aunque si tienen referencia a una investigación en cuestión deberán mencionar ese hecho) sino para difundir un enfoque o planteo acerca de un tema, que el investigador pudo construir durante o al final de su investigación. Así suelen existir grandes brechas entre investigaciones y artículos emergentes de las mismas: por ejemplo Stan Allen[32] publica su artículo "From object to field" en la revista *Architecural Design* y allí indica que es un emergente de trabajos de investigación realizados en Columbia en 1995.

6. El artículo debe permitir entender claramente de *dónde se parte* en la investigación (*estado de la cuestión*) y *adónde se llega*, o sea, qué resultados propositivos e innovadores pudo haber alcanzado el trabajo de investigación.

A veces, ese punto de llegada no es la *solución del problema* del que se parte sino por caso, una nueva formulación del problema o la identificación de un enfoque que abrirá paso a otra investigación. En cuanto a la cuestión de la llegada, debe quedar claro la pertinencia y oportunidad del estudio realizado.

7. EL artículo debe hacer un énfasis relevante en lo que su autor considera que es el *núcleo* o aspecto principal de su aporte, aunque este sea modesto (organizar el saber previo del tema afrontado, redefinir un aspecto ligado con la enseñanza, etc.).

Para una razonable *economía del saber* y una posibilidad de contribuir a una *producción colectiva* para el avance de una disciplina es conveniente cultivar esta

---

[32] Allen, S., "From Object to Field", en *Architectural Design, Profile* 127 (*Architecture after geometry*), vol. 67, N° 5-6, Vista, Londres, 1997, pp. 24-31.

forma de precisar lo descubierto en un artículo que aporta una investigación y en qué contexto de referencia y/o aplicabilidad se coloca tal núcleo.

8. Es muy importante trabajar en el contexto del artículo, con casos, ejemplos o referencias; es decir, evitar en lo posible un tono extremadamente *abstracto* en lo que se escribe, salvo que el tema en cuestión lo amerite.

Este tema puede asociarse a la importancia que para quien lee ensayos de arquitectura, tienen las referencias gráficas tales como fotos o dibujos, pero también esquemas, tablas, cuadros o construcciones gráficas que expresen y sinteticen el campo abordado y el proceso cognitivo de la investigación.

En las áreas de la arquitectura y el diseño la contribución de las imágenes o gráficos resultan sustanciales en tanto poseen la condición de representar más analógicamente objetos o situaciones consideradas en la investigación. El *potencial descriptivo* de las imágenes puede resultar significativo para completar la exposición de una temática y en un sentido equivalente, la adecuada *selección* de las imágenes puede incluir un sesgo adicional de capacidad analítica o crítica puesta en juego en la investigación de referencia.

Si la investigación ha realizado lo que suele denominarse *trabajo de campo*, ello debe quedar adecuadamente resumido y expresado en el contexto referencial al que se alude en este punto.

9. Cuando la investigación se puntualiza en un autor u obra o grupos de ellos, es importante valorar si se está planteando algún comentario o análisis nuevo respecto de lo que se conoce de tal autor u obra, evitándose modalidades puramente descriptivas y/o de mera

recolección de documentación (que en cualquier caso nunca será más que una parte del proceso de investigación). Investigar y estudiar obras y autores exige maximizar el *sentido de oportunidad* (escribir sobre algo que resuena en temáticas actuales) y *ocupar lugares vacíos* (trabajar sobre temas no transitados). Solo cuando se consiga *re-presentar* por completo un tema-problema ya abordado previamente por otros autores, tiene sentido tratar nuevamente algo ya investigado y/o publicado, en cuyo caso, el nuevo ensayo tomará la característica de un debate o confrontación con el autor precedente.

10. En el caso de artículos vinculados con investigaciones de base tecnológica debe procurarse explotar los aspectos *innovativos* del tema investigado y si cabe, apoyar el ensayo con referencias a *estudios empíricos* que el investigador haya realizado o que conoce y maneja de otros investigadores. Las referencias sobre temas de *investigación + desarrollo* suelen ser útiles si se explica el sentido de la innovación o en que medida un desarrollo tecnológico determinado puede incidir en cambios disciplinares y/o profesionales.

11. Siempre debe tenerse en cuenta *qué* se está investigando y, en este caso, al escribir un artículo científico, debe procurarse que toda especulación o experimentación que se trabaje se relacione con el campo disciplinar en que se ubica el trabajo, es decir, en nuestro caso, la arquitectura y el urbanismo.

La apelación a *cross-fertilizations* extradisciplinares, provenientes de aportes externos a la especificidad de la arquitectura, deben maximizar la explicación de la *pertinencia* de su utilización y explicitar claramente el carácter *instrumental* que tales aportaciones extradisciplinares puedan tener en relación con la investigación específica que nos competa. Por ejemplo, si trabajamos, como muchos lo han hecho, con el célebre ensayo heideggeriano *Construir, Habitar, Pensar*, el esfuerzo debe ser encaminado a demostrar cómo tal desarrollo de un pensamiento filosófico ayuda a profundizar nuestro entendimiento de un concepto disciplinar, por ejemplo, *raum* (vacío, espacio, etc.) o *ding* (cosa), etc. Nosotros debemos aportar a la expansión del conocimiento proyectual o de la arquitectura, no al filosófico.

12. Cuando haya, es pertinente indicar las relaciones entre un trabajo de investigación y las actividades de enseñanza de modo que un artículo científico puede contener a modo conclusivo o aplicativo, reflexiones sobre cómo lo aportado puede derivar en su utilización didáctica. Asimismo, cuando trabajos hechos en cátedra con alumnos sean base o insumo de materiales de la investigación, ello debe indicarse y resaltarse, comentando los valores pedagógicos de tales estrategias.

Si un trabajo de investigación se hace con/para los alumnos de una cátedra y el material emergente, en consecuencia, puede llegar a tener usos didácticos allí o en otra parte, ello no debe impedir considerar que la investigación sigue siendo eso: una investigación y no una tarea subsidiaria o direccionada a la actividad docente.

Preparar o documentar determinadas clases no debe confundirse con investigar, aunque una investigación puede entregar resultados válidos para la enseñanza. En otro orden, trabajos prácticos de alumnos de una cátedra pueden constituir –si se los organiza y controla para tal fin– *materiales* básicos de una investigación, como sería el caso de fichajes de archivo, relevamientos de campo, organización y representación de resultados, etc.

13. Al redactar un artículo científico es necesario cuidar las cuestiones técnicas de un ensayo o artículo como lo arriba mencionado: título, subtítulo, palabras-clave, resumen en lengua madre y otro idioma, referencia a la investigación en que se basa el ensayo, citas, bibliografía utilizada (por ejemplo, nunca poner más títulos que los que efectivamente se usaron), subtítulos si los tendrá, epígrafes y titulaciones de ilustraciones o gráficos, indicando en este caso si éstos son de elaboración propia o en las ilustraciones, aclarando el origen de las mismas, si son propias o no, etc.

14. Cuando el artículo se basa en referencias o préstamos emergentes de otras disciplinas, se deben indicar claramente en qué contexto se efectúan tales operaciones interdisciplinares y dejar claro todo acerca de cuánto aportan y ayudan a la construcción epistemológica específicamente referida a los campos disciplinares de la arquitectura y el urbanismo. Hay que evitar los trabajos *extraños* a los campos disciplinares como los que pueden resultar de aplicar nociones propias extradisciplinares (de la geografía, la historia, la física, la economía, etc.) sin desarrollar las respectivas articulaciones y así también restringir el uso de terminología propia de otras disciplinas sin las respectivas definiciones y aclaraciones de aplicación.

Es perfectamente posible que personas o grupos extradisciplinares se propongan estudiar o investigar cuestiones relacionadas con la arquitectura, ya que no hay una delimitación estricta de la pertenencia de objetos de estudio a determinados campos disciplinares.

En tal caso, tales estudios extradisciplinares, fuera de sus efectos y aportes a la arquitectura como disciplina, deben regular su calidad y pertinencia con los criterios de la disciplina que fuese.

15. Cuando las investigaciones estén relacionadas con aspectos propios de determinados colectivos sociales (por ejemplo, población marginal o con deficiencias del habitar, población con habilidades disminuidas, etc.) es importante que los artículos científicos emergentes se apoyen en pruebas empíricas referenciales de tales colectivos (encuestas, estudios de caso, muestras, transcripción de opiniones de actores relevantes, etc.).

Si las investigaciones poseen un emergente vinculado al *servicio* (es decir, cuando se trata de investigaciones tendientes a aportar conocimientos al colectivo inmerso en la cuestión investigada) debe esclarecerse si son *participativas* –investigaciones no solo *para* un colectivo determinado sino *con* la participación de tal colectivo a través de formas adecuadas de *representación* desde actores calificados a formas asamblearias– en cuyo caso la construcción del conocimiento es *colectiva* (sociedad implicada más grupo de investigadores) y la finalidad principal debería ser el *empoderamiento* o *empowerment* del grupo social inmerso (aunque haya otras finalidades suplementarias como el conocimiento en sí o la formación o el entrenamiento) respecto de si no lo son. Ya que pueden existir investigaciones referidas a colectivos determinados realizadas con datos o referencias de tales instancias (censos, muestras, encuestas, etc.) pero sin la participación e implicación de los mismos. En tal caso, los resultados pueden o no ser útiles al grupo investigado y ayudar o no a su empoderamiento.

En los siguientes y últimos puntos de este escrito nos ocupamos de comentar brevemente un conjunto de trabajos personales que tienen cierto formato de artículo técnico y que se incluyen en la segunda parte de este libro (*Productos*) a modo de referencia sobre resultados parciales o progresivos de una selección mayormente inédita de mis propios trabajos de investigación y en los que se busca establecer cierta relación entre las dos partes de este Manual: *conceptos* y *productos*. Desde luego que recurrir a mis propios trabajos o de los grupos en que actué pretende ofrecer una casuística concreta de intereses y metodologías, nunca una ejemplaridad ni una pretensión de abarcamiento de temas y abordajes.

Son siete escritos de los últimos cinco años y en diverso grado de desarrollo y difusión (hay solo uno, el décimo, "Hybris americana. Sobre la modernidad ecléctica de Costa y Barragán", que está editado como ensayo en la revista brasileña *Arquitextos*, núm. 14, Propar, FAU, UFRGS, Porto Alegre, Noviembre, 2009, pp-2-29) que forman parte de diversas escrituras provisorias –como textos auxiliares de clases o seminarios o en parte insertos en otros libros personales– pero todos emergentes de trabajos de investigación y más o menos acordes a las características de escritos destinados, por su formato y características, a ser publicados.

16. El ensayo que consta en primera instancia en la segunda parte de este libro (4. Perspectivas futuras de ecoproyecto) es una transcripción de algunos resultados de mi tesis doctoral, de la que se extractan partes a fin de organizar un texto susceptible de ofrecer una síntesis conceptual y casuística del estado de los estudios sobre la *crisis de sustentabilidad* en relación con posibles *cambios*

futuros próximos de las formas o modos de proyecto y es un fragmento del texto-soporte del seminario *Cultura Ambiental y Proyecto*, dictado a los docentes de los departamentos de Diseño de la UAM México, en febrero de 2013. Este documento sintetiza y encuadra por la razón precedente, materiales elaborados en una investigación doctoral, muchos de los que integraron una publicación[33] vinculada además al dictado de seminarios de posgrado.

El ensayo que se presenta se formula así como una *selección de conceptos* (de los aportes teóricos más recientes y que plantean posibles articulaciones entre los análisis de la crisis de sustentabilidad y la necesidad del replanteo de proyectos), de criterios susceptibles de devenir *proposiciones metodológicas* –por ejemplo, en las propuestas analizadas de Ken Yeang– y de *proyectos experimentales* de los que procura presentarse más que las características proyectuales de los mismos, el tipo de *fundamentación teórica* que desarrollan sus autores (por ejemplo, Roche, Lewis, Kroll, etc.).

17. El estudio ubicado en segundo término de la segunda parte del presente libro (5. Modos Americanos de Proyecto. Hibridez, Ilustración, naturaleza) es un primer resultado de la articulación entre la primera y la segunda etapa de mi proyecto de investigación en UAI denominados *Modos del proyecto* (2010-2013)[34] y *Modos del proyecto americano* (2013-2016). Desarrolla algunas conclusiones sobre tres modos de proyecto (los modos *híbrido, ilustrado* y *natural*) del encuadre de ocho

---

[33] Fernández, R., *Ecología Artificial*, Concentra, Buenos Aires, 2011.
[34] Los resultados de la primera fase del proyecto *Modos del Proyecto* (2010-2013) fueron en parte publicados en el libro *Modos del Proyecto*, SAC Nobuko, Buenos Aires, 2013.

modos trabajados en la primera parte de la investigación y descriptos en el libro de referencia.

Estos trabajos se relacionan además con la actividad de mi cátedra de Historia de la Arquitectura en FADU UBA y de su proyecto de investigación asociado[35], ámbitos en los cuales hemos desarrollado un nuevo criterio historiográfico para explicar la evolución histórica de la arquitectura considerada en relación con el *desarrollo largo* de tales *modos de proyecto* y a la verificación de los mismos, no en una supuesta universalidad manifiesta en la historia de la arquitectura occidental, sino en diversas configuraciones de tiempo y espacio (por ejemplo, los dos milenios y medio de la historia convencional occidental –entre los siglos V a.C. y la actualidad– son en realidad no únicos ni preferenciales sino coetáneos con otros linajes históricos como el americano, el asiático, etc.).

Las propuestas que inspiran el proyecto de investigación radicado en UAI –*Modos del proyecto americano*– del cual este ensayo es un avance exploratorio, casi una primera enunciación de tema y alcance, se plantean desestimar el modelo historiográfico universalista según el cual las culturas periféricas de sociedades de origen colonial y extensas situaciones de dependencia económica y cultural, no pueden ser sino tributarias imperfectas del modelo de cuño central.

La hipótesis que se explora, por el contrario, parte del análisis de una situación presente más bien caracterizada

---

[35] Refiérese al proyecto UBACYT *Cultura Histórica y Proyecto* (2012-2014) que se desarrolla en el ámbito de la cátedra a mi cargo de *Historia de la Arquitectura*, FADU-UBA, donde estamos dictando en forma experimental una historia integral basada en el análisis histórico de los modos de proyecto (2011-2013).

por cualidades de *multiculturalidad* (según lo han analizado autores como Bhabha, Said, Trigo, de Sousa Santos, Canclini, Rama, Antelo, Brunner, Grüner, etc.) que permite analizar una condición presente en que una parte del pensamiento y práctica proyectual recupera cierto posicionamiento geocultural a partir de lo cual resulta posible –y ese es el propósito final de la investigación y de las primeras constataciones insertas en este ensayo– reconstruir una historia que puede verificarse como una vía paralela aunque muy conectada, a la del desarrollo de la cultura proyectual occidental.

18. El trabajo que va en tercer lugar (6. Arte, cultura y territorio) es un resultado de avances de la segunda fase de la investigación *Atlas de patrimonio ambiental. Encuadre conceptual para la gestión patrimonial ambiental*, que vengo dirigiendo desde 2010 en el CIAM – Centro de Investigaciones Ambientales de la Universidad Nacional de Mar del Plata– y que será publicado en 2013 en la revista *Temas*, volumen 11, de la Academia Nacional de Bellas Artes.

La investigación de base remite al enfoque de estructuras cognitivas de sucesos interconectados en diversos niveles de manifestación espacio-temporal (el modelo del *Atlas Mnemosyne* de Aby Warburg y sucesivos desarrollos etnoartísticos como los estudiados por Ana Guasch bajo el rubro *Arte de archivo*) a partir de cuya utilización se pretende configurar un nuevo *orden de evidencias* –territorios naturales, territorios transformados por la producción y la habitación, territorios *re-presentados* o materia de cosmovisiones artísticas, territorios transformados mediante modelos de intervención proyectual– que *describa con mayor complejidad una región* (en este caso el sudeste bonaerense).

Esa voluntad de aplicar el *modelo atlas-archivo* para un *análisis territorial* –que por tanto, podría abarcar desde la geología o la botánica hasta las explotaciones mineras o rurales y sus formaciones socioétnicas implicadas, desde las enunciaciones literarias desde Darwin, Ameghino, Hudson, Hernández o Sarmiento hasta Saer, Borges, Martínez Estrada o Conti o las artísticas desde Castagnino hasta Benedit, los modelos de intervención en el paisaje como las actuaciones rurales y urbanas de Thays o las intervenciones de *vida en lo natural* como los diferentes modelos de *garden city* –permitiría, en nuestra hipótesis, redefinir la noción de *patrimonio* extendiéndola a *patrimonio ambiental* y su relación con la *identidad* y, a partir de ello, imaginar nuevos modelos de gestión y planificación (desde el museo de sitio a la arqueología industrial, desde la reconstrucción de huellas o señales de baqueano o *analista de la tierra*, desde los *coleccionamientos* a las recopilaciones y en resumen a la identificación de proyectos-atlas, multidimensionales y plurisemánticos).

19. En cuarto término se inserta un estudio (7. Pensar lo técnico que piensa. Derivas de lo tecnológico en la Posmodernidad: instrumentalidad, autopoiesis, apariencia) consecuente respecto de investigaciones realizadas hasta 2007 acerca del tema genérico de las *lógicas del proyecto*, que en general fueron diversamente publicadas en numerosos artículos y dos libros[36]. Este estudio

---

[36] *El Proyecto Final. Notas sobre las lógicas proyectuales de la arquitectura al final de la Modernidad*, Dos Puntos, Montevideo, 1999 y *Lógicas del Proyecto*, Concentra, Buenos Aires, 2007.

profundiza algunos puntos sobre el *proceso autopoiético* que se asigna al desarrollo tecnológico más reciente procurando relacionar estas cuestiones con la lógica de proyecto signada por la prevalencia de lo técnico-constructivo y su recaída en la utilización técnica de recursos que favorezcan la producción de *simulacros* o efectos virtuales en que lo técnico se encarna en la nueva semántica de la mercancía potenciando justamente no *lo técnico-viejo* de la *estructura* y la *prestación* (atributos de la *permanencia*) sino lo *técnico-nuevo* de la *retórica de la imagen* y el *diseño de la apariencia* (atributos de *eventualidad* y *evanescencia*).

20. En quinta instancia de la segunda parte del presente volumen se ubica un documento (8. Rastros de modernidad otra) aún inédito pero de publicación prevista en 2013 como artículo de revista técnica en el que se hace eje en la peculiaridad de una *Modernidad americana* signada por factores de *anacronismos* y de articulaciones diversas con ciertas clases regionales de desarrollo político-social (como cuestiones vinculables, por ejemplo, al concepto de *populismo*) que sin embargo procuramos no entender como expresiones de réplicas imperfectas o tributarias de una supuesta modernidad central canónica en sus pretensiones universales de cierto iluminismo trasnochado, avalando en cambio el derecho a cierta *otredad moderna* que cabe interpretar en el contexto actual de las pujas "global-local" y en el despliegue de facetas de multiculturalismo.

En este sentido, este ensayo sintetiza lo que la relatividad cultural de las diversas expresiones *geosituadas* de los modos del proyecto (que se proponen en el estudio

5[37]) tributa a una idea diversa de *modernidad otra,* no la central ligada a urbanidad, industria, burguesía y democracias liberales sino las periféricas en que esos aspectos se presentan contradictorios o diversos, quizá orientados a otros caminos posibles de modernidad. Así, por ejemplo, es posible pensar vías de modernización singulares como lo que ocurre en el mundo árabe o en China, la India e incluso en Japón, pues también existen en América circunstancias como la urbanidad débil de megaconcentraciones urbanas insertas en procesos recientes de migración campo-ciudad. De ahí la urgencia en reestructurar y organizar la armadura urbana de territorios casi desérticos en los que se concentra el 80 % del capital natural futuro y la biodiversidad presente del mundo o las formas sociales y políticas de los populismos y sus defectos, pero también sus potencialidades.

Este ensayo remite a tramos de investigación en los que se operó con una selección y registro analítico de *discursos fundadores* –no la retórica patriótica sino la enunciación de propósitos concretos de organizar los territorios y las sociedades– de donde se procuran extraer argumentos para cosmovisiones alternativas así como examinar las condiciones políticas del forjado de una idea de Modernidad.

21. En el sexto orden de los textos insertos en la segunda sección del libro colocamos un escrito (9. Inscripciones. Notas sobre notas: Stylo Eisenman) que es un texto preparado para sustentar una conferencia en el programa de Doctorado de la ETSAB de Barcelona, dictada en el 2010 y que busca *deconstruir a un deconstructor*

---

[37] Ver *ut supra* nota 17.

trabajando con la polisemia de la noción de *inscripción* y con la doble acepción de la palabra griega *stylus* (instrumento escriturario y estilo).

Este es un trabajo bastante canónico en cuanto al formato de ensayos de crítica de arquitectura aunque el argumento central posea cierta originalidad al ubicar en foco preferente la producción proyectual de Eisenman, analizando cómo alcanza o no un nivel de calidad y a la vez, un grado de pertinencia o no en la *relación entre teoría y proyecto*, invirtiendo así la forma habitual de estudiar esa obra, según la cual su pasión teórica y su tensión intelectual convertiría todo acto proyectual en un experimento de pensamiento, con lo cual se ha tendido a justificar las falencias específicas de una práctica.

El argumento central es así: sostener la pertinencia de una práctica proyectual basada en exigencias de coherencia teórica, pero a la vez, evitar la justificación de una acción proyectual ineficaz como tributo necesario a un supuesto estadio de experimentación. En tal sentido, se avala la idea de una *crítica de arquitectura* que *descubra estructuras de pensamiento* por sobre meras destrezas, pero a la vez, se auspicia una crítica capaz de *establecer el valor del proyecto, su rigor conformativo y su eficacia prestacional.*

22. Finalmente en la séptima posición de los textos agrupados en la segunda parte se incluye un texto editado (10. Hybris Americana. Sobre la modernidad ecléctica de Costa y Barragán) que desarrolla hipótesis sobre la precedentemente calificada *modernidad otra* de la cultura arquitectónica moderna americana tratándose de estudiar las peculiaridades del trabajo de dos referentes

significativos de esa *otredad*: el brasileño Lucio Costa y el mexicano Luis Barragán.

Este estudio, junto a los precedentes 5 y 8, dedicados a los *Modos americanos de proyecto, Hibridez, Ilustración, naturaleza* y a *Rastros de modernidad otra*, culmina una presentación articulada que va de lo mayor a lo menor en escala de presentación temática para concentrar esa supuesta especificidad o singularidad del proyecto americano en la *performance* de dos exponentes muy calificados de la historia moderna local para, en su accionar –que pudiera parecer heterodoxo desde una óptica central–, descubrir hipotéticamente los términos de relatividad en la consecución de modernidad y la necesidad de considerar la potencia cultural del proyecto en el contexto complejo de la época y lugar que sitúa el trabajo de cada uno. No, sin embargo, para convalidar estrategias de oportunismo o adaptación, sino al contrario para valorar opciones complejas que puedan implicar actos de renuncia o voluntades éticas.

II PARTE
PRODUCTOS

4. PERSPECTIVAS FUTURAS DE ECOPROYECTOS

Si bien resulta posible investigar el origen del concepto mismo del *proyecto* como dispositivo cultural de acondicionamiento técnico de la naturaleza para promover habitabilidad y derivar de allí, en una revisión de este origen vinculado con nuevas tareas, a pensar en el contexto de la crisis ecosférica de sustentabilidad y su lectura dominantemente expresada en los sistemas urbanos (o mejor: *subsistemas urbanos* dentro de *sistemas territoriales*), el aporte de una teoría de la sustentabilidad a una nueva formulación de la teoría y la práctica proyectual no debería reducirse a la indagación del origen lejano del proyecto ni a la ecologización sin más del mismo ni tampoco por fin, a unos planteos únicamente centrados en nuevos manejos de la sustentabilidad urbano-territorial que controlen normativamente los alcances de los proyectos dentro de los límites de sustentabilidad, por ejemplo, mediante el proceso extraproyectual de las EIA, como si un control externo de algunos excesos pudiera ser suficiente para orientar la esencia de una teoría y práctica del proyecto orientado al diseño de múltiples expresiones y dimensiones de la cultura material y del intercambio social.

Es como si la crisis contemporánea de sustentabilidad –verificada en numerosas catástrofes relacionadas con la pérdida de biodiversidad y el cambio climático– debiera ayudar a replantearse el origen de las acciones proyectuales humanas (acondicionamientos en lo natural para proporcionar habitabilidad y productividad) e iniciar una responsable y profunda crítica a la progresiva artificialización técnica, a estas alturas indudablemente equívoca y malsana.

Conocer el origen del proyecto como acción en la naturaleza no es más que una tarea típica de variados arqueologismos contemporáneos que quizá tenga sentido epistemológico pero ninguna viabilidad técnica en cuanto a repensar genéricamente otra clase de proyecto, tan metidos como estamos ya en una abolición casi completa de la naturaleza como sistema autónomo.

La larga historia del proyecto como dispositivo de acondicionamiento humano se connota del ideario protomoderno de la infinitud de la naturaleza y por tanto se definirá epistémicamente como una clase de acción desprovista de aprehensión cognitiva de los atributos de la naturaleza, a la que afecta o interfiere, ello sin conciencia de daño o regresión sino más bien imbuida de una indefinida pretensión de progreso.

La reversión de una actitud –la artificialización tecnocultural de naturaleza mediante esos procedimientos que llamamos *proyectos*– resulta ya imposible y una suerte de redención del pensamiento proyectual emanada de verdades del ecologismo hoy sería meramente romántica dada la potencia fáustica de un modo productivo que como el capitalismo, está más dirigido a evaluar los datos de su evolución productiva que a ser testigo de la destrucción de la naturaleza que provoca, espectáculo que en todo caso procesa como marginal e inevitable en su propia lógica productiva.

Una ecologización del proyecto que se postule como un intento de renovación conceptual apropiándose de categorías específicas de la ecología –como nicho, ecosistema, sucesión o clímax– ya fue intentada en los trabajos sociológicos de la *Chicago School* de los años veinte y sus múltiples réplicas ulteriores sin que ni entonces ni después se haya avanzado más allá que en una mera renovación terminológica.

A los ecólogos que han querido extender sus redes conceptuales para capturar al *animal urbano* tampoco les fue demasiado bien a pesar de los aportes interesantes de Ramón Margalef[38] o de las conceptualizaciones

---

[38] El caso de Ramón Margalef es significativo en su perspectiva de aportar a la constitución misma de la ciencia ecológica pero también, sin perder de vista esa especificidad, para situarla en el marco de los grandes procesos transformativos técnicos y urbanos. En la *Teoría de los Sistemas Ecológicos*, Editorial de la Universidad de Barcelona, Barcelona, 1993, se ocupa a la vez de sus temas e indirectamente del proceso externo a ellos que los modifica drásticamente: "La destrucción y explotación de la naturaleza se expresa por una continua reinicialización de las sucesiones (...).Nuestra civilización realiza continuamente experimentos a gran escala que podrían ser más utilizados de lo que son para el desarrollo de los fundamentos de una 'ecología de perturbación'. La explotación quita el exceso de producción, con lo que impide su capitalización local y se frena el avance de la sucesión. Hay una oposición fundamental entre explotación y sucesión. Esta relación ha de tenerse presente en todos los proyectos de conservación. El hombre es muy poderoso en el uso de energía externa para mover materiales, especialmente sobre el plano horizontal. El transporte horizontal destruye el mosaico de áreas que podían tener un desarrollo independiente (...). Estamos cambiando a velocidad grande y acelerada todos los ecosistemas de la Tierra, perturbándolos sistemáticamente de una manera que admite una descripción asombrosamente breve: aumentar la tasa de renovación y disminuir la diversidad del resto de la biósfera y acelerar la oxidación de la necrósfera." (p.250). El aporte de Margalef se destaca así por ocuparse de su ciencia y ver cómo esta se tiene que adaptar a cambios, evitando ofrecer su saber como panacea colonizadora y reencauzadora de otros saberes: sería el primero en negar la utilidad de la ecologización de la arquitectura y el diseño.

de ecólogos con intereses urbanísticos como Salvador Rueda Palenzuela o Raúl Montenegro.

La aplicación de categorías ecologistas para revisar proyectos en la clave de las EIA´s y la posibilidad de una suerte de contra-proyecto poniendo en positivo aquello que denuncian u objetan de los proyectos convencionales las EIA´s, suena todavía como una metodología frágil para hacer otra clase de proyectos o directamente ecoproyectos en el sentido formulado en este trabajo.

Por lo tanto, aparecen otras cuestiones que, complementadas a las precedentes, deberían convertirse en temas de necesario desarrollo teórico y práctico-metodológico (o práctico-crítico) para proyectar de aquí en más, en escenarios de probable sustentabilidad agravada.

Señalamos así, varios puntos a tener en cuenta como la posibilidad de confrontar la lógica económica (o de otorgamiento de valor a un episodio de transformación urbana mediado por un acto proyectual) con los criterios de sustentabilidad, por ejemplo, reelaborando el concepto de *renta urbana* e incorporando dimensiones más complejas e integrales de renta, rendimiento y eficiencia, lo que hace necesario construir evaluaciones de sustentabilidad que puedan cotejarse con los análisis económicos convencionales.

Resultará siempre de extremada conveniencia en esta era dominada por una lógica productivista, establecer modos de fundamentar análisis más complejos, completos e integrados de aspectos vinculados al financiamiento de los proyectos, a su amortización en el tiempo y a la internalización de variables hasta ahora entendidas como externalizables en parte por su carácter de virtual inconmensurabilidad a la hora de definir valoraciones.

También emerge la necesidad de establecer criterios de racionalidad a través de los márgenes actuacionales del proyecto, en relación con el concepto de *segunda naturaleza* (o sea: *tecnoestructuras* asimiladas desde la calidad de vida integral del sujeto urbano) que implicará considerar factores que superen lo específicamente *natural*.

Ello supone no solo o no tanto incorporar criterios de valoración tradicionalmente ligados a componentes del sistema natural (desde la calidad del aire, del agua o de la vegetación hasta la integridad y complejidad de los complejos paisajísticos) sino ir más allá tratando de establecer criterios valorativos de aspectos de esa segunda naturaleza que podría ligarse a la idea ampliada de patrimonio o estructuras de interés vinculado a parámetros de valor histórico, cultural, antropológico, psicosocial, etc.

El objetivo de perfeccionar las decisiones proyectuales dentro de un cuadro axiológico amplio e inclusivo de la temática de la sustentabilidad revisando, por ejemplo, aspectos estéticos, funcionales y operativos del proyecto tradicional, supone negar la alternativa de una ecoproyectualidad dada por la comprobación externa al proyecto de algunos modos de medir ecoeficiencia. El problema de una alternativa ecoproyectual debiera implicar la definición de un modo integrado, completo y alternativo al modo convencional de proyectar, no anexarle a este una pátina de cálculos de mejoramiento de *performances* energéticas, por ejemplo.

La perspectiva de indagar críticamente (a través del proyecto como dispositivo a la vez técnico y crítico) sobre las *nuevas relaciones "global-local"*, evaluándolas en términos de conveniencias de sustentabilidad y reformulando el concepto de escenario local, región o geocultura, impone una multiplicidad de enfoques cada uno marcado, en definitiva, por tales componentes locales en los que se establece cierta clase de calidad de sustentabilidad (u oportunidad/viabilidad de sustentabilidad) fuera de criterios globales e imperativos.

François Roche, uno de los exponentes más experimentales de una perspectiva ecoproyectual, dice lo siguiente:

> Juzgar cada operación sobre la validez teórica de ciertas hipótesis no resulta una tarea sencilla rodeados como estamos, por un surtido enorme y siempre creciente de hechos y artefactos. Los signos y las referencias no deben ser prefijados a modo de referencia simbólica, sino que tienen que ser descubiertos en tiempo real, sobre cada lugar concreto.
> La arquitectura no sabe cómo, no puede sustituir la cultura moderna de *forzar el lugar*, no sabe volverse más sensible a aquello que está atropellando; esta cantinela viene sonando desde el comienzo. En fin, un error genético... Los horizontes del mundo de la percepción, de la corporeidad y del lugar han sido demasiado poco a menudo medios para la producción. Durante varios años hemos buscado el instrumento que nos permita explorar el acto mínimo, algo situado entre el suficiente y el no demasiado, que permita que el cambio territorial que produce la arquitectura se empape en las geografías previas, que posibilite que el desarrollo pueda encontrar su propio camino y fundirse con aquello que de otra forma dominaría, que exagere los temas de la mutación y la identidad.
> Hemos perseguido un instrumento que nos permita introducir *estrategias de hibridación y mímesis* en el aquí y ahora de cada situación concreta. Viendo las distintas manipulaciones a que se ve sometida la historia y que afectan tanto a la moral como a la herencia, la geografía y la cartografía (y no el calco, como nos recuerdan Deleuze y Guattari) siempre nos han parecido herramientas más operativas.
> Pero comprobar las *diferencias* entre el lugar existente y su futuro, contraponiendo la imagen del contexto desnudo y la imagen (en fotomontaje) que incluye el proyecto de arquitec-

tura, como la demostración de una economía en proceso, no nos resulta suficiente. No hemos sido capaces de comprender el proceso como un análisis de hipótesis sucesivas.

No hacer nada plantea preguntas y problemas. Realizar operaciones sobre un mapa, a través de estas mutaciones amorfas, es como hacer cosas desde el ángulo negativo, sin las destrezas prefiguradas y aceptadas.

El modelo establecido nos obliga a enfocar nuestras destrezas hacia otros campos (mecanismos sociales, economía política y desafíos territoriales). Este proceso abre áreas de investigación que podrían desenredarnos del dictado de la proyección moderna (soporte y coartada de la arquitectura del siglo XX), que mezcló el programa con la declaración de funciones.

Convertir el objeto arquitectónico en algo ambiguo, y forzarlo más allá de la realidad, supone cuestionar nuestra propia percepción.

Nada me parece más pertinente que una arquitectura que asuma estas ambigüedades. La estructura binaria del pensamiento predominante que trabaja sobre parejas de antítesis tales como la herencia y la modernidad o la servidumbre y la dominación ha implosionado. Las transformaciones del cuerpo y de su sexualidad, para las que se utilizan silicona y colágeno de forma diametralmente opuesta a aquella que representaba el ciber-robot de Metrópolis, son el rastro a seguir. La prótesis contemporánea se construye con el propio tejido de la carne y las transformaciones cutáneas se moldean con piel artificial. No se niega el cuerpo, se exagera y se hipertrofia. La tecnología nos permite, a través de estas mutaciones amorfas, reorientar procesos y escribir guiones que reactiven el concepto de localismo, no para volver a servir platos que ya quedaron fríos o crear modelos para museos, sino para generar un localismo emocionante, construido a partir de contradicciones, respeto y membranas reactivas dentro de una topografía elástica. Identificar aquello que caracteriza el lugar utilizando estas nuevas herramientas equivale a poner en marcha un nuevo método operativo. [39]

---

[39] Estos textos y los comentarios que más abajo se transcriben de algunos de los proyectos de François Roche constan en su página *new directions.com*.

Examinaremos ahora una *agenda de temas* y una *colección de casos*: a medida que avanzamos en el desarrollo de este enfoque y llegando a su final más propositivo y actual, crecen las dudas acerca del *inventario ideal de nociones* en la cual sustentar una articulación entre proyecto y ecoproyecto, entre proyecto connotado por la calidad fáustica de la tecnología y ambición de completamiento físico y funcional del mundo y proyecto entendido como *cirugía de supervivencia*, como maniobras enunciativas de un modo responsable de entender la crisis civilizatoria del fin de la Modernidad y del inicio de las miserias insustentables; por tanto, sin pretender que lo hasta aquí formulado tenga la característica de certezas, lo que ahora sigue, si bien quizá deba incursionar en aspectos más prácticos de la operatividad proyectual, es sin duda mucho más hipotético.

El desarrollo reciente del pensamiento crítico ambientalista ha devenido en proyectos y tecnologías ambientales dentro del campo de las novedades aportadas por el desarrollo del paradigma ambiental en el cual es preponderante otorgar primacía a las categorías pre-proyectuales del sitio o *locus* que va a recibir (o resistir) un proyecto en cuyo caso ese sitio tiene problemas, falencias o disfuncionalidades que la nueva intervención procurará corregir, remediar o mitigar o bien en una modalidad más ligada a la positiva perspectiva de aprovechar recursos y posibilidades. Tal sitio tiene oportunidades o potencialidades que el proyecto usufructuará y que puede ocurrir en algún caso, a costa de generar problemas futuros en tal sitio.

Se han ido desarrollando así modalidades para entender tales plataformas previas pero condicionantes del quehacer proyectual (que siempre es una transformación de esas plataformas) basadas mal o bien en cierto tipo y calidad de relaciones entre el *sistema* impuesto o imperativo del proyecto y esa condición preoperativa del *contexto*, visible como *afuera* del sistema/proyecto. Pero ahora, debiéramos decir, no un afuera inerte o infinito y pasivamente receptivo, sino un macrosistema o complejo abarcante y determinante de la nueva intervención cuyo éxito dependería, en definitiva, de cuánto y qué bien conozcamos y manejemos el contexto receptivo de esa acción sistémico-proyectual.

Normalmente, el tipo genérico de instrumentos entendidos como eco-proyectos y/o eco-tecnologías transformadoras de una condición contextual dada resultan usualmente coyunturales o no estructurales, puntuales y más bien tácticos y pueden encuadrarse dentro del campo de las *terapéuticas* orientadas a mitigar los efectos negativos de las enfermedades ambientales y estas enfermedades o manifestaciones disfuncionales son todas locales y concretas, no abstractas: la óptica situada en un *pragmatismo que articula patologías y terapéuticas* es la posición sustentada entre otros, en el conocido manual de Herbert Girardet.[40]

Proyectos de diferente escala y cualidad, como el desarrollo de una *miniciudad* modelo –Davis, cerca de Sacramento en California, con sus *village homes* y sus técnicas de *permocultivos*–; la comuna de *Lightmoore Village*, cerca de Telford en Inglaterra; el desarrollo de *coviviendas* en Dinamarca y USA (Kolding, Slagelse, Ecoville-Ithaca, etc.); la ciudad de Rottweil en Alemania,

---

[40] H. Girardet, *Ciudades alternativas para una vida urbana sostenible*, Editorial Celeste, Madrid, 1992.

que pudo resolver la demanda energética de sus 20.000 habitantes con procesos integrales de coenergía; los asentamientos populares autoorganizados de Villa El Salvador en Lima, Perú y de Klong Toey, cerca de Bangkok, Tailandia; la *ciudad libre* de Christianía próxima a Copenhaguen, Dinamarca; el montaje de los *sistemas de trueque* LETS en Inglaterra y Canadá; la remodelación que el grupo Stern hizo del llamado bloque 103 en el barrio berlinés de Kreutzberg; la Asociación de la Gente del barrio *Notting Hill Gate* en Londres y sus cooperativas y eventos como el carnaval multiétnico; las eco-infraestructuras del artista David Magnus en Mainz, Alemania; el movimiento de los 100.000 Niños de la Salud en Bombay según el célebre proyecto del médico Victor Bulerao; las huertas urbanas de uso social en Ashram Acres en Birmingham, etc.

También en el libro de Girardet se apunta el caso de los proyectos alternativos de gestión urbana como el sistema Wonerven que impulsa el tránsito lento en las ciudades holandesas o el sistema Gewoba, empresa que impulsa el modelo de cooperativas de transporte que evita el uso privado exclusivo de autos en Bremen y otras ciudades alemanas; las tecnologías de depuración de aguas servidas desarrolladas por la empresa australiana Mentech o el proyecto de Walter Soppler en la *Penn State University* en el que se reciclan los líquidos residuales de una ciudad de 70.000 habitantes en un área boscosa de 200 hectáreas y la política de promoción de reutilización de tierra desafectada a usos industriales que alcanza en el Reino Unido a unas 70.000 hectáreas, equivalente al 5% del total de tierra urbana disponible.

La lista es muy extensa e incluye empresas populares de limpieza urbana en La Paz, Bolivia y Lima, Perú[41]; *biohuertos* en ciudades del altiplano americano; tecnologías alternativas de construcción en Argentina (experiencias del grupo CEVE), uso de la guadua en Colombia, banco de materiales populares en Nicaragua y Perú; la restauración de riberas de ríos urbanos como el Ohio en Dayton o el Suquía en Córdoba o la alta cuenca del Adigio del Friuli en Italia; la promoción del principio llamado *city comforts* en Seattle[42]; el proyecto multipropósito del Emscher Park en la célebre y devastada cuenca del Emscher-Ruhr en Alemania[43]; el modelo de ecosistema industrial de Kalundborg en Dinamarca; la práctica del grupo de diseño industrial alternativo italiano Branco o los desarrollos *ecoalternativos* de productos como Terrasana o Styrofoam, Electrolux o Miller, etc.[44]

El proyecto Emscher Park recién mencionado, se erige nítidamente como una de las iniciativas más ambiciosas referidas a una cuestión claramente emergente de las nuevas condiciones de sustentabilidad territorial. Sería aquella de la *restauración* o *remediación de territorios*, usando términos que refieren en el primer caso a operaciones ligadas a la reactivación patrimonial y en

---

[41] Este y el siguiente ejemplo se describen en el libro de Lucía Miranda Sara, *Ciudades para la vida. Experiencias exitosas y propuestas para la acción*, Editorial Ipadel, Lima, 1996.

[42] Véase el libro de David Sucher, *City comforts. How to build an urbans village*, Editorial City Comforts, Seattle, 1995.

[43] Véase el artículo de Gerhard. Seltmann y Albert Kolkan, "La IBA de Emscher Park", en *Ciudad & Territorio*, N° 100, Madrid, 1994.

[44] Véase el número monográfico dedicado a las relaciones entre diseño y sustentabilidad de la revista *Domus* 789, Milán, 1997 y en especial el artículo de Ezio Manzini, "Progettare la sostenibilitá. Leapfrog: anticipazioni di un futuro possibile."

el segundo, a la recuperación de calidades perdidas de suelos o ecosistemas frágiles (como humedales, pastizales, etc.).

En general, vemos aquí cómo la consideración múltiple de diferentes demandas de proyecto emanadas de un estado de necesidad o carencialidad ambiental o de un déficit de sustentabilidad son por una parte y en cada caso, *circunstancias locales* y específicas en las que la potenciación de las fuerzas y recursos disponibles son esenciales para entender y dar entidad a procesos proyectuales que no pueden funcionar con base en *a priori* cognitivos o técnicos.

Por otra parte, también se advierte una diversificación de lo que entendemos por proyecto, una multiplicación de vías y formatos para realizar ahora en un espectro mucho más amplio, *acciones* que intentarán revertir problemas y aprovechar oportunidades que reivindicamos como pertenecientes a un *campo nuevo y ampliado de la noción de proyecto* pero que tienden a caracterizarse como diversas (quizá sea aquí más preciso usar el término *ecoproyecto*), más *multidisciplinarias* (tal vez con el tiempo emerja un estatus de *transdisciplina*) y más *socialmente participativas* (y por tanto, despojadas de la *propiedad intelectual* tan precisa que se venía manifestando en el concepto tradicional y moderno de proyecto desde el Renacimiento).

Así como un mejor entendimiento de las relaciones sistema-entorno superaría el método *EIA* (que trata de minimizar el impacto negativo de cada sistema en su entorno), ya que deberá buscarse una especie de método *contra-EIA* que formule desde el inicio del proyecto una relación aceptable sistema-entorno, este abordaje más integrativo del entorno en el sistema puede internalizar aquellos aspectos positivos de autorregulación o negativos de entropía, propios de los contextos.

Sobre la base de estas características el arquitecto malayo Ken Yeang[45] plantea una serie de puntos a tomar en cuenta en el intento de elaborar una *teoría ecológica del proyecto*, a saber:

1. Aplicar el concepto ecológico al entendimiento del ambiente, no para que el sistema-proyecto reduzca su *impacto ambiental* (IA) sino para internalizar los datos del ambiente y su dinámica al proceso mismo de ideación del trabajo proyectual.

2. Plantear desde el proyecto un concepto de *conservación* de energía, materiales y cualidades ecosistémicas.

3. Intentar rastrear hasta consecuencias contextuales complejas los aspectos inherentes a las *relaciones sistema-ambiente*, aceptando la *complejidad holística* de tales relaciones.

4. Profundizar el análisis del emplazamiento o *contexto* ya que, como en los ecosistemas dominantemente naturales, no hay ambientes o emplazamientos idénticos, por lo cual deben investigarse las cualidades específicas y eventualmente, usar comparativamente esos análisis para escoger el emplazamiento más adecuado.

5. Acoger la noción de *ciclo de vida* como concepto de proyecto.

6. Entender que toda construcción comporta una *transformación espacial* del ecosistema ambiente y unas adiciones de energía y materiales nuevos al lugar de emplazamiento.

---

[45] Ken Yeang, *Proyectar con la naturaleza. Bases ecológicas para el proyecto arquitectónico*, Editorial G. Gili, Barcelona, 1999.

7. Debe procederse a analizar la relación sistema-ambiente desde un punto de vista holístico e *integrado*, no como sumatoria de efectos o impactos.

8. Internalizar al concepto básico del proyecto el modo racional de minimizar y/o eliminar los *productos de desechos*.

9. Montar estrategias de proyecto basadas en la *sensibilidad* y en la *previsión*.

Yeang también propone confrontar un mismo objeto –la obra de arquitectura, urbanismo o diseño– según las lógicas tanto del proyectista como de la óptica del ecologista: en este segundo caso importará definir la clase de impacto que la obra funcionando engendra respecto de su ambiente y en ese sentido, tal impacto depende de las intensidades de usos definidas y aceptadas o toleradas por los usuarios de cada edificio, fragmento urbano u objeto.

También es evidente que dicho impacto es, por una parte, históricamente variable (ha cambiado a lo largo del tiempo, generalmente ha aumentado) y, por otra parte, culturalmente diferencial (en el sentido de las diferencias propias del relativismo cultural de la diversidad local).

Yeang introduce una tabla que permite calcular la demanda *per cápita* que los usuarios de un edificio formulan en relación con una serie de ofertas de recursos:

1. Aire: 2.86×10 gramos oxígeno/día.

2. Agua: entre 143 y 273 litros/día; el hombre primitivo consumía 2.5 litros/día y en una cápsula espacial se calcula 2.83 litros/día. Véanse en este caso las notables diferencias históricas y tecnológicas de 1:100 que el hombre primitivo o el hombre posmoderno establecen respecto del uso convencional generalizado.

3. Alojamiento: en UK se calculan 20 metros/persona, equivalentes a 22x10 kwkt de materiales de construcción.

4. Alimentos: 10x10 kcalorías/día; el hombre primitivo consumía una quinta parte de ese promedio.

5. Energía y combustibles: 2.74 kw de uso continuo; 413 litros/persona/año de petróleo; 161 m3 de gas natural/persona/año; 825 kg de minerales fósiles/año.

6. Metales: 63 kilos/persona de producción anual.

7. Minerales no metálicos: 960 kilos/persona de producción anual.

8. Materias orgánicas no alimenticias: 154 kilos/persona de producción anual.

9. Productos residuales sólidos, líquidos y gaseosos: 32 kilos/persona de producción anual de residuos sólidos; 4.3 kilos/persona/día de residuos gaseosos y líquidos calculados para una cápsula espacial.

En rigor, estas demandas de naturaleza meramente vinculadas a un sujeto estándar inserto en dispositivos convencionales del hábitat contemporáneo constituyen un campo de reflexión y ajuste –a realizarse a través del proyecto de tales dispositivos del hábitat– de la racionalidad de esas demandas.

El enfoque general de Yeang procura por una parte trascender los modelos sesentistas de los *biodiseños* y por otra maximizar el discurso de la crisis de la sustentabilidad para aumentar la responsabilidad individual de cada proyectista buscando, en sus procesos proyectuales, economías en el consumo de recursos y en el impacto ambiental, más bien como un mecanismo interno y propio del trabajo de desarrollo del proyecto. Ello conlleva a tratar de concebir en general arquitecturas y diseños lo más leves e intrascendentes posibles dentro de configuraciones ambientales de notable y evolutiva fragilidad (la fragilidad es la situación de escasa o nula sustentabilidad).

Un punto adicional del enfoque yeangiano es el de superar la supuesta ruralidad o *antiurbanidad* que parecía teñir la voluntad ambientalista en lo proyectual, sosteniendo en cambio, la necesidad de aplicar formas ecoproyectuales más bien en los emplazamientos urbanos, que son los más críticos en materia de calidad de sustentabilidad.

Se anula así la pretensión de salvación anti o posurbana, diluyendo las ciudades en territorios, anteponiéndose la necesidad de otra clase de proyectos urbanos.

Un segundo libro de Yeang[46] avanza en sus indagaciones sobre la posibilidad del concepto alternativo de ecoproyecto y lo acerca al desarrollo de una plataforma teórica para sus propias incursiones proyectuales profesionales, específicamente edificios en altura, como en el *Exhibition Tower*, Singapur o en el inaugural de su serie de eco-torres, el *Menara Mesiniaga* –que quiere decir *business-machine*– en Selangor, Malasia, 1992 (4.1).

---

[46] Ken Yeang, *El rascacielo ecológico*, Editorial G. Gili, Barcelona, 2001. La versión original se titula *The Green Skyscraper. The Basis for Designing Sustainable Intensive Buildings* y fue editada por la Editorial Prestel, simultáneamente en Múnich, Londres y Nueva York en 1999. Hubo una versión previa, *The Skyscraper Bioclimatically Considered: A Design Primer*, editado por Academy Editions, Londres, 1996.

Ilustración 4.1

Estos estudios para estructuras arquitectónicas más complejas y propias de la centralidad urbana y/o de las condiciones metropolitanas, tienen que ver con la superación del mito antiurbano de un posible ecoproyecto, ya que las condiciones actuales de la crisis de sustentabilidad no se palian solamente *ecoproyectando fuera de las ciudades*, sino cambiando radicalmente el modo de proyectar fragmentos complejos, incluso proyectos urbanos, dentro de las ciudades y sus crisis específicas de sustentabilidad.

Lo mismo se puede plantear respecto del diseño o de la complejidad de sus objetos y prestaciones: no necesariamente debe relacionarse la meta de sustentabilidad con una mayor simplicidad funcional-prestacional del dispositivo en cuestión. Por tanto, deben hacerse esfuerzos para pensar ecoproyectualmente objetos y prestaciones complejos o relacionados con la complejidad técnica contemporánea.

Factores tales como la remediación territorial o el redesarrollo de áreas urbanas en desuso deben entenderse también como manifestaciones ecoproyectuales urbanas, es decir, metodologías de revisión del proyecto tradicional para mejorar la sustentabilidad intraurbana, incluso considerando insumos que la ciudad pueda proveer (como suelos, infraestructuras o edificios en desuso) como materias primas del proceso ecoproyectual. En el campo del diseño de productos, ellos se vinculan con la posibilidad de aprovechar en términos de *recycling*, materiales y productos existentes, degradados o en desuso, etc.

Las propuestas de Yeang, en términos metodológicos, se centran en definir una estructura de proyecto que optimice el análisis de las *interacciones sistema/entorno*, a través de cuatro funciones principales:

Interdependencias ecológicas externas al sistema-proyecto: lo que implica un análisis sistemático de los ámbitos de emplazamiento de un nuevo proyecto o la descripción funcional y dinámica del área preoperacional del proyecto.

Interdependencias ecológicas internas al sistema-proyecto: que supone analizar la funcionalidad ambiental del proyecto, los ciclos de vida y las operaciones de mantenimiento, la verificación de uso de modelos lineales o cíclicos en el uso de los materiales, los circuitos de intercambio de energía y materia, el impacto espacial resultante del uso de los edificios y la perspectiva ideal de desarrollar un modelo cíclico de uso.

Interdependencias ecológicas del exterior al interior del sistema-proyecto: que supone revisar el modelo de transacciones que formula el proyecto y sus dispositivos de filtraje, mediación, *buffer*, etc. Esto abarca el análisis de la economía de las transacciones y la búsqueda de formas de retención, almacenamiento, *reusos*, etc.

Interdependencias ecológicas del interior al exterior del sistema-proyecto: que plantea básicamente el análisis de las emisiones engendradas por el proyecto, los residuos generados, la gestión de los trasvases interior/exterior y la formas de optimización de reducción de impacto de estas externalizaciones, incluso maximizándose la retención, reciclaje y reducción de emisiones.

Los principios generales del *Wuppertal Institut*[47] ponen de manifiesto el ideal contemporáneo de pensar

---

[47] Los trabajos y documentos del *Wuppertal Institut* para el clima, ambiente y energía sustentables pueden hallarse en su página *wupperins.org*.

prestaciones de cualquier clase basadas en un desiderátum de *materialidad cero*, de reducción *in extremis* de cualquier demanda de materialidad, lo cual es, desde luego imposible, pero despliega un horizonte de investigación en ese entorno que se vincula con múltiples dimensiones del diseño nanotecnológico actual: desde la miniaturización completa de diversas funciones prestacionales (un equipo de música o video, un aparato computacional o cualquier instrumento de medición, vehículos o cualquier clase de herramientas y dispositivos) típica en el *design* japonés de los últimos 30 años hasta los cambios operacionales de artefactos que pasan de lo mecánico a lo eléctrico y de lo eléctrico a lo electrónico a lo largo del desarrollo de enseres, *gadgets* y artefactos durante todo el siglo XX; desde el concepto de *life cycle* en cualquier objeto de manufactura industrial (que obliga a un extremo ideal de residuo cero en tales objetos y a una obligación del productor industrial que incluye la responsabilidad del *industrial de-productor* o desmantelador de los objetos que ha producido) hasta la búsqueda de alternativas para redefinir los sistemas de *packaging* o las estrategias para reducir el volumen de residuos de la vida contemporánea (desde los métodos CSB –*compact-shredding-baling*– a las diversas opciones de la recolección diferencial y el reciclaje).

En todo este panorama hay sin duda referencias para repensar un modo ecoproyectual de trabajo en los objetos urbanos y arquitecturales y del diseño en general, debido a que todas esas escalas proyectuales son tributarias de insumos diversos de materia y energía.

Las restricciones de disponibilidad de materia y energía –miradas desde una perspectiva integrada y no caso por caso– están incidiendo fuertemente en cambiar los paradigmas de proyecto, ya sea sesgando el mismo hacia sectores sociales que puedan acceder a productos más caros o dispendiosos, ya sea pensando productos alternativos capaces de sostener incidencias masivas en el consumo.

Salvo en la mirada genérica de la arquitectura acerca de la ciudad en el territorio (como *cosa* o sistema, como *interfase*, en cuyo caso prevaleció la consideración de la *periferia* de la ciudad que bordea lo rural) o en elaboraciones específicas del *paisajismo* abocado a *culturalizar lo rústico* (por ejemplo, en los principios artísticos y políticos de Addison y Pope) o a *naturalizar lo artificial* (por ejemplo, en el desarrollo de los conceptos del *parque urbano*, como destaca en las propuestas de Alphand o Olmsted), la arquitectura se ha ocupado más directamente de la ciudad, que como sabemos es una de las más complejas mediaciones históricas del concepto de ambiente, en tanto un *ambiente urbano* es, ante todo, un vastísimo y complejo sistema de artificialización de un soporte natural, en cuya definición y construcción la arquitectura ocupó un lugar central.

Sin embargo, la cultura material de cada época en sus magnitudes de manipulación de materia y energía –con tendencia a cierta inflación cósica como expresión directa del progreso capitalista, un modo histórico de producción basado en la maximización de producción de mercancías– queda definida, sobre todo en la dimensión de la vida urbana, más por el herramental de objetos propios de la vida social que los contenedores o envolventes definidos por la arquitectura.

En el libro divulgativo de Bill Bryson[48] sobre la historia de las casas, se hace eje precisamente, más que en

---

[48] Bill Bryson, *En Casa: una breve historia de la vida privada*, RBA Libros, Barcelona, 2011. Esta no tan breve (672 páginas) historia, bajo la excusa de los diversos recintos de una casa –el salón, el

la historia del artefacto casa o de los edificios en general, en la historia de las cosas que contienen las casas, cosas variables a lo largo de la historia y que remiten a la distinción que se hiciera entre sistemas de no-humanos[49] interactuando con los humanos y los ambientes o pieles que envuelven a esos sistemas.

Así como hay un *adentro* de la arquitectura –los sistemas a que referimos, cuya revisión acorde a las novedades ecoproyectuales son notorias– hay un *afuera* de la arquitectura, que va desde tales envolventes a la dimensión proyectual territorial propia de la *landscape architecture* del paisajismo, en tanto teoría y práctica de actuaciones de modelación de estructuras dominantemente naturales.

El paisajismo, a caballo de su origen político-cultural y con su curioso bagaje que articula saberes científicos junto a modelos estéticos del paisaje o la forma aparente de nuestro hábitat, parece estar modestamente equipado para desarrollar un discurso de renovación urbana mucho más responsable y popular que las antagónicas

---

baño o la cocina– se ocupa de describir la evolución de las funciones relacionales inherentes a la vida doméstica ocurrida en esos interiores a lo largo de la historia específicamente moderna (desde el siglo XVII) y los objetos que las instrumentaron, desde los muebles a los alimentos, la vestimenta a las herramientas o enseres cotidianos, ayudando a definir una fenomenología microsocial, con sus características peculiares para cada cultura, que resulta esencial para pensar la objetología que va consumando la evolución de la modernidad, dando cuenta de cómo la necesidad va requiriendo el aporte experimental del diseño que la satisfaga.

[49] Véase el libro de Bruno Latour, *Nunca fuimos modernos*, Debate, Madrid, 1996.

prácticas de los planes de megaproyectos o la mera magnificación técnica de las infraestructuras.

Desde estas hipótesis, el entusiasmo histórico de la arquitectura en participar de la artificialización propia de la antropización urbana, se enaltece en cuanto al propósito genérico de situar dicho esfuerzo en una esfera de *construcción de cultura*, pero se ensombrece cuando a la luz de los estragos ambientales del mundo contemporáneo, los principios de esta disciplina rara vez se dirigieron a indagar en las condiciones de soporte natural de tal aparato tecnológico.

Solo muy recientemente aparece una relativa cultura arquitectónica del *ahorro energético*, pero en todo caso sus proposiciones son bastante marginales al debate sustancial de la sustentabilidad.

Hace ya más de dos décadas, cuando apareció editado en inglés el libro *Topophilia*, de Yi Fu Tuan[50], pudo percibirse la posibilidad de una reconstrucción histórica de las formas *habitativas* urbanas en torno de un concepto afectivo, de *amor* (*filia*) al *lugar* o *sitio* (*topos*). Dicha interacción socioemocional, por así llamarla, está probablemente en la base de la voluntad cultural de enaltecer, transformar o enriquecer un sitio natural

---

[50] Yi-Fu Tuan, *Topophilia. A study of the environmental perception, attitudes and values*, Editorial Prentice-Hall, New Jersey, 1974. Sigue siendo, a pesar del tiempo transcurrido desde su edición, un significativo compendio sobre los aspectos de la percepción como vehículo de la relación de empatía entre sujeto y territorio. Luego de una recapitulación general de conceptos ligados al etnocentrismo de los *mundos personales*, se abordan ciertas microvisiones topofílicas en Grecia y China, para pasar a considerar la ciudad moderna –desde el Medioevo hasta Los Ángeles– y lo que define como una relación entre disposiciones físicas (*physical settings*) y estilos de vida urbana.

a través de alguna clase de intervención o instalación proyectual o proyectada.

Más que valorar el grado de *violencia* del acto cultural proyectual –que en definitiva ha sido determinante en la conformación axiológica de las preceptivas estéticas y por ello de las nociones patrimoniales clásicas– la noción de topofilia tiende a exaltar la sensibilidad o prudencia del proceso de antropización en cuanto este respete y ame la cualidad del *locus* originario.

El discurso topofílico, hay que decirlo, también está en la base del pensamiento heideggeriano tanto en cuanto a su vertiente positiva de formulación del *pensar* como una condición o derivación del *morar* –o instalarse con respeto y sabiduría en el territorio– como a su vertiente negativa o crítica referida al cuestionamiento de la inhospitalidad de la ciudad moderna.

Diríamos así que en estas posibles consideraciones tópico-afectivas respecto de lo patrimonial se inscribe la posibilidad de trascender de una noción objetualista y privatista de patrimonio cultural de repertorio a una noción territorialista y social de patrimonio ambiental de paisaje, trascendencia que es válida, creemos, en cualquier contexto histórico-cultural, pero particularmente pertinente en el caso del patrimonio americano y sus peculiaridades.

Los argumentos optimistas acerca de una autocorrección del modo productivo vigente tendiente a obtener mejoras de sustentabilidad intrínsecas a tal desarrollo se formularon en los argumentos del célebre documento *Factor 4* que Ernst von Weizsäcker (fundador del *Wuppertal Institut*) y Amory y Hunter Lovins[51]

---

[51] Ernst von Weizsäcker, Amory Lovins y Hunter Lovins, *Factor 4: duplicar el bienestar con la mitad de los recursos naturales*,

suscribieron en 1995, con acuerdo del Club de Roma y avalando la optimista postura de la posibilidad de una duplicación de la riqueza existente usándose la mitad de los recursos naturales así como una confianza en el autocontrol del empresariado industrial según los ejemplos del grupo Peugeot-Citroen que decidió plantar 10 millones de árboles en la Amazonia o el inédito mercado de cambio de CO_2, canjeando pago de *ecotasas* por planes de forestación, implantado en la Bolsa de Sydney desde el 2000.

Debe aludirse también al específico peso contaminante del sector de la construcción –casi un tercio de la emisión de gases causantes del efecto invernadero, más que los transportes o la industria en general– y a su relevancia en el consumo directo de recursos naturales.

En cuanto a diseñadores que un texto relevante de Dominique Gauzin[52] considera pioneros en aportaciones a un modo proyectual alternativo figuran líderes del diseño *low-tech* –como Joachim Eble, el taller danés Vandkunsten, Lucien Kroll, Peter Hübner, Sverre Fehn y Françoise Helene Jourda-Gilles Perraudin– es decir, un *low-tech* internacionalizado y compatible con un diseño racional, además de aludirse al antiguo discípulo de Wright, Paolo Soleri y su emprendimiento de *Arcosanti*, o neo-organicistas *humanistas* como el alemán Behnisch, quién se ubica en una situación de equivalencia entre

---

Editorial Galaxia Gutemberg, Barcelona, 1997. Una secuela de ese escrito es el que también lideró von Weizsacker junto a un grupo de científicos australianos, *Factor 5: Transforming the Global Economy trough 80% Increase in Resource Productivity*, Routledge, Londres, 2011.

[52] Dominique Gauzin-Müller, *Arquitectura Ecológica. 29 Ejemplos Europeos*, Editorial G. Gili, Barcelona, 2002.

Soleri y Norman Foster. Precisamente Foster –junto a Renzo Piano, Richard Rogers, Jourdá-Perraudin y Thomas Herzog– lidera la asociación *Read*, fundada en 1993 para el uso de energías renovables en la construcción y que se orienta a la proposición de una recalificación de la producción de la arquitectura y de la minimización de los mantenimientos.

Uno de los orígenes filosóficos y críticos de la posmodernidad parece haberse centrado en la elaboración de *una protesta de lo particular contra lo universal*, concepto que en cualquier caso, debiera recuperarse si se quiere afrontar la dialéctica subyacente e irreductible entre *universalismo* por un lado y *territorialismo* o *regionalismo* por el otro.

Sin embargo, propondrá el filósofo Albrecht Wellmer:

> La defensa de lo particular no es posible si se adopta la forma de una pura conservación, sino que se trata de entender el doble universalismo de la modernidad: el tecnológico y el del entronizamiento de la democracia (como derechos humanos plenos y a la autodeterminación): al unilateral universalismo tecnológico solo se le puede confrontar el universalismo democrático (...) para poder ser regionales. [53]

Si los territorios pertenecen a los pueblos (y los pueblos a sus territorios) solo la democracia admite esa realidad, frente a la expansión del universalismo tecnológico (como expresión de la homogeneidad de la globalización económica y cultural, de la producción y el consumo).

De allí, propondrá Wellmer:

---

[53] Albretch Wellmer, *Finales de partida. La modernidad irreconciliable*, Editorial Cátedra, Madrid, 1996.

> Los arquitectos solo pueden convertirse hoy en genuinos abogados de la integridad de un territorio, de una forma particular de vida, de una determinada reserva de recursos naturales y culturales si se convierten a la vez, en defensores de valores universalistas, en modernistas no atados a ningún compromiso –en el sentido de Lyotard quién ha dicho que nada en el arte moderno es moderno si no empieza siendo posmoderno– y en liberales radicales... ya que no solo sueñan los hombres; también sueñan las ciudades y los paisajes, e incluso los materiales, y quizá sea tarea de los arquitectos descifrar esos sueños y traducirlos en articulación del espacio... atreviéndose a intervenir en lugar de limitarse a conservar, a proseguir el proyecto de la modernidad en lugar de un retroceso a meros gestos de defensa, de conservación, de regresión. Decir algo importante significa decir algo nuevo...aunque una genuina conservación de tradiciones solo es posible por la vía de cambiarlas productivamente. Y esto significa a la vez, que no podemos elegir entre progreso y conservación. La única elección que nos cabe es la elección entre distintas direcciones del progreso.[54]

En el campo de una llamada *arquitectura ecológica* el antes citado trabajo antológico de Gauzin-Müller quiere ser presentado como vademécum de aportes contemporáneos y que evade los desvíos más *folk* de posibles vertientes regionales de conductas proyectuales sesgadas por intereses dominantemente ambientalistas presentándose en cambio, una selección de referencias proyectuales más propias de lo que su autora refiere como *eco-tech*, es decir, una arquitectura que centrando su planteo en argumentos de racionalidad ecológica no se escapa de una adscripción estética a lenguajes que llamaríamos *neo-modernos* en tanto propios de poéticas asimilables al *racionalismo moderno*.

---

[54] *Ibid.*

El texto de Gauzin-Müller establece en su primera parte –titulada "La Alternativa Ecológica: Retos, Prácticas y Perspectivas"– un resumen de las ideas recientes acuñadas en torno del desarrollo sostenible, su contexto político y económico, sus relaciones con tendencias de la arquitectura ecológica recientes (*low-tech, high-tech, humanismo ecológico, minimalismo ecológico,* etc.), ejemplos europeos (más bien de orden político-local y normativo, como los procedimientos alemán *Vorallberg,* inglés *Breeam,* holandés *DCBA,* francés *ACM* o suizo *Minergie*), alternativas ecoproyectuales ligadas al uso de madera, referencias a las normativas europeas ligadas al consumo racional de energía y algunos proyectos experimentales europeos (sean de la UE, o alusiones a los programas bávaro y francés).

Este conjunto plantea de manera general posibles términos para entender la arquitectura –tanto sus prácticas proyectuales y técnicas cuanto sus marcos reguladores– dentro del criterio general de intentar pensarse a sí mismo como una mínima interrupción de flujos naturales de la circulación de la energía, aun dentro de la tan complejamente devastada y desinvestida naturaleza.

Entre las actuaciones institucionales destacables de la última década se señalan la *Vorarlberger Baukünstler* –una organización austríaca de diseñadores inspirada en Heinrich Tessenow y propiciadora de operaciones proyectuales como las viviendas en Dornbirn, que dentro del movimiento y de la llamada estrategia experimental Ölzbündt, desarrolló Herbert Kaufman indagando sobre el límite de prestaciones de la madera como ecomaterial así como el aprovechamiento de secciones pequeñas y habilidades artesanales regionales, también explotadas por arquitectos como Peter Zümthor, que proyectó el

Museo de Bregenz, una de las ciudades de la región Vorarlberg- o los mecanismos de autoevaluación de calidad proyectual sustentable tales como la *Breeam* británica -*Building Research Establishment Environmental Assessment Method*- o la tabla holandesa *DCBA*, medios ambos para evaluar la calidad relativa de edificios, avalando su certificación o favoreciendo financiamientos especiales, que cumplen cometidos semejantes a otras normas recientes, como el *Beat2000* (un instrumento danés de medición de calidad edilicia y de prestaciones), el *LCA-Tool* (una herramienta de *análisis de ciclo de vida* de edificios usado en Finlandia) y el ya comentado sistema francés *ACM*, con sus 14 objetivos básicos de eficiencia prestacional edilicia.

En el caso suizo, algunos cantones adhieren al concepto *Minergie*, que es un acuerdo voluntario de reducción al 35% del uso convencional de energía en las obras adheridas, las que por ello obtienen una reducción del interés de financiamiento bancario.

En cuanto a los proyectos e iniciativas urbanas destacables por su enfoque ambientalista, además de los casos ya referidos, en la citada antología de Gauzin, se analizan entre otros ejemplos, la experiencia de Mäder, un pequeño municipio urbano de algo más de 3.000 habitantes, en el Vorarlberg austríaco, donde se aplican desde hace más de una década, sistemas de control del ciclo del agua y de protección del paisaje; se han plantado 80.000 árboles en cultivos programados que generan el material básico de construcción y combustible y distintos sistemas de arquitecturas públicas de experimentación de sustentabilidad, en el que destacan las obras del grupo Baumschläger-Eberle.

Stuttgart es otro caso de política urbana ambientalista, una ciudad más grande y compleja, de casi 600.000 habitantes y gran desarrollo industrial en que se realizó durante 10 años una recuperación integral de paisajes dañados –la llamada *U Verde* de 8 kilómetros y 200 hectáreas, dentro del proceso *IGA 93*– y acciones en barrios como el Burgholzof (recuperación de viejas instalaciones militares) o el Feuerbach, con obras paradigmáticas como las viviendas realizadas por Thomas Herzog o el conjunto escolar de Peter Hübner, hecho por autoconstrucción por la comunidad educativa.

Además en Stuttgart se practica un régimen especial de ahorro energético en los edificios públicos y un mecanismo llamado *Stuttgarter Mödell*, consistente en un fondo público organizado por el aporte público resultante del ahorro en energía y destinado a financiar nuevas operaciones de nuevo ahorro energético.

Este caso y otros ya mencionados, tanto como laboratorios urbanos o ámbitos de experimentación de proyectistas e investigadores, ejemplifican la dimensión cognitiva de la actividad proyectual que pretende establecer marcos futuros de prácticas ecoproyectuales.

Como cierre de este estudio, manteniendo su espíritu de intentar efectuar referencias casuísticas que manifiesten vías alternativas de acción proyectual orientadas por intereses y motivaciones ambientalistas incluimos a continuación comentarios de un nuevo conjunto de proyectos o referencias.

Sobre fin del siglo XIX, sobreviene una fuerte pulsión de imaginar el futuro –un siglo vista en general– en parte como algo asociado a la seducción e irresistible confianza que depara el desarrollo tecnológico pero también, como primera reflexión referente a la finitud del mundo y a la necesidad de comenzar a imaginar, entonces con mucho tiempo por delante, la necesidad de colonizar, si cabe, los mundos más inexplorados y así tal pulsión entrega una preliminar imagen *avant la page*, del muy ulterior tema de la sustentabilidad y de pensar proyectos alternativos a tal posible o previsible nueva situación.

Y en ese imaginario, destacan algunos productos ligados a impactos populares como su recurrente aparición en medio de la publicidad de productos. Marcas de cigarrillos o de chocolates –como la marca alemana Hildebrandt– proponen discursos entonces optimistas sobre estos asuntos proponiendo artificios para caminar sobre el agua, volar individual o colectivamente pero de una forma curiosamente multiplicada o efectuar recorridos submarinos en artefactos *ad-hoc*. Hay aquí pues, una doble arqueología en albores de la modernidad, que anticipa la necesidad de conquistar otras naturalezas y a la vez, con ingente confianza en los desarrollos que proveerá la tecnología.

Esa circunstancia, que podemos asociar al mundo victoriano, tendrá una réplica y una apuesta mayor, también vinculada al imaginario popular –asociado en este caso a lo que significa el título de la revista norteamericana *Popular Mechanics*– en la USA de entreguerras ulterior a la segunda posguerra, con una vocación de pensar íntegramente, parafraseando a Aldous Huxley, un *new brave world* enteramente satisfecho por una hipertecnología y esa ingenuidad tenderá a asociar democracia con desarrollo industrial y acceso indiscriminado a productos y consumos de tal desarrollo.

El divulgador periodístico e *industrial designer* Arthur Radebaugh publica en los años cincuenta y sesenta, una página periódica editada en el *Chicago Tribune* pero que se replicará en muchos periódicos –*Closer than we think* (*Más cerca de lo que pensamos*)– en la que se presenta, en base siempre a indicios innovadores de la investigación tecnológica de la época, un mundo asombroso donde la vida queda resignificada y a la vez garantizada en una generalizada multiplicación de innovaciones como un sistema supuestamente propuesto por Samuel Harder, un ex gerente de Ford, que se presenta bajo el título *Quick change car color*, y que muestra una estación de servicio donde por un dólar cincuenta, una máquina de electricidad estática programa y actúa sobre la superficie tratada de un automóvil y permite cambiar instantáneamente de color, incluso como se muestra en la viñeta del artículo, para que el color del auto combine con el vestido de la señora.

Quizá acorde a un espíritu de utopía pero ahora más ligado a identificar alternativas para una mejor asignación social de formas de producción primaria, el proyecto Yvyraporama desarrollado para y con grupos campesinos del norte del Chaco paraguayo, en una zona en que el desarrollo de latifundios sojeros ha devenido en una virtual afectación de los derechos de los poseedores tradicionales del campesinado y también de las colonias indígenas, se propone investigar alternativas de ocupación rural intensivas que compitan con las tendencias marginales a migraciones urbanas de baja calidad mediante el desarrollo de formas de asentamientos más sustentables en la triple valoración económico-productiva, comunitaria y ambiental.

Con alguna semejanza conceptual, el grupo liderado por Anthony Berger desarrolló desde el MIT un proyecto para restaurar las famosas intervenciones agropontinas mussolinianas que, en su condición de humedales desecados, habían sufrido grandes regresiones ambientales y ahora sería posible restaurar esos territorios para ocupaciones menos agresivas y con control de sus fluctuaciones.

Las intervenciones de acupuntura urbana desarrolladas en *Favela Bairro* suponen también activaciones urbanas basadas en la recalificación del potencial de una instalación popular en terrenos marginales mediante pequeñas dosis de intervenciones básicamente concentradas en núcleos de equipamientos prestadores de servicios básicos a los pobladores y buscando mejorar la integración urbana de estas zonas marginales. Las actuaciones ulteriores al proyecto originario creado por el urbanista Sergio Magalhaes, en que también participó Jorge Jáuregui, que este conduce ahora en el emplazamiento de *Morro Alemao*, 2009 o en Rocinha, 2010, acentúan y desarrollan ese criterio buscando ampliar el carácter de la pequeña dosis *interventiva* a procesos más comprehensivos de recalificación ambiental y consolidación de estos asentamientos precarios y marginales.

Los trabajos de proyectar y estabilizar desde un punto de vista de racionalidad sustentable, los bordes de ciudad destacan en cualidades que pueden montar proyectos multipropósito para cumplir tal función de *cierre-buffer*, ejemplificables en los casos del *Pasillo Verde*, Madrid, 2002-12 (4.2) o en las intervenciones crítico-teóricas del grupo Urbarbolismo, por ejemplo en Benidorm, 2006, en este caso trabajando una cuenca perimetral de ciudad.

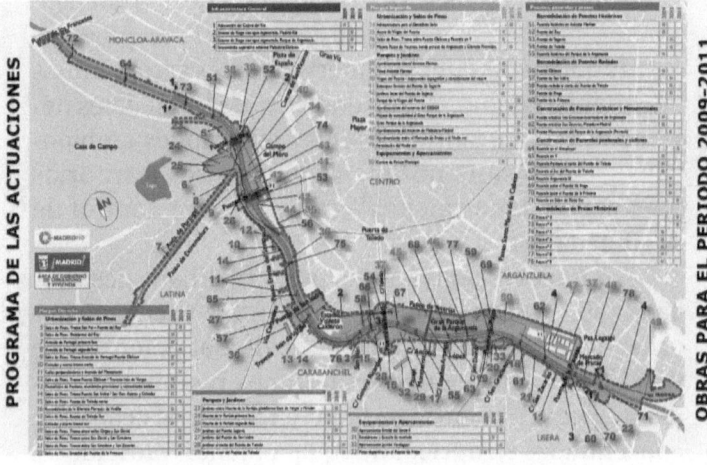

Ilustración 4.2

Los casos de las viviendas eco-cooperativas asistidas *gubernamentalmente* o también, el *CoHousing* desarrollado en USA, representan modalidades de organización de cooperativas de vivienda interesadas en un modelo de proyecto y gestión de índole sustentable, modalidad ciertamente corpuscular y de pequeña escala y existe un alto número de iniciativas propias de gobiernos o de ONG's orientadas al desarrollo experimental de alternativas *habitativas* de carácter demostrativo y habitualmente de escalas pequeñas.

La llamada *Ecolonia* en Alphen aan den Rijn, un sitio holandés equidistante entre Ámsterdam y Rotterdam, fue un proyecto encargado por la NEPP –la oficina central de planeamiento ambiental de Holanda– en 1990. Luego de una convocatoria a muchos arquitectos se decidió llevar adelante un proyecto presentado por el *atelier* de Lucien Kroll quién realizó 101 viviendas sujetas a un modelo completo de experimentación de arquitecturas no convencionales en su construcción y sus formatos de uso de energía.

También se presto mucha atención al modo en que las viviendas se disponían en el territorio –un área de alta calidad natural con características de humedal pulsátil con aguas y vegetación *ad-hoc*– donde se puso en marcha una metodología llamada *flow management*, que planteaba una modelación integrada y cíclica de todo el funcionamiento ecosistémico de la nueva conjunción de sitio y viviendas incorporadas.

El llamado proyecto *Muir CoHousing* en Davis, de Thomas Unger, es una muestra[55] de los más de 400 proyectos de *coHousing* (hábitat cooperativo llevado adelante por pequeños consorcios de propietarios que se someten a cumplir ciertos protocolos estables de manejo ambientalmente adecuado al menos en lo referente a manejo de residuos, usos de energía y cuidado de la naturaleza preexistente) promovidos por la asociación *The CoHousing Company* que presta ayuda conceptual, socioorganizacional, económica, legal y técnica a grupos interesados, aportando una metodología general de desarrollo de los emprendimientos, marcos legales y organizativos para los mismos y en los casos requeridos, equipos técnicos de proyectistas surgidos de un registro especial que fueron desarrollando incorporando diseñadores con formación e intereses ambientalistas.

Los grupos CH adquieren diferentes especializaciones y en tal forma algunos son para profesores universitarios,

---

[55] En la página *nomadsunited.com* se ofrece una nómina de las direcciones web de unas 500 conformaciones recientes de comunidades de intereses ambientalistas incluidas una gran parte de las experiencias *coHousing*.

otros son para personas de tercera edad con o sin necesidad de tutelas médicas, algunos son comunidades de artistas y artesanos, otros son emprendimientos de ayuda terapéutica y recuperación de adicciones, otros funcionan como soporte de *resorts* turísticos, etc., experiencia quizá caracterizada por un encuadre selectivo o socialmente elitista, pero cuyas características insinúan la perspectiva de una metodología de proyecto encuadrado en la sustentabilidad y la participación.

Yusuki Obuchi realizó como tesis de graduación en Princeton, 2002, el proyecto *Wave Garden* consistente en un conjunto de placas flotando sobre las costas californianas en un prototipo de función dual (planta eléctrica y parque público) diseñado para sustituir con energía limpia, la planta nuclear de Diablo Canyon cuya licencia expira en 2026. El proyecto consiste en un bosque de elementos piezoeléctricos cuyos movimientos motivados por el oleaje genera energía eléctrica durante la semana. Usando una parte de esa energía, dichos elementos pueden rigidizarse durante el fin de semana creando un espacio equivalente a una membrana espesa en cuyo interior pueden desarrollarse usos públicos junto a diferentes instancias de deportes acuáticos y navegación.

El criterio utópico de la propuesta contrasta con la estricta viabilidad y sustentabilidad técnica de la tecnología escogida.

Hal Foster, en un artículo para *Arquitectura Viva*, lo describía así:

> Sin embargo se detecta un leve despertar del impulso utópico, del cual el joven arquitecto japonés Yusuke Obuchi es un buen ejemplo. Su obra Wave Garden (jardín de olas) consiste en un terreno de 192 hectáreas diseñado para flotar como un rectángulo suprematista en la costa de California. Se trata

de 1.800 placas con propiedades piezoeléctricas (capaces de generar electricidad al flexionarse o arquearse) que flotan sobre 1.800 boyas. El conjunto funciona entre semana como generador eléctrico y los fines de semana se convierte en un parque en el mar. En el primer modo, las olas deforman las placas, generando corriente eléctrica que se incorpora a la red californiana. En el segundo modo, la corriente eléctrica que atraviesa las placas las metamorfosea en una isla para el ocio acuático. La utopía de Wave Garden radica en su ambigüedad; no es completamente irreal ni del todo práctica: nos obliga a pensar 'por qué no' a la vez que nos preguntamos 'qué es'. Obuchi hace referencia a diferentes precedentes, desde Gaudí a las Earthworks de los años sesenta y setenta. Sin embargo, no comparte la fascinación entrópica tan presente en Robert Smithson; al contrario, Wave Garden genera energía alternativa en vez de rendirse a su irremediable disipación. Además, el proyecto no es tan redentor como al principio puede parecer. Desde la aparición del término, Robert Morris se dio cuenta de que la idea de Earthwork podía ser un arma de doble filo, es decir, que podría utilizarse como camuflaje artístico de operaciones destructoras del entorno. El jardín de olas elude este peligro: a diferencia de otros arquitectos, Obuchi no pretende 'naturalizar' la arquitectura sino hacerla formar parte del eterno proyecto humano de acumular naturaleza con la intención de domesticarla, no de destruirla. En una era en la que el sector energético ha quedado asociado a compañías como Enron, Obuchi evoca una idea de energía, social y física, que rivaliza en fuerza utópica con el mismísimo Monumento a la Tercera Internacional.[56]

Rising Currents es una iniciativa promovida por el MoMa con el concurso de varios estudios experimentales de diseño, para el rescate del *waterfront* de Nueva York frente a hipótesis de cambio regresivos derivados del

---

[56] Hal Foster, *Voces en vanguardia. Pequeño diccionario de ideas del diseño actual*, **artículo en** *Arquitectura Viva, N° 93, Madrid, noviembre-diciembre 2003.*

cambio climático. Entre las diversas contribuciones, el estudio ARO trabajó sobre *Lower Manhattan* con una propuesta de un archipiélago artificial de islas y arrecifes que crearían una zona insular resiliente apta para amortiguar efectos de inundaciones y tormentas, retener flujos de sedimentación y formar un *buffer* protectivo dinámico sobre la costa neoyorquina evitándose expresamente el modelo de las defensas ingenieriles de tipo rígido.

El proyecto para el puerto taiwanés de Fuggee desarrollado por Vicente Guallart, 2004, contiene la voluntad de desarrollar un artefacto caracterizado por un interés en la sustentabilidad a partir de un estudio de generación de un suelo artificial basado en unos módulos flotantes capaces de articularse para formar el nuevo suelo operativo necesario pero sin afectar la dinámica hídrica del borde de la bahía en que se asienta minimizando impacto de obras nuevas y buscando soluciones dinámicas y fluyentes.

La intervención del paisajista Michael van Valkenburgh para el *collège* Wellesley, 2001 (4.3) supuso un desafío a la construcción convencional de los *campus* universitarios e implica y desarrolla el concepto de *optimun insertion* para la minimización de la impostación constructiva en el paisaje y la voluntad de rescatar calidades de relieves, vegetación y drenajes.

Ilustración 4.3

El grupo venezolano *Laboratorio Urbano Distopía* se propone desarrollar proyectos de intervención urbana asociados a las políticas de saneamiento de las microcuencas altamente tugurizadas de las laderas de Caracas apoyando con la investigación modulada de pequeños complejos aptos para el tamaño de las comunidades de unas 50 familias de cada emprendimiento, el desarrollo de las más de mil intervenciones que se vienen realizando en el marco del Proyecto Catuche, de resaneamiento de las ocupaciones tugurizadas y en condición de riesgo de dichas laderas.

Las intervenciones del chileno Germán Del Sol como el Hotel Explora en las Torres del Paine, 1992, tratan de valorar una intervención arquitectónica *sumisa* o *sometida* a las *condiciones del paisaje*, cuando este asume una característica de *singularidad*, también de interés o valor patrimonial (un parque nacional con 242.000 hectáreas de bosques y lagos) de modo de imaginar la intervención arquitectónica, ligada a abastecer una necesidad como el alojamiento de visitantes como una especie de *mal necesario*, en todo caso, con una cualidad dada en el carácter de una *intromisión mínima* en el territorio, acondicionándose a las estructuras del paisaje y agregando un elemento sabiamente *marginal*, tendiente a acentuar las cualidades excepcionales de la *estructura ambiental* (dominantemente natural).

La forma en que la arquitectura se adapta a la fuerte condición ambiental de la implantación e incluso el hecho de que se acepta una accesibilidad únicamente por vía marina, excluyéndose el impacto que provocaría desarrollar un acceso terrestre, son datos según los cuales se intensifica la cualidad de un posible ecoproyecto cuyos términos de autonomía se ven limitados por las presiones o condiciones impuestas por el contexto ambiental que hace que el proyecto deba definirse por aquellos datos exógenos.

El grupo *Explora*, a través de encargos a Germán Del Sol, desarrolló el citado trabajo dentro de Las Torres del Paine al sur y también otro emprendimiento en la región de San Pedro, Atacama, en el norte desértico de Chile. San Pedro es un oasis de 17 mil hectáreas cultivadas, habitado desde hace dos milenios en vecindades cooperativas (*ayllus*); San Pedro de Atacama, su ciudad, es la fundación colonial de un damero. El proyecto se piensa como un nuevo asentamiento, no como parte de esa ciudad (4.4).

Ilustración 4.4

En su presentación el diseñador presenta un texto explicativo y una serie de imágenes naturales y culturales (desde los colores de una laguna hasta la arquitectura popular de un *ayllu*, Larache) en los que busca fundar su opción de proyecto como meditación poética sobre el paisaje:

La obra sigue la tradición de pueblos precolombinos, formados por edificios aislados en grandes explanadas comunes, irregulares y vacías, que crean relaciones directas entre sí sin la mediación de calles como en la tradición europea. Edificios instalados en el paisaje al modo de las pirámides mayas o incas, de los pueblos ceremoniales aymarás o de los caseríos atacameños. [57]

Un rombo deformado de tiras de habitaciones constriñe un páramo central en una metáfora de esta refundación de asentamientos interpretados en su minimización antrópica frente a lo natural. Los muros encalados se pulen al yeso porque se espera que el polvo permanente les otorgue pálidas coloraturas. La madera de pino y ciprés de guaitecas o los pisos de pizarra basta completan este modo de resolver el proyecto, en clave contemporánea, pero con una intensa interpretación del *modo de ser de la arquitectura en el territorio*.

Después de los trabajos para Explora, Del Sol se interesó directamente en el modelo *client as site*, que implica pensar y desarrollar proyectos allí dónde las características naturales lo estarían como esperando, como por ejemplo en las Termas de Puritana, en Villarrica, 2005, en donde la arquitectura se limita a disponer mínimos elementos de acondicionamiento.

Diller & Scofidio es una sociedad con algunos trabajos concretos pero también con intereses experimentales: de una fusión de ambas vertientes surge el proyecto Blur preparado para una *Swiss Expo* que en el 2002 se realizó en Basilea y que resulta un trabajo al borde de su inexistencia física, un evento de bruma, humo y niebla anclado al borde del lago, esfumándose y acercándose al ideal de una total inmaterialidad.

---

[57] Revista *Summa +,* N° 46, Buenos Aires, 2001, pp. 78-87.

Elizabeth Diller había participado en otros trabajos de un espectro bastante versátil, desde un célebre ensayo en que plantea relaciones entre los modos de doblar una camisa con estilos propios de arte contemporáneo (*folding, laying*, etc.) hasta un bloque de viviendas en la *gender city* de Kitagata en que explora un modo de diseño *habitativo* desde una mirada de género en cuyos movimientos participa.

La actividad investigativa y de experimentación proyectual del grupo de jóvenes arquitectos holandeses MVRDV[58], liderados por Winny Maas, centró todo su trabajo en la posibilidad de replantear el proyecto desde algunos imperativos del *análisis socioambiental* en que el proyecto se hace *posible* o *necesario*. Así, la mayoría de los proyectos de este grupo se estudian y desarrollan *antes* de que aparezca un cliente o una condición de mercado o una demanda del Estado, incluso antes de que existan programas.

Si bien en este caso se trató de un encargo oficial consecuente de un concurso, que debía representar al país en la Feria Mundial de Hannover consagrada al ítem de la sustentabilidad, el criterio según el cual el proyecto es una instancia o momento de un análisis-reflexión sobre condiciones de tiempo y lugar (siempre los proyectos de MVRDV proponen contribuciones a los *problemas* de Holanda en este momento del desarrollo capitalista globalizado), también se aplicó en este caso, ya que se trata de una investigación sobre la *maximización de la densidad* en el aprovechamiento del escaso territorio disponible en el país neerlandés en el que,

---

[58] Para un muestreo genérico de su obra, véase el monográfico de la revista *El Croquis*, N° 111, Madrid, 2001.

por otra parte, nueve de cada diez partes dependen de bombeo constante y del control del agua mediante la polderización.

El *bigMac* –como se lo bautizó popularmente– es efectivamente un *sándwich* de *layers* territoriales superpuestos como un catálogo que intenta explorar esos límites de densidad, incluso o fundamentalmente, para los usos productivos, tema que motivó su conocida *Pig City*, o ciudad de torres-chiquero, para poder criar el millón de cerdos faltantes que requiriría el consumo de la sociedad holandesa.

La torre de Hengelo es un proyecto experimental presentado al *Archilab 2001*, evento convocante de arquitecturas experimentales o de laboratorio, realizado en New Orleans, donde se presentan ensayos de investigación proyectual que pretende establecer indagaciones anticipativas de futuros escenarios.

Si bien se trata de una investigación proyectual provocativa –casi un manifiesto– el estudio holandés intenta proseguir con sus temáticas dominantes como la investigación sobre la optimización de la densidad territorial merced a recursos que puede proveer el proyecto arquitectónico.

Como en el proyecto *101WoZoCo* –un conjunto de 101 viviendas en un predio que legalmente aceptaba una cantidad menor de unidades– aquí se trata de analizar la expansión del organismo arquitectónico en torno de prótesis o extensiones que colonizan vacío, con criterios generativos de corte biologicista.

En este caso, los suplementos de arquitectura apuntan a multiplicar suelo artificial natural, esto es recrear tipológicamente la posibilidad de restablecer un *mix* significativo de material natural y artificial.

La arquitectura del grupo holandés remite a una posmodernidad curiosa, fruto de una mezcla de *modernidad básica* (el diseño de tramas, plataformas o soportes, que había sido el interés dominante en el trabajo investigativo de otro holandés, N. John Habraken, en los años sesenta tanto como un tema dominante de esa época en los estudios de Yona Friedman o Cedric Price) a la que se superpone una comprobación del funcionamiento de tales diseños básicos en cada escenario concreto, con lo cual, podría decirse que el componente posmoderno de este y otros muchos grupos contemporáneos, es intentar practicar *performances* o aplicaciones fácticas de tal grado cero proyectual en condiciones específicas de asentamiento o proyecto: *lo moderno* sería como una *lengua* de un *habla posmoderna*.

Los mecanismos propositivos de plataformas aptas para el desarrollo de sistemas abiertos de arquitectura que informan las teorías sesentistas de Friedman se trasladan a exploraciones contemporáneas como el trabajo de los colombianos, el filósofo Felipe Beltrán y el arquitecto Antonio Yemail, conocido como *Arquitectura Wiki*, 2009, que ellos describen así:

> La palabra "Wiki" en hawaiano significa originalmente: "rápido o hecho con rapidez". Hoy en día el término engloba una serie de aspectos que caracterizan a un tipo particular de sitio web que permite a sus visitantes crear, editar, modificar, o borrar cualquiera de sus contenidos de forma fácil (y por supuesto rápida).
> Dentro de los principios básicos que articulan la mecánica del wiki, se destaca la idea de hacer posible la realización de cualquier tarea en el mínimo de pasos y sin la necesidad de usar un lenguaje especializado, de modo que todos y cada uno de las modificaciones quedan a la vista de cualquier observador para ser evaluadas, y corregidas según sus propios criterios. Este modelo apoyado en la simplicidad y transparencia de un código, consigue una participación altamente colectiva que elude la

centralización por parte de cualquier ente controlador, en la medida en que todo contenido que se considere inapropiado será corregido según los parámetros de los mismos usuarios.

Para lo cual piensan en objetos-códigos que puedan recibir y procesar demandas y propuestas diversas para alcanzar modelos de construcción participativa de formas alternativas de habitación (4.5).

Ilustración 4.5

En cierta forma esa es también la aspiración del proyecto desarrollado por Alejandro Aravena, *Elemental Chile* que se concibe como modelos deformables y ampliables o transformables por las actuaciones de sus usuarios, generalmente de estratos sociales bajos y con sus gustos específicos en cuanto a la conformación de su hábitat y a la personalización de las unidades.

El Centro Cultural Canaco, en Noumea, Nueva Caledonia –un proyecto donado por el gobierno francés al inicio de la independencia de esta excolonia, que lleva el nombre del líder independentista asesinado Jean Marie Tjibaou– y acabado hacia 1994 luego de un complejo concurso ganado por Renzo Piano, expresa esta tendencia sutil y tecnológicamente débil, proactiva respecto del sistema natural todavía predominante en su emplazamiento, en su partido de una gran nave lineal sinuosa abierta en uno de sus lados a un conjunto de 10 ábsides semitransparentes inspirados en las cabañas tradicionales de la comarca (4.6).

Ilustración 4.6

Si bien el proyecto fue desarrollado con la asistencia del antropólogo Alban Bensa, se estima que el gesto, por fuera de su intención alusiva regionalista, tendrá problemas de supervivencia en el severo clima marino tropical y además llevó el presupuesto a niveles muy altos. Aquí de paso, vale la pena aludir, a que la apelación a formas orgánicas de las culturas regionales no es tanto una forma de procesamiento técnico sino más bien, una manipulación de orden simbólico.

En un artículo ciertamente bastante crítico de François Chaslin se lee lo siguiente:

> El proyecto de Piano buscaba instalarse en el límite entre la arquitectura y la antropología. Era una propuesta delicada, plagada de metáforas, vehículo de un prudente diálogo entre artificio y paisaje, entre la reminiscencia de las técnicas constructivas ancestrales y una sofisticada expresión "high tech" manifiesta en el esplendor de unos voladizos formados por vigas de madera laminada que prometían elevarse a diez metros y cuyos dedos parecían rascar el cielo; en la plenitud de estas formas abombadas, ciegas por naturaleza y sin embargo, finamente caladas, sobre cuyos flancos se superponían diversas celosías de madera abiertas a los alisios; en la ligereza de esas cubiertas inclinadas y finalmente, en la complejidad de las sombras filtradas, de los paños, de las articulaciones, de las piezas de acero que tenían la claridad de los armazones de barco y que en este caso, reemplazaban lo que la tradición anudaba con lianas. [59]

Buena parte de la obra reciente de Toyo Ito, quizá también conectado a tradiciones de un país que debe afrontar una dramática confrontación de una cultura

---

[59] F. Chaslin, "La catedral frágil. Renzo Piano, Centro Cultural Canaco en Nueva Caledonia", en *Arquitectura Viva*, N° 62, Madrid, 1998, pp.44-51.

ancestral muy rica con su protagonismo en el escenario de la globalización, redefine el proyecto según parámetros ecológicos y de sustentabilidad, como en sus búsquedas de materialidad mínima en varias instalaciones como centros culturales o en un parque temático ecológico.

La mediateca de Sendai (4.7) trabaja sobre otra vertiente que sería la de la biotecnología aplicada a la arquitectura, sustancialmente mediante el diseño de estructuras portantes y de servicios concebidas según criterios biotécnicos precisos tendientes a generar objetos de prestaciones ultraeconómicas en demanda de energía y producción de desechos, así como la búsqueda recurrente de la expresión mínima de materialidad (en reducción de secciones, eliminación de tabiques, etc.).

Ilustración 4.7

El segundo significativo pabellón de Hannover después del de Holanda arriba comentado, ligado a la ejemplificación de un posible modo alternativo ecoproyectual, fue el de Japón, a cargo de Sigeru Ban, cuya trayectoria está conectada al desarrollo de una tecnología constructiva basada en el papel, en la que destacan las casas de emergencia propuestas luego del terremoto de Kobe.

En esa línea, la idea original de Ban, de erigir un pabellón estereomórfico de tubos de cartón que luego pudieran desmontarse y usarse como pasta para papel de cuadernos escolares, quedó desvirtuada con la impregnación ignífuga que se aplicó al cartón como parte de las exigencias municipales contra-incendios.

Sin embargo, la tecnología, cuyos conectores se resolvieron con ataduras de nylon y una cubierta de papel encerado, demostró, con el auxilio de Frei Otto, ser suficientemente versátil y adaptativa (una nave de 70x40 metros con flecha de 20), planteándose una referencia para la discusión acerca del grado de perdurabilidad de ciertas construcciones. El Centro Cívico transitorio de L´Aquila, construido en la situación de emergencia ulterior al sismo de 2008, es otra intervención de Ban, resuelta en este caso con papel y policarbonato.

El carácter o bien demostrativo del uso de tecnologías alternativas o bien ligado a las actuaciones en situación de emergencia que se advierte en los proyectos de Ban lo relacionan con la experimentación más interesada en negar el carácter monumental y la larga duración de la arquitectura tradicional pensando alternativas a esa tradición relacionadas con el ciclo de vida y la asunción expresa de un tiempo acotado de duración del artefacto y en ello también, del reciclaje de los productos utilizados.

La capilla de San Vicente de Paul en Ancud, isla de Chiloé, Chile, de Jorge Lobos, de unos 200 metros, fue construida según la modalidad de *minga*, una vieja forma de trabajo precolombino, de origen incaico, basada en la *donación de trabajo* por los miembros de la comunidad.

Asumió y sintetizó los elementos tradicionales de las tipologías de las iglesias chilotas de madera, especialmente las de Chonchi y Rilán que fueron estudiadas y relevadas a estos efectos.

El exterior es de alerce y el interior está resuelto con enchapado de canelo; de canelo asimismo es la estructura portante, cuya cubierta revestida de chapa tiene una raja de luz en la cumbrera, tamizada por una estructura curva de cielorraso calado que la diluye.

Debido al exiguo presupuesto disponible, que hizo muy larga y azarosa la secuencia de la obra, se decidió disponer, al menos transitoriamente, un piso resuelto meramente por pequeñas piedras de canto rodado del bordemar: el sonido que el crujido de las piedras genera al caminar, potenciado por el eco de las envolventes de madera, le otorgan al edificio una de sus cualidades más mágicas e inefables.

La *Modernidad incómoda* del *anarquitecto* belga Lucien Kroll –quién había propuesto concebir los proyectos urbanos como trabajos *corales* en los que el arquitecto es casi un *regisseur*, como ocurrió en sus célebres dormitorios de la Facultad de Medicina de Bruselas– iba a derivar de manera previsible hacia un desemboque de su filosofía de proyecto en los discursos ambientalistas.

El interés previo de Kroll en una suerte de *socioproyectos*, en los que el interés colectivo multiactoral debía *desubjetivizar* el proceso proyectual, razonablemente podía derivar, en análogas condiciones de desubjetividad, en imaginar la posibilidad de *eco-proyectos*, tanto sea a través de la propia capacidad de análisis de programas, sitios y modos de producción del arquitecto y sus equipos, cuanto como en el caso de la Escuela de Caudry, aceptando proyectar según la aplicación de normativas o directivas expresas en materia ambiental, como el uso de las HQE (*Haute qualité environmental*, ACM en español)[60] que son 14 objetivos ambientales prescriptivos y/o de control que la administración francesa utiliza no

---

[60] La metodología HQE (*Haute Qualité Environmental*), en español traducida como ACM (*Alta Calidad Medioambiental*), es una asociación francesa creada en 1996, integrada por representantes de empresas constructoras, científicos e intelectuales, diseñadores, obreros, artesanos y representantes gubernamentales, que generó una metodología de proyecto basada en el cumplimiento de 14 objetivos que agrupan 59 medidas prácticas concretas de diseño. Los 14 objetivos se agrupan en cuatro campos temáticos a saber: ecoconstrucción, ecogestión, salud y confort que abarcan prescripciones que traducen al problema del proyecto, la mayoría de las normas legales existentes en Francia. Las normas ACM son de aplicación voluntaria y únicamente otorga a quiénes la aplican una especie de sello de calidad que resulta ser crecientemente buscado por el público en general.

El método ACM es asumido directamente por el promotor de un nuevo edificio; a veces, promotores públicos, entre ellos el sistema REX ACM que construyó más de 700 viviendas sociales o el Consejo Regional Nord-Pas de Calais, interesado en equipamiento público, preferentemente escuelas, entre las que figura la obra de Kroll en Caudry que comentamos.

Hay aparte muchos grupos inmobiliarios privados –como *Les 3 Suisses* o *Accor*– que han anunciado públicamente trabajar sus negocios según principios ACM. En cuanto a la formación, Pierre Lefevre inició en 1997 un curso de posgrado en la Escuela parisina de La Villette; ahora también se imparten cursos ACM en Lyon, Lille, Marsella y Saint Etienne. Puede encontrarse una presentación bastante detallada del método ACM en el libro de Dominique Gauzin-Müller, *Arquitectura Ecológica*, Editorial G. Gili, Barcelona, 2002, pp. 250-279.

como directiva obligatoria, sino como complemento para obtener determinadas líneas de inversión cuya exigencia es aplicar este sistema de normas, que puede funcionar como un manual de proyecto.

La gestión urbano-sustentable de Friburgo, en la que destacan los proyectos urbanos de los barrios de Vauban y Riesefeld, además del montaje de políticas ligadas al concepto de *ciudad solar*, bajo las ideas del diseñador Rolf Disch, también supone un antecedente en la voluntad de proponer núcleos urbanos alternativos a ser pensados y gestionados desde perspectivas ecoproyectuales. Riesefeld es un barrio nuevo de casi 80 hectáreas y 4.500 viviendas para unos 12.000 habitantes que se convirtió en uno de los laboratorios de evaluación de *performances* ambientales más notable de la Unión Europea. Vauban, en cambio, es la reutilización de un área de 34 hectáreas que funcionó como asentamiento militar, aplicándose el modelo *Blockprofil* que permite participación comunitaria en el diseño, selección y gestión de viviendas.

A través de un régimen legal *ad-hoc* en Stuttgart tal como en Rennes, Francia, se generó un sistema social de propiedad del suelo, mediante preferencia en las transacciones y mercado a término de suelo regulado. Experiencias que confluyen a ejemplificar este conjunto de aportes de urbanismo alternativo.

En el caso de actuaciones proyectuales más puntuales, la casa heliotropo de Rolf Disch es el experimento de un artefacto proyectado en Friburgo en 1993, que propone un eje rotor en que se monta la casa (u otros programas: Disch plantea un hotel heliotrópico por ejemplo) y que hace girar a esta según un programa variable tendiente al máximo aprovechamiento de la energía heliotérmica. Su autor postula que el alto costo inicial del dispositivo encuentra una nivelación del gasto a mediano plazo debido a la economía energética obtenida al prescindirse completamente de fuentes externas.

Los 29.000 m2 de la Ciudad Escolar Lyon, 1999, ejemplifican las ideas proambientalistas de una de sus autores, la arquitecta Françoise Helene Jourda acerca de la necesidad de multiplicar la calidad ambiental urbana mediante un mayor control ambiental y energético de cada pieza significativa de ciudad, en la convicción que las mejoras urbanas y la capacidad de trascender y superar los vicios del planeamiento urbano convencional –el *planning* del CIAM, por ejemplo– pasan por una paciente acumulación de proyectos sustentables.

El conjunto de Jourda para el Centro de Formación en Herne-Sodingen, en el programa Emscher Park, 1996. que pensado profundamente como una reelaboración de lo territorial y culturalmente dado, puede suponer un buen punto de inflexión en el alcance de una mirada más ecoproyectual y menos alienada por una noción de proyecto que considera inevitable o *fatal* ciertas características posmodernas, como esa materialidad global del acero o los materiales sintéticos sofisticados y atópicos.

El proyecto alemán aludido consistió básicamente en el ejercicio heterotópico de traslación de un fragmento del clima del sur de Francia a la región del Ruhr que, bajo una gran envolvente de madera de la región de Sauerland (una caja de 150x70x16) crea una condición espacial de sustentabilidad a favor del uso de una serie de recursos ecoenergéticos, desde el metano de una mina cercana hasta la reutilización del agua de lluvia y la captación de energía fotovoltaica, con lo que el proyecto no solo resulta energéticamente autónomo, sino capaz de exportar superávits.

Los trabajos de Emilio Ambasz hace mucho tiempo se proponen indagar en las características ambientales de sus localizaciones y en el juego entre artificio propio del proyecto y la naturaleza del soporte que lo acoge. Asimismo, hay una permanente intención de disolver la arquitectura en el paisaje, de camuflarla, como ocurre en su trabajo Nova Concordia en Puglia o en la Casa de Retiros de Sevilla –un diedro telón en el paisaje y unas construcciones subterráneas– o en el edificio gubernamental de Fukuoka, 1992 (4.8) –donde la arquitectura intenta desplegar o desarrollar a través de terrazas escalonadas unas plataformas contenedoras de vegetación enterrando lo edilicio y tendiendo a reconstruir un techo-suelo que también sea infiltrable y que por tanto no cause retrocesos al ciclo del agua–.

Ilustración 4.8

Ambasz con toda una trayectoria muy coherente pero ostensible en últimos trabajos como el citado Nova Concordia, ejemplifica unas miradas crítico-analíticas que cuestionan el imperativo de la función y el rendimiento y en su caso reinstalan la cuestión central del proyecto en la temática de la sustentabilidad y su crisis actual. Ambasz desarrolló una larga práctica en que realizó textos teóricos-críticos centrales para una teoría general del diseño y también trabajos ligados al *industrial design* de mayor fuste empresario como el desarrollo de su asiento-concepto *Vértebra* para concentrar en los últimos tiempos, este variado espectro de acción en investigaciones más centradas en la arquitectura y los paisajes territoriales.

Con lo cual, este tipo de enfoque también adquiere una posible escala de actuación más territorial que estrictamente urbana y ultra-artificial. Ambasz también remitirá en estas actuaciones al tema de *los paisajes operativos*, el suelo inflado y ocupado, el *housing* inevidente, etc.

Por otra parte, existe la intención de trabajar aquellos temas más lejanos de los emplazamientos naturales –como una torre de oficinas dentro del centro de una ciudad en el caso de Phoenix, una ciudad que es en sí, un injerto artificial en el seno de un área desértica– evocando la complejidad y peculiaridad estética inherente a la geometría de la naturaleza, como es el caso de esa especie de roca engarzada en el tejido de la ciudad citada.

La casa en Phoenix de Mohamed Al Sayed, 2004 y el *resort Page One*, 2002, del mismo arquitecto junto a Rick Joy, constituyen un par de obras del desierto que conjugan una indagación sobre tecnologías de acondicionamiento leve (como cubiertas de tela y armazones desmontables de madera que evocan las instalaciones de las tribus arábigas nómades) junto a un trabajo de *optimun insertion* de la menor agresividad del artefacto agregado a las condiciones del paisaje preexistente. En el caso del *resort* desértico del proyecto *Page One*, como ocurre en parte con los trabajos del chileno Germán Del Sol o los del suizo Peter Zumthor, la arquitectura incluye la selección de los sitios y el acondicionamiento elemental de estos para generar un equipamiento o atractivo como el caso de una piscina concebida ocupando meramente una hoya natural.

Bremen es otra de las ciudades europeas de porte medio que desarrollaron una política ambiental local de largo alcance: en Bremen se instituyó, por ejemplo, el ahora llamado *Modelo Bremen*, que es un sistema de uso cooperativo racional del transporte privado por el cual, en vez de poseer un auto propio, se tiene una acción de una sociedad que suministra el vehículo adecuado por el tiempo necesario, eliminándose por caso, el estacionamiento de los automóviles. Otra de las líneas auspiciadas por la administración municipal es la construcción de edificios públicos de uso social según un criterio de proyecto desarrollado según metodologías de participación y análisis aplicativo de tecnologías y tipologías locales, como ocurre en una guardería diseñada por Peter Hübner, en que este investigó la construcción maderera tradicional o las *cubiertas vivas*, que se comportan adecuadamente en términos de aislación: el resultado es una arquitectura híbrida con rasgos contemporáneos junto a la reelaboración de tradiciones técnico-proyectuales microregionales.

Los trabajos de Hubner, como su Escuela en Kassel, 2002, se ocupan además de indagar en las formas participativas de diseñar y construir piezas del equipamiento público, analizando las tipologías y materiales disponibles, investigando sobre las maneras topológicas de resolver espacios de usos colectivos atento a obtener buenas prestaciones ambientales pero más aún, artefactos compatibles con las tradiciones perceptuales y estéticas de cada lugar.

Duncan Lewis proyectó su Escuela en Noruega en 1999 y en relación con ese y otros proyectos, indica lo siguiente:

> En cada proyecto y en cada fase de proyecto realizamos una aproximación sensible al contexto, de una forma análoga a la que emplearía un arqueólogo: recogida de materiales en el terreno, fotos, manipulación, etcétera; con una concepción biológica y acumulativa del paisaje. La arquitectura, como el paisaje, está formada por capas, estratos, pieles, a las que hace falta soldar la memoria.
> Reencontrar esta memoria y las fallas geológicas que la alimentan conduce al arquitecto a concebir cada edificio dentro de un movimiento de despliegue, de fluidez, ininterrumpido entre su anclaje a un lugar determinado y su realidad constructiva.
> Los proyectos que realizo recrean un juego de oscilación entre lo natural y lo construido; mediante un intercambio permanente de materia y de formas, donde lo uno no quedará nunca por encima de lo otro.
> No se puede hablar por tanto, ni de un camuflaje de la arquitectura por la naturaleza o el paisaje, ni de una instrumentalización de la naturaleza por parte de la arquitectura. La naturaleza no es un fondo estético o ideológico que se presenta para ornamento de la arquitectura.
> Los proyectos intentan establecer un diálogo entre los fenómenos y procesos de aproximación a la naturaleza, en su sentido biológico, repetitivo, cíclico y los procesos de separación de esta naturaleza. Todo es una cuestión de ida y vuelta entre lo verdadero y lo falso, entre lo legible y lo opaco, lo oculto y lo expuesto.
> La vegetación y el follaje de los árboles dan ritmo al proyecto, no solo en el dibujo, en alzado, sino también en cómo se vive el edificio. Es la manifestación del tiempo: la diferencia, la variación.

Lewis también desarrolló el proyecto HC Ríos Operativos, 2002 del cual comenta lo que sigue:

> Emanando de los sistemas fluviales, la arquitectura y el paisaje se definen de tal forma que el conjunto de las propuestas quede dotado de una mayor identidad, -explica Lewis este trabajo- nuestro objetivo consiste en desarrollar conceptos que nazcan de las nuevas necesidades desarrolladas a partir de los usos artificiales y naturales del suelo basados en ideas comerciales claras. Debemos recalcar que estamos principalmente preocupados por las calidades del agua en el conjunto de Cataluña.
> Contrastando con la abstracción del agua, los conceptos manejados en los proyectos se basan en realidad en el almacenamiento del agua, aprovechando los tiempos de abundancia y conservando para las estaciones secas.
> La propia arquitectura forma parte del proceso de almacenamiento, utilización y transformación. El objetivo que se plantea es comenzar un nuevo proceso cualitativo adaptado a las distintas situaciones, basado en la creación de un híbrido entre el programa arquitectónico y el nuevo paisaje. Los edificios se integrarán con y surgirán de los cursos fluviales fundiéndose así con el entorno natural. Las estructuras se construirán de manera que contengan patrones flexibles o permanentes que los integren con las estructuras existentes y con los nuevos entornos. Las estrategias propuestas varían entre la integración, la señalización del territorio, la flexibilidad y el disimulo.

Lewis también desarrolló unas viviendas en Mulhouse, 2000, de las que comenta:

> El proyecto de Mulhouse se nutre de las cualidades urbanas existentes en la ciudad, de su ambiente más inmediato y de su espontáneo vocabulario. Se define como una modificación de la forma urbana ya existente, mediante un doble movimiento simultáneo: por un lado se parte del entorno para ir hacia el centro y por otro, el proyecto parte del interior y se extiende hacia el exterior.

En este proyecto se ha considerado el cien por cien de la parcela como hábitat/marco de actuación. Otra idea fundamental es que las viviendas no terminan en los muros, en nuestra propuesta las viviendas se extienden y contaminan la vecindad y a la inversa, de esta forma los límites entre lo natural y lo construido se borran.
Lo vegetal absorbe lo construido y el habitante dibuja una geografía no programada, el asfalto se infiltra en el ecosistema dejando de ser un límite duro, una densidad se instala alrededor de un vacío interior, una interioridad se dibuja mientras el paisaje vertical se construye con el tiempo.
Los volúmenes vegetales que envuelven las fachadas se deslizan entre los intersticios, por encima de las cubiertas, transformándolas en lugares para vivir. Es un proyecto que crece y se construye a través del tiempo y que los propios habitantes irán completando con sus intervenciones.

La sociedad François & Lewis desarrolló varios proyectos en Jupilles tales como una Estación depuradora (1999), viviendas (1998), y el conjunto llamado Casa Pueblo (1995). Así como en las investigaciones del *housing* contemporáneo –como *material* y *procesualidad* más significativamente *operativos* en la *dinámica del paisaje*, incluso rearticulando antiguas dicotomías entre ciudad y territorio– incluyen perspectivas *endógenas* (como la investigación antropocultural acerca de las *fenêtres habitées* de Raul Diner o los trabajos de los *cortes* [a modo de *historias*] *clínicos* de la Escuela de Lausanne y el concepto de *sección mixta* en Njiric & Nijric), también se despliegan como en el caso del pequeño conjunto vacacional de François & Lewis en Jupilles, aportes ligados, en un sentido a disolver y minimizar la caja habitable, y en otro orden complementario, a disponer esas piezas reducidas en un determinado territorio natural (relieve, vegetación, hidrología, paisaje) con el cual deben establecerse *nuevas relaciones* –de eso trataría el problema de *proyectar*– en las cuales la artificialidad reducida de lo artefactual arquitectónico se manipule de modo equivalente a los demás materiales naturales, por ejemplo, siguiendo líneas de fractura biótica o dominios paisajísticos en la colocación-imbricación de lo exógeno artificial en lo endógeno natural.

Las viviendas de Obernai, que Lewis proyecta en 2001, son explicadas así por su autor:

> En el proyecto de Obernai, el juego interpretativo del sistema territorio/arquitectura es potenciado por la dinámica visual establecida entre el edificio y su extensión en el contexto. Como es de esperar, los paneles vegetales con un valor tonal muy similar al existente en el territorio circundante provocan una alteración perceptiva entre el primer plano y el fondo. De igual forma, la fachada efectúa un juego complejo con nuestras expectativas convencionales de la arquitectura, porque desde ciertos puntos de vista los paneles definen el límite de la forma arquitectónica, pero desde otros, aparecen como fragmentos desprendidos de la edificación.
> Desde ciertos ángulos oblicuos la fachada aparece como una masa vegetal que se refleja sobre una superficie especular; como si se tratase de paneles de vidrio que reflejan el paisaje y fragmentos de paisaje que se reflejan entre los distintos volúmenes.

Para el proyecto de las viviendas proyectadas para Valencia, 1999 (4.9), Lewis hace estas explicaciones:

> La parcela en la que se nos plantea actuar está situada al noroeste de Valencia, en una de las bolsas de huerta acechadas por el crecimiento de la ciudad. Es un prisma de naranjos rodeado por un mosaico de diferentes cultivos, que hasta el momento han persistido por su capacidad económica. Pero ahora con el nuevo concepto de rurbanización empezaremos a entenderlos no por su valor económico sino como elementos con múltiples cualidades y posibilidades que compartir con los ciudadanos.
> De la misma forma que un solo labrador trabaja toda la parcela de cultivo, tomamos toda la parcela como unidad de

extrusión. Para conseguir la máxima superficie de interacción con la huerta se ha optado por multiplicar el solar de naranjos en altura extrusionándolo, las viviendas y demás ambientes sociales convivirán con ellos, aprovechando su sombra, su presencia, sus naranjas, su aroma de azahar.
Mediante el proceso de extrusión analizamos y elegimos las características que nos serán más útiles para incorporarlas en el marco del hábitat social. En este edificio se ha proyectado un sistema de fachada que trabaja a modo de dermis, porque permite crear un filtro móvil entre el volumen de viviendas-naranjos y el propio exterior, de esta forma el ambiente interior permite ser controlado a modo de invernadero.
Gracias a este sistema de membrana agrícola se favorece el cultivo de naranjos en los niveles más altos. Esta piel también será un filtro de intimidad para las propias viviendas, ya que todas las fachadas acristaladas estarán protegidas por este mismo cortinaje.

Ilustración 4.9

En el caso del proyecto destinado a espacio museístico llamado Green Gorgon y pensado para unas áreas de humedales del frente lacustre de Lausanne, 2005, su autor, el francés François Roche, apunta lo siguiente, en la memoria de presentación del mismo: "Entrelazado como un rizoma, en continuo crecimiento como un yacimiento de coral y enredado como los bichos-palo formando un enjambre." Refiere Roche en sus escritos sobre este trabajo:

> La disposición geométrica del proyecto favorece la diversidad de la colección y permite su distribución y redistribución. Lo más importante es destacar que esta maraña tridimensional es la herramienta estructural que permite acomodar los distintos horarios del museo. Numerosos filamentos crean un circuito oculto que se inclina y se mantiene suspendido entre los distintos niveles y horarios.
> La forma del museo se basa en la coqueta representación. Es a la vez un tobogán, una casa encantada y un palacio de hielo donde uno pierde cualquier noción del espacio.
> Es una curiosidad que liga la dimensión popular del lugar con un parque de atracciones. Pero el museo es también una herramienta de trabajo: una herramienta para la meditación, la sensación y el descubrimiento puesta a disposición de las distribuciones, los cambios y el envolver y desenvolver de la realidad cognitiva y de la discursividad. Naturaleza o naturalezas...
> Más un paisaje que un urbanismo; más un bosque que arquitectura. El proyecto juega con sus distintas naturalezas. La maleza que se transforma en los bosques del lugar y que es entonces habitada por animales, como en un mundo anfibio que se ha emancipado del agua, apareciendo de forma libre y espontánea.
> Naturaleza urbana de alineaciones, plazas, parques y jardines, de un organismo vivo sometido a las distintas composiciones de un sistema urbano. Naturaleza artificial de la epidermis verde que envuelve el edificio, una especie de piel biodinámica (particiones vegetales verticales sobre substratos micro-regados de forma independiente).
> Más allá de la fusión y confusión que genera con el entorno natural, ofrece la ventaja, como nuevo material arquitectó-

nico, de filtrar la contaminación ambiental y de purificar la atmósfera. Naturaleza encantada (sortilegios malignos, encantamientos y otros miedos infantiles), podemos acceder a los jardines aun cuando el museo se encuentra cerrado. Reconocer estas naturalezas diversas producirá las formas de entretejer los variados estados del territorio (por ejemplo, las ferias, las piscinas, los lagos, los bosques, etcétera).

En relación con la Casa Barak, 1999, Roche plantea el siguiente discurso para situar las condiciones reflexivas que alimentan ese trabajo:

> Escenario: Exageración del paisaje a modo de un nuevo pliegue geológico que permita camuflar del edificio. Diseño de una vivienda como si de una capa compartida de roca levantada sobre una pared pétrea preexistente en el medio del campo se tratara.
> Empleo de los métodos constructivos propios de las tiendas de campaña para materializar un elemento de protección climática dentro del cual se desarrollan los espacios habitables.

Para el proyecto MAC Bankok, 2002 Roche apunta el siguiente comentario:

> Escenario: diseño de un relieve caótico cuyo cálculo se basa en el movimiento aleatorio de partículas, ofreciendo el aspecto de un ectoplasma gris puro bajo la iluminación gris del cielo de Bangkok.
> El edificio captura el polvo atmosférico de la ciudad sobre una superficie construida con una celosía de aluminio que emplea un sistema electrostático (100.000 voltios e intensidad de corriente nula).
> Se lleva al límite el diseño del ambiente esquizofrénico que queda entre el interior (cubos blancos y laberintos diseñados con geometría euclídea) y el exterior (relieve polvoriento de una geometría topológica); se emplea esta protección solar monolítica, esta interfaz, como sala de exposición interior/exterior.

Y en relación con la sucesión de proyectos de Roche integrados por el Museo de Soweto, 1992, Fractal City, Rotterdam, 1988, Casa de Los Árboles, 1998 (4.10), Granja en Evolene, 1999, *Aqua Alta*, Venecia, 2001, Torre Paris, 2003 e *Hybrid Muscle*, Thailand, 2003, este ofrece una caracterización sintética y sistémica de los mismos empezando por comentar el proyecto de energía animal de Tailandia:

> Escenario: Construcción de un motor animal movido por la energía muscular de un paquidermo. Almacenaje de la energía mecánica a través de la elevación de un contrapeso de acero de dos toneladas. Transformación de la energía mecánica en energía eléctrica. La máquina tiene la capacidad suficiente para hacer funcionar diez bombillas convencionales, un ordenador portátil y teléfonos móviles.
> Ventilación natural a través de la vibración de las capas de fachada construidas con láminas de elastómero que trabajan de la misma forma que los alojamientos temporales hechos con hojas de teca.
> Postscript, 2003: Un búfalo albino sustituyó al elefante (el suelo del campo de arroz resultaba demasiado frágil para un paquidermo). El sistema de contrapeso se redujo a tres toneladas en una única localización por razones de seguridad. Debido a problemas presupuestarios se abandonó el sistema neumático para el movimiento de las láminas plásticas de fachada. El proyecto ya no es el resultado de proyecciones abstractas, sino una distorsión de lo real. La página en blanco y la pantalla vacía no tienen razón de ser.
> Este software necesita un cuerpo, una matriz física genérica. La piel de la imagen fotográfica, cartográfica se transforma y sufre una metamorfosis por aspiración (aspiration en Aqua Alta), por escarificación (scrambling en la Granja Evolene), por inundación (overflow en el Restaurante en Japón), por extrusión y contracción (Casa Tave y Museo Maido en Isla Reunión), por pliegues (Museo Soweto en Sudáfrica), por pilosidad creciente (growing pilosity, en la Torre en París), por territorios compartidos (shearing territory, en la Casa Barak en Francia). Los píxeles, elementos fractales de la realidad, se recolocan a través de una serie de mutaciones genéticas. El contexto ya no es idealizado, conceptualizado o historizado, es el

sustrato de su propia transformación. Ésta es una diferencia política. El instrumento virtual se vuelve, paradójicamente, un principio de realidad.

Ilustración 4.10

Recurriendo a referencias de la iniciativa *Talentos Design*, que todos los años promueve la Fundación del Banco Santander para el ámbito iberoamericano, algunas propuestas de la última convocatoria, realizada bajo la etiqueta de diseño sustentable, ofrecen indicios de tendencias de nuevos ecoproyectos pensados por diseñadores muy nóveles, incluso estudiantes, en territorios de cruce entre acciones ligadas al diseño alternativo de objetos, reflexiones vinculadas a desarrollos críticos del arte conceptual contemporáneo y planteos muy cercanos a la fenomenología de lo cotidiano y popular.

Flor Ortiz, por caso, presenta su propuesta *Domestyclade*, que plantea la utilización de guantes de goma de uso doméstico eventualmente en desuso como materia prima para el desarrollo de joyas o adornos personales *sui géneris*, donde lo que importa es el trabajo efectuado sobre tal materia prima de materiales a reciclarse.

Lo mismo ocurre en el proyecto *Atar Chair*, en la línea de los diseños de reutilización de desechos de los paulistanos hermanos Campana, en este caso usando tiras de goma provenientes de cámaras de neumáticos desechados para ser usadas como base de urdimbres laxas susceptibles de constituir una singular pieza de mobiliario.

En el proyecto *Dermis* se utilizan asimismo retazos de gomas y plásticos reciclados para, en analogía con las lamas o escamas del follaje vegetal, generar unas superficies mórbidas de elementos superpuestos que rememoran, desde su título, la generación de una piel artificial, yendo más allá de los procedimientos convencionales del arte textil.

También ocurre algo parecido con las propuestas de diseño de indumentarias basadas en la investigación del potencial de nuevos materiales de laboratorio como la celulosa bacterial. Y otro tanto se daría con las propuestas de diseño de elementos de vajillas o contenedores descartables trabajados con el llamado *papel semental*, componente orgánico que permite que, luego del uso, la pieza pueda ser picada y mezclada con tierra ya que su origen orgánico biodegradable permite su rápida disolución y reducción a residuo cero.

Lo mismo, aunque en este caso no exento de cierta reflexión sobre el tratamiento naturalizado de los muertos y casi apelando a revisar tradiciones más simbólicas con las ceremonias atinentes al tratamiento de los cadáveres, se encuentra en la propuesta llamada *Ataúd Capullo*. Se trata de un ejemplo que no solo trabaja con la noción de disolución orgánica de cuerpo y envoltorio en los *enterratorios* con base en el uso de materiales como la palma, el yute y el algodón en un diseño que admite los rituales habituales de occidente –como el velorio o el transporte a mano de los cuerpos hasta su deposición– sino que asimismo se plantea las metáforas del enrollado y abrigo y la poética reminiscente de un capullo vegetal o nido animal, simbólicas posibles de continuidad de vida dentro de la concepción del ciclo continuo de materia y energía.

5. MODOS AMERICANOS DE PROYECTO
HIBRIDEZ, ILUSTRACIÓN, NATURALEZA

1. Lo híbrido

Algo parecido a las características de la *hybris* de la mitología grecolatina –en tanto ascenso y caída o castigo de dioses o héroes– ocurrió con las cosmogonías americanas que también conocen el proceso de estabilidad y caída, transgresión y castigo. En el caso de las culturas andinas, opera otra hibridación que es la intención ideológica de fusionar o relacionar los dioses antiguos con la religión cristiana, tal como habían intentado los humanistas renacentistas, Pico o Ficino, al buscar en la mitología griega vestigios del Dios cristiano en su forma trinitaria, siguiendo la tesis agustiniana acerca de esa posible extensión del dogma católico trinitario hasta una época anterior a Cristo.

Así se producirá un maridaje híbrido entre Pachamama y la virgen María, entre el todoterreno apóstol Santiago (que en España se convirtió en *matamoros*) y el dios tronante, Illapa, amén que este dios multifacético también fue asociado en su voluntad cristianizante a los ruidosos ángeles arcabuceros o entre Tunupa, el dios wari preincaico, con San Bartolomé.

Illapa además, dentro de la posible asociación con la *hybris* griega, era multiforme o adoptaba múltiples nombres (Yaro, Cacha, Curi) y formas (de imagen antropomórfica en su dorado adoratorio cuzqueño o con tres piedras rituales en el santuario de Cacha). Además, Illapa aludía y formaba parte de aquello anómalo en la vida cotidiana: uno de cada par de mellizos, considerados hijos del rayo, debía sacrificarse así como los hijos paridos en tormenta; casa tocada con un rayo era lapidada y campo chamuscado era cercado e impedido de pisar y cultivar. También se elaboró una noción trinitaria de Illapa, ligada a las formas en que se manifiesta el fenómeno natural triple y una de relámpago, rayo y trueno.

En las cosmogonías de base guaranítica –pero también en el caso de los *hopis* del actual sur del USA o de los *huicholes* de Jalisco– también se despliegan procesos rituales y fenomenologías de mutación/adaptación/castigo de lo cual emergen características cúlticas semejantes a la constitución de lo híbrido. Como lo demostró dentro de su teoría de las *pathosformel*, Aby Warburg se ocupó de investigar la persistencia histórica y la diversidad geocultural de conformaciones míticas asociables al tema de la *hybris*, como sus precisiones etnológicas sobre el motivo del *Ourobouros* y el ritual de la serpiente donde se desarrollan instancias de fusión de diferencias, zoomorfismos o mixturas que, según exigencias de esos rituales, engendran sistemas estéticos y comunicacionales tributarios del modo híbrido.

La mirada del *descubridor* –que puede ser acompañante más o menos objetivo o miembro mismo de la conquista ya que Colón o Cortés escriben lo suyo en plano de *invención,* que es la palabra usada en el siglo XV para *des-cubrir*– se fija en la omnipotencia de lo natural o lo natural-americano como exceso, como ocurrirá en Fernández de Oviedo, el primer cronista significativo que escribe después de haber pasado largo tiempo en las Indias.

El libro del filólogo italiano Antonello Gerbi[61], en sus dos partes, primero efectúa cierta descripción y comentarios de los diversos cronistas de sociedad y naturaleza, de Colón o Cortés –como sujetos concretos de descubrimiento y conquista pero también registradores o cronistas– a Nicoló Scillaci, Michele da Cuneo, Alberigo Vespucci, Pedro Mártir d´Anglería, Martín Fernández de Enciso, Antonio Pigafetta o Lombardo y Giovanni da Verrazzano y toda una segunda parte destinada a presentar vida y obra de Gonzalo Fernández de Oviedo.

Toda esta primera camada de observadores mezcla realidades y fantasías y en general produce escritos de diferente valor por su acceso a la información. Schillaci (que escribe su fascículo *De Insulis...* en 1494), Da Cúneo (*De Novitabus Insularum...*, 1495) y D´Anglería (*De Orbe Novo*, publicado originalmente en latín y español en Alcalá en 1530), nunca viajaron a América. La conocieron por cartas de informantes y van a desarrollar ciertos tópicos sobre lo americano como el estado de lujuria, el canibalismo de seres salvajes sobre los propios americanos y la munificencia de alimentos, como el maíz que luego San Carlos Borromeo se ocupará de difundir e instalar en Lombardía. Anglería plantea el mito de la *tierra de Jauja*, donde abunda todo y se vive en estado natural de desnudez mientras Schillacci, que cree que Colón había llegado al Índico, refiere la mítica existencia del *Reino de Saba*.

Los cronistas italianos –que quizá fueron más prolíficos y difundidos que los ibéricos– instalan el tema americano en la consideración europea y de ello dará

---

[61] Gherbi, A., *La Naturaleza de las Indias Nuevas. De Cristóbal Colón a Gonzalo Fernández de Oviedo*, Fondo de Cultura Económica, México, 1978.

cuenta el interés de algunos artistas por estas escenas novedosas y míticas, como el caso del músico veneciano Antonio Vivaldi, que compone su *dramma per musica* en tres actos *Motezuma* en 1733, según libreto de Girolamo Giusti quien lo escribió basado en la *Historia de la Conquista de México*, de Antonio de Solís y Rivadaneyra (editada en Madrid en 1684).

Esos registros de viajes –curiosos como el de Pigafetta (*Relazione del primo viaggio intorno al mondo*, 1524, que copiará él mismo a mano y regalará a varios monarcas europeos), que es un cronista de la vuelta del mundo de Magallanes y que describe muy imaginariamente la fauna fantástica del mundo que descubre, o el de Verrazano, que es un italiano que despliega artes de piratería al servicio de Francia, o el de Fernández de Enciso, adinerado caballero que participa de varias expediciones frustradas como la de la primera fundación de Panamá y que retornado a Sevilla edita su *Summa de Geographia*, en 1519– fueron revisados y descriptos en múltiples antologías e historias como la compilada por Sonia Mattalia y otros[62] y también existen indagaciones sobre algunos que ocurrieron en el área sudamericana, ya en el siglo XVIII, como el trabajo de Marta Penhos[63], que analiza las expediciones científico-políticas de Gerónimo Matorras (1774, gobernador de Tucumán, que firma el primer tratado de coexistencia pacífica y fundación de reducciones con el cacique *qom* Paikin, en el sitio de La Cangayé, a la vera del Bermejo), Félix de Azara (1782-1801, naturalista español que describió minucio-

---

[62] Mattalia, S. *et al.*, *El viaje en la literatura americana. El espíritu colombino*, Verviert, Frankfurt, 2008.
[63] Penhos, M., *Ver, conocer, dominar. Imágenes de Sudamérica a fines del siglo XVIII*, Siglo XXI, Buenos Aires, 2005.

samente la fauna sudamericana corrigiendo a Buffon y anticipando a Darwin que conocía sus investigaciones) y Alejandro Malaspina (1789-1794, marino de origen nobiliario italiano al servicio de España para quién da una vuelta al mundo en cinco años con observaciones científicas sesgadas por su condición probable de masón herético y las proposiciones que España rechazará, acerca de favorecer la independencia de América en la forma de una confederación).

En general, de este diverso registro histórico queda evidente toda una saga de abatimiento de las culturas originarias mediante diversas prácticas propias de la violencia colonizadora que instauran formas de hibridación en lo territorial, lo político y lo religioso, dando paso a formas nuevas, por ejemplo, en las primeras formas urbanas dominicanas como los *casale* (quizá de origen itálico) o calles de casas agrupadas paralelas a las costas o los *hatos*, formas de ganadería extensiva también aplicadas en las primeras conquistas insulares con base en el uso de esclavismo indígena o negro y también para seguir en Dominicana, a experimentos como la producción de azúcar montada por los franceses hacia inicios del XVII, para lo cual importaron más de medio millón de esclavos africanos.

Dentro de la peculiaridad que presenta el barroco americano en tanto manifestación singular de las prescripciones del barroco contra-reformista, algunas cualidades del mismo, vista las necesidades de articularse con la singular clientela de un público infiel, derivó en características de deformación, elementarización o utilización de recursos más bien pobres pero espectaculares y sencillos en su capacidad comunicante, todo dentro de expresiones que adquieren signos de hibridez como el caso de elementos de ligazón de culturas opuestas –como el caso del León del Sol, escultura pétrea en Cuautlacingo– o de innovaciones funcionales y comunicacionales híbridas –como el escueto monumento funerario de Acatepec–.

También se puede hablar de creatividad adaptativa de saberes europeos transformados y recreados en la aventura americana como la experiencia del poblano andaluz Luis Lagarto y sus hijos –*iluminadores* de textos sagrados y autores de caligrafías originales– o el caso de las esculturas de bulto que remiten a las prácticas de *encarnadores* como el caso de Francisco Xavier Carneiro, ayudante del Aleijandinho en Congonhas a fines del XVIII y proponedor de unas escenas de los pasos de Cristo basados en la técnica de empastar y pintar grandes esculturas que por otra parte retrataban a personas cotidianas (5.1).

Ilustración 5.1

Muchas veces el ideal de la mezcla o crisol se relacionaba con proyectos culturales precisos como parece ocurrir en el mito norteamericano del *destino manifiesto*, que supone imaginar o prever una vida histórica a la búsqueda del crisol de razas a favor de una novedad superior. Aunque esta voluntad de mezcla fue a menudo selectiva, como en los casos de la inmigración de pretensión nórdica que alentaban Sarmiento o Alberdi en Argentina o en la gran saga cinematográfica estadounidense de David Griffith, *Intolerancia*, que si bien mitologizaba la idea del crisol como archipiélago de diferentes, se preocupó de esclarecer, incluso con el *Klu Klux Klan*, que los *negros* quedaran fuera de tal *destino manifiesto*.

La geocultura brasileña intersecta de manera ejemplar discursos coloniales y de relación entre metrópolis y periferias en la primera expansión capitalista europea junto a elementos tales como la apropiación productiva y transformación de una *naturaleza hylética* (al decir del sorprendido Humboldt en su viaje modelo americano a inicios del XIX) y a sedimentos de las modernas hibrideces del mestizaje emanado de la negritud yuxtapuesta a etnias guaraníticas originarias. Todo ello matizado de visiones afectivas de observadores europeos (de Rugendas a Levi Strauss) y de tematizaciones culturales entusiastas de las mescolanzas (de Freyre hasta Villalobos, de Andrade hasta Tarsila de Amaral o Hétor dos Prazeres) junto a modernidades programáticas como la semana del 22 en San Pablo, los antropófagos y *Pau Brasil* y el modelo de una historia moderna acelerada en su pasaje de modos agrarios primitivos y esclavistas –desde el oro de Minas hasta las explotaciones salvajes de café, azúcar o caucho- a la industrialización emergente del grupo BRIC.

La fusión de tales componentes culturales bizarros y divergentes en su posición sociopolítica (en un arco que diferencia lo popular y lo elitista) es asumida como un valor teórico –antes que un castigo de impurezas como ocurrirá en otras culturas americanas– y un marco programático de actuación que puede ser entendida precozmente, y *avant la lettre*, como *poscolonial*, por ejemplo, en el teatro de Augusto Boal o en las *performances* de Hélio Oiticica o de Lina Bo Bardi, cuya obra-de-arte-total en los trópicos redibuja su formación italiana y se abre fructíferamente a procesar el material popular en la saga de un trabajo eco-cultural protagonizado por caso, por Roberto Burle Marx y la construcción en su Sitio BM (5.2), durante años, una metáfora americana al verificarse a la vez como vivero –de 300.000 plantas– y museo artesanal de 30.000 piezas–. La catalogación burlemarxiana supone un enciclopedismo empírico cuyo elemento principal será el paisaje, punto de partida natural o de llegada cultural del ciclo análisis-proyecto y será empero, un enciclopedismo viciado del componente de fusión entre naturaleza y cultura inevitable en América o más precisamente, en Brasil.

Ilustración 5.2

Todo lo cual descansa seguramente en la *sociología del goce* encarnada por Gilberto Freyre, que más que una ocultación del mundo de la negritud esclavizada en las grandes *fazendas*, es una proposición optimista de una *weltanschauung* mestiza y valoradora de mezclas quiméricas y hasta monstruosas. Algo de ese espíritu se descubrirá en el mito novelizado de *Macunaíma*, en los modos de repensar una modernidad pacientemente anclada en los arcaísmos incluso coloniales en Lucio Costa o las alternativas de *fashion-fusión* del diseño de cosas de raigambre popular en los trabajos de los Irmaos Campana como sus *sillas manhojos*, hecha con residuos de tapicería (5.3).

Ilustración 5.3

Dentro de las formaciones de cultura mestiza cabe incluir para el caso dominantemente brasileño, el frecuente cruce e imbricación de posturas entre europeos y americanos, como ocurrió en el connotado caso de Lucio Costa, formado en Europa y luego no menor polemizador de Le Corbusier o en el desarrollo de relaciones que podríamos instalar dentro del campo de cierto *antroposurrealismo*, basado por una parte en los viajes de Claude Levi Strauss a Brasil (donde acuña su visión estructuralista-genetista) o de Pierre Clastres al mundo guaranítico paraguayo (donde acuña su antropología política de las leyes salvajes y las luchas contra las formas de Estado) hasta recalar en los tópicos que estudió Raúl Antelo[64] sobre las influencias cruzadas de Roger Caillois –visitante americano durante la Segunda Guerra– y Georges Bataille respecto de las culturas americanas de fusión y exceso o las relaciones de la brasileña María Martins con Duchamp[65] hasta llegar al cruce de Félix Guattari con la socióloga paulistana Suely Rolnik; toda una trama de préstamos e influencias, de mezclas que articulan lo ilustrado y lo popular.

Precisamente podría demostrarse que la principal recusación de las antropologías y estéticas de cruces, mezclas y fusiones aparecerá en América en torno del moderado impacto del modo ilustrado, fundamentalmente en Argentina pero también en USA, Brasil y México), modo sin embargo más bien fracasado en su voluntad elitista de europeización o aun en su caída en específicos regímenes de hibridación, de lo que emergerán formas expresivas de fusión y deformación de culturas como los temas del barrio, la orilla, la mezcla difusa campo-ciudad o la dificultad de aculturación urbana del migrante de origen rural (sea autóctono o europeo) y la expresión de lo popular como ideología

---

[64] Antelo, R., *Crítica Acéfala*, Grumo, Buenos Aires, 2008.
[65] Antelo, R., *María con Marcel. Duchamp en los trópicos*, Siglo XXI, Buenos Aires, 2006.

multiclasista que en un sentido gramsciano incluye el procesamiento integrativo de los *in-migrantes*.

Así, una parte relevante de la modernidad cultural americana verificará poderosas contaminaciones de una supuesta ortodoxia con recurrencias al clasicismo, el naturalismo, el antiindustrialismo o las apologías del artesanato y ciertas ideologías ligadas a la antiurbanidad, por ejemplo en Niemeyer, Barragán, Costa, Recinos –en su Centro Cultural Asturias, Guatemala, 1971 (5.4), Viva, Salmona, Dieste, Caveri– en sus intervenciones en la Comunidad Tierra, desde 1965 en adelante (5.5)– o Bo Bardi. Y elementos de hibridación que también alcanzan y explican propuestas de la arquitectura contemporánea en la región, por ejemplo, en el ecuatoriano Pascual Gangotena o en el paraguayo Solano Benítez.

Ilustración 5.4

Ilustración 5.5

2. Lo ilustrado

La breve impronta ilustrada borbónica-hispana tuvo cierta incidencia en muy pocos sitios americanos y uno de ellos fue el Río de la Plata (ver los estudios de José Chiaramonte[66] en los que compila el discurso ilustrado de escritores americanos).

Políticamente en esa región, la ilustración resultó elitista y capitalina pero bastó para dar un tono de época cuyo efecto central fue la llamada *Generación del '80* (o también la *línea Mayo-Caseros*) que cumplió varias cosas: exterminar las etnias originarias y el elemento de negritud (en este caso, aprovechando las guerras como la probritánica de la Triple Alianza), organizar un país agroproductivo inserto en la división del trabajo mundial con muy limitadas estrategias de reinversión de las enormes ganancias de dos décadas (1890-1910) –al contrario, por ejemplo, de USA o Brasil, aplicadores a su manera del modelo de acumulación originaria de matriz inglesa– y efectuar un imperfecto *lavado de sangre* que eliminó vestigios originarios pero importó población rural sudeuropea en vez de la deseada nórdica y sajona, con lo cual la elite católica local se cobró la moderada deuda jacobina de los primeros ilustrados (Moreno, Monteagudo, Castelli, etc.), ya que la inmigración recibida fue católica antes que la protestante capitalista.

Esta configuración histórica se produce bajo la abstracta circunstancia del paisaje pampeano, apto, parecería, para una cuadriculación terrateniente –equivalente a la que montó Thomas Jefferson en USA–, una infraestructuración

---

[66] Chiaramonte, J., *Pensamiento de la Ilustración. Economía y sociedad iberoamericanas en el siglo XVIII*, Editorial Biblioteca Ayacucho, Caracas, 1998. También disponible en versión digital.

de monoproducciones cribada de vectores territoriales y de pequeños poblados de servicio rural y una *cabeza de Goliat*.

Hay que leer todo esto con Martínez Estrada, en el libro de ese título referido a Buenos Aires y en el más genérico *Radiografía de la Pampa*, entender su pesimismo militante y apreciar en ese marco cómo se acomodan los perdedores caudillos rurales federales y los ganadores caciques neoconservadores, populistas y suburbanos, como socios políticos de la oligarquía de hacendados.

La ilustración pampeana estaría visualizada a partir del rol preponderante pero contradictorio de Alberdi (un intelectual que asume el bonapartismo como alianza entre autoritarismo y progreso, tal que le permita proponer un modelo argentino de ese cuño pero autónomo de la Europa importadora, o sea capaz de poner en marcha una industrialización cuyos derrames sociales habría que esperarlos después de largos procesos) y Sarmiento (cuya referencia es el modelo USA y la confianza en la ecuación entre población educada –no importa de donde viniera– y tecnología territorial) lo que es analizado en clave de pertenencia a la ilustración liberal por Tulio Halperin Donghi[67] y que reconfigura, en términos de los registros más ligados a la literatura político-territorial (presente en Mansilla, Hudson, Hernández, Sarmiento o Martínez Estrada), el evidente, ya desde su título, texto-respuesta de Fermín Rodríguez.[68]

La estética consecuente habría que analizarla en Xul o en Arlt –y quizá como lo propone Laura Malosetti Costa[69] en los pintores centenarios como Sivori, De la

---

[67] Halperin Donghi, T., *Una nación para el desierto argentino*, CEAL, Buenos Aires, 1989.
[68] Rodríguez, F., *Un desierto para la nación argentina*, Eterna Cadencia, Buenos Aires, 2010.
[69] Malosetti Costa. L., *Los primeros modernos. Arte y sociedad a fines del siglo XIX*, Fondo de Cultura Económica, Buenos Aires, 2001.

Cárcova o Della Valle, pero también en la épica tanguera y barrial (de la que Borges es una caricatura y Manzi una especie de profeta incomprendido), en el conventillo y el sainete, en la europeización acelerada y plebeya– con una historia comprimida que rememora en tres décadas los neohistoricismos y los eclecticismos academicistas mal mezclados con idearios *art nouveau* y protomodernidades: *historia comprimida* que sin embargo se resiste a ser meramente mirada como espejo o réplica de modernidades centrales más bien canónicas. Y de allí una singularidad en una geocultura que podría abarcar a Güiraldes y Girondo junto a Berni, Williams y Prebisch, a los fundadores de una psicocrítica criollizante (Pichon, los Viñas y *Contorno*, Masotta, etc), a cultores infructuosos de una poética *creole-peronista* (Marechal, Kusch, los Lamborghini, Santoro, Dolina, etc.) y a modernos-del-paisaje (como Ortiz, Saer, Conti, Gorriarena, Benedit, etc.).

Dejando ahora la *ilustración pampeana* y extendiendo la búsqueda de ese modo en experiencias americanas, en sus orígenes es necesario considerar el caso de los documentos de registración de los taxonomismos que establecen descripciones geoculturales de territorios en los que se generan mezclas entre alusiones temporales y espaciales, entre la relación de toponimias o grafos territoriales y genealogías o linajes de gobernantes de determinados pueblos y en la interpretación minuciosa de las complejidades etnológicas y biológicas de territorios y ocupantes de los mismos, hoy diríamos con la voluntad comprehensiva cercana al holismo ecoambientalista.

También se dan escrituras de registro de la antropomorfización de lo natural, es decir, de la institución de las mitologías y los componentes de los sistemas religiosos de tipo panteísta, visibles en textos como el *Popol Vuh* y en general en numerosos registros en forma de ideografías que tratan de construir una discursividad compleja que incluye la descripción territorial tanto como la referencia a las características de los rituales instituídos sobre bases geográficas específicas.

De hecho, estos registros –aún referidos a casos más tardíos como las anotaciones descriptivas de rituales de los indios pueblo de fines del XIX o hasta de inicios del XX– fueron asumidos por los estudios de Aby Warburg realizados en su viaje americano, como producciones autónomas y coetáneas de diversos linajes cosmológicos de múltiples orígenes histórico-geográficos, como los análisis que en la línea de su trabajo *mnemosyne*, Warburg incluye en su registro del viaje de 1923.[70]

Pero la complejidad de los registros precolombinos no solo plantea fusiones de espacio y tiempo sino que se instala en las formas de la producción ideográfica, que hoy ya no puede verse como sistema atrasado de lenguaje (respecto del lenguaje convencional o arbitrario de matriz eurocéntrica). Los llamados *códices* –según su bautizo europeo del siglo XIX– representan registros realizados por los llamados *tlacuilos* (palabra que en origen quería decir expertos en la labra de piedra o madera pero que luego deriva a cronista-escriba), como el hoy llamado *Códice Dresden* (5.6). Quiénes lo diseñan, no solo dominan unas técnicas –pintar con colores naturales, esencialmente negro y rojo, sobre superficies de pieles o telas llamados *amates* que se plegaban en numerosas faces haciendo los *amoxcallis* o *casas de códices* literalmente– sino que además eran baqueanos de la cultura, o sea, habilidosos en el conocimiento de aquello que registraban, tales como

---

[70] Warburg, A., *El ritual de la serpiente*, Séptimo Piso, México, 2004.

sucesos histórico-genealógicos, transformaciones biológicas o transcripciones de sistemas mitológicos. Es decir, –si se quiere– una voluntad de aprehensión comprehensiva de un saber total, clasificado según un *modus* específico de registro, que evoca, aun con sus diferencias, los diferentes proyectos de sistematización del saber de matriz europea desde los breviarios o etimologías medievales hasta las *summas* del alto medioevo o el modelo de los enciclopedismos. Incluso los matices de ciencia o descripción exacta y transcripción de los saberes herméticos o iniciáticos de regímenes rituales también evoca el proyecto de saber completo, *blanco y negro*, que sobrevoló Europa.

Ilustración 5.6

Se da aquí una fusión entre responsable intelectual y operador fáctico, un solo personaje era a la vez intelectual y artesano, saberes que bien quiso potenciar y estimular Bernardino de Sahagún cuando insta a los alumnos indígenas del Colegio Santa Cruz que no pierdan el dominio de estas habilidades, en lo que se despliega una nueva figura de fusión en estos productos a la vez originarios y adaptados por la incipiente voluntad de colonización cultural de los conquistadores, sobre todo de sus frailes. Incluso el potencial de estos documentos, en otro pliegue de sus contaminaciones e interpretaciones o usos, fue admitido en las crónicas de Pedro Mártir de Anglería, que veía en estos documentos la fuente de anotaciones astronómicas y de modos y tiempos de cultivos asociando además su lenguaje a la producción jeroglífica egipcia, con lo que se reafirma la sensación de una producción de conocimiento consonante con esas totalizaciones de saber, esa ilustración de articulación de ciencia precisa y artes mágicas o de ritualidad.

Los estudios de Joaquín Galarza[71] examinan cuidadosamente la complejidad de estas escrituras y organizan una metodología de análisis que refiere al carácter imaginario de los discursos pero también, a su condición de representación o espejo razonado de la complejidad de un lugar y un tiempo, casi adjudicando al códice un registro semejante al ordenamiento ideativo de un proyecto (en tanto proposición razonada de un lugar/ uso futuro).

Y como argumento final para detectar la vocación *omnidescriptiva* o enciclopédica de estos documentos,

---

[71] Galarza, J., *Amatl, amaxtli. El papel, el libro. Los códices mesoamericanos. Guía para la introducción al estudio del material pictórico indígena*, Tara, México, 1992.

cabe referir el intenso interés que despertaron en Europa en plena época de Ilustración –que le adjudicó su nombre de origen latino, *codex* y que se apropió hasta hoy de la mayoría de los aún existentes que en general tienen el nombre del europeo que los sustrajo, como el *Códice Boturini* o *Tira de la Peregrinación*, un extenso *amoxcalli* de casi cinco metros que resultó el motivo de aplicación de una técnica galarziana de análisis de estas escrituras que hacen Luz Betancourt y Rita Fernández[72]– visible en los estudios que le dedicó Humboldt, quién los consideraba documentos etnológicos científicos, o Lord Kingsborough, que despertó en Inglaterra cierta manía coleccionística de estos objetos.

A la intensa producción de sistematización de saberes propias de los códices (que en el caso andino bien puede equipararse al esfuerzo taxonómico del inventario de Guamán Poma de Ayala, también a caballo entre lo indígena y la operación de la colonización) que la conquista apropió en beneficio propio, se suplementa, casi en paralelo, el saber ordenado que los europeos organizaron como contracara técnica de la dominación, como por ejemplo, las diversas sistematizaciones de las llamadas *Leyes de Indias* o el *Sumario de Indias* de Gonzalo Fernández de Oviedo e incluso, los diferentes registros de las culturas previas realizados por frailes franciscanos como Las Casas, Benavente o Motolinia en *nahuatl*, Mendieta o Sahagún, los jesuitas Sandoval o Ruiz de Montoya, el dominico García y también cronistas civiles como Díaz del Castillo, López de Gomara, Herrera y Tordesillas, Solís y Rivadaneyra, Solórzano o

---

[72] Betancourt, L.; Fernández, R., *El estudio de los códices*, Revista Desacatos, N° 22, 2006, México, pp.9-36.

León Pinelo, cuyas diversas aportaciones tendientes a configurar descripciones sistémicas o protoenciclopedistas del mundo americano fueron adecuadamente caracterizadas por David Brading.[73]

En todo esa registro y proposiciones destacan acciones como la campaña de cristianización por bautizos colectivos que aplicara Motolinia a los aztecas como parte de la conquistadora compañía de los doce frailes, la defensa de las agresiones que sufrían los negros en América, que acometería Sandoval, la propuesta política de convertir las Indias en la *Provincia Tridentina*, o sea, la tierra de la Contrarreforma que hiciera el obispo de Puebla Juan de Palafox o los trabajos de recopilación sistemática de usos y costumbres que realizara, además del consabido trabajo guamaniano, el llamado Inca Garcilaso de la Vega en su *Florida del Inca*, texto editado en 1605. Frente a toda esta producción de pretensión ilustrada o enciclopédica, cabe referir a la ferviente descalificación por primitivismo que un enciclopedista francés, La Condamine, escribiera desde Europa junto a otros publicistas como Ulloa y de Pauw, también descriptores del atraso y primitivismo americano que justificaría no solo su dominio sino su explotación y que anticipara otros discursos europeos de pretensión iluminista como los de Buffon o Hegel.

Las llamadas *Leyes de Indias* constituyen, en rigor, un ordenamiento *ex post* realizado por el ilustrado Carlos II en 1680, o sea, bastante después de la mayoría de las fundaciones. En sus nueve libros ordenan y clasifican toda la normativa de la colonización. Por ejemplo, el libro

---

[73] Brading, D., *Orbe Indiano. De la monarquía católica a la república criolla, 1492-1867*, Fondo de Cultura Económica, México, 1991.

IV registra las instrucciones de poblamiento, fundación de pueblos y repartimiento de tierras y en el VII, la llamada *acción policial* que en el mundo ilustrado refería a la administración de las ciudades y asentamientos de acuerdo a la incipientemente llamada *ciencia de policía*. De este modo, realiza un resumen analítico y crítico de tres sistemas legislativos previos: las *Leyes de Burgos*, de 1512, formuladas a instancias de los cronistas domínicos; las *Leyes Nuevas*, de 1542, que Carlos V sanciona ante los requerimientos de Las Casas y las *Ordenanzas de Alfaro*, de 1612, que el oidor charqueño Alfaro propone a la Corona para mejorar el maltrato dispensado a los indios en las encomiendas.

En cuanto al caso de Gonzalo Fernández de Oviedo, de profesión abogado, cuya biografía acumula rasgos tan diversos como su dedicación al tráfico de esclavos e incluso el fraude en el comercio con indios, al prontuariado de acusaciones de la Inquisición o su participación en el séquito de Carlos V en el Saqueo de Roma, destaca una larga permanencia en América –La Española y otras islas caribeñas y *Tierra Firme*, en rigor, Costa Rica– que le permitió muchas observaciones biológicas, etnológicas y costumbristas *in situ*. Estas serían escritas luego en su *Sumario de la Natural Historia de las Indias*, que editado en 1526 y que luego reeditará y aumentará en su *Historia General y Natural de las Indias* que se publica en 40 libros y tres tomos en 1549, después de que fuera nombrado, luego de sus antecesores Anglería y Guevara, como tercer Cronista Real de Indias. Su prolífica producción incluye la redacción de la primera novela de caballería –*Clarialte*, editada en 1519– que transcurre en el Nuevo Mundo.

Estos trabajos resultan de modalidad ilustrada por su pretensión omnidescriptiva ya que se propone y consigue –con las limitaciones de su capacidad de observación y análisis– dar cuenta de fauna, flora, minerales o comestibles indianos e incluso comentarios por lo menos curiosos de quién asume la diferencia entre *naturales* o europeos y *contra-naturales* o americanos, como sus valoraciones de la etnia chorotega de las Bahamas o su descripción de las mujeres indianas:

> A las mujeres principales que se les van cayendo las tetas, ellas las levantan con una barra de oro, de palmo y medio de luengo y bien labrada, y que pesan algunas más de doscientos castellanos, horadadas en los cabos, y por allí atados sendos cordones de algodón; el un cabo va sobre el hombro, y el otro debajo del sobaco, donde lo añudan en ambas partes.

Pero esa mirada antropológica se inficiona de muchos prejuicios tales como la anatemización (luego de sus prolijas descripciones) de las costumbres sodomitas de los aborígenes o su versión de posesión demoníaca:

> Cuando el demonio los quiere espantar, promételes el huracán, que quiere decir tempestad; la cual hace tan grande, que derriba casas y arranca muchos y muy grandes árboles; y yo he visto en montes muy espesos y de grandísimos árboles, en espacio de media luna, y de un cuarto de legua continuado, estar todo el monte trastornado, y derribados todos los árboles chicos y grandes, y las raíces de muchos de ellos para arriba, tan espantosa cosa de ver, que sin duda parecía cosa del diablo, y no de poderse mirar sin espanto.

Tal aparente demonización de lo que ahora sería nada más que un huracán tropical, le servía empero para asegurar que de ello devenían costumbres y rituales idolátricos y también aficionados a los sacrificios:

> Hácenle sacrificios en muchas partes de sangre y vidas humanas, y en otras de sahumerios aromáticos y de buen olor, y de malos también.
> Tornando al propósito del tequina que los indios tienen, y está para hablar con el diablo, y por cuya mano y consejo se hacen aquellos diabólicos sacrificios y ritos y ceremonias de los indios.

Nombra *tequina* a los ídolos indígenas y tal descripción de lo sacrificial alcanzará hasta una caracterización de la muerte que explica los acompañamientos (el ritual del *tuyra* o enterramientos vivos) de deudos y serviciales:

> Porque tienen por opinión, y así se lo tiene dado a entender el tuyra, que el que se mata cuando un cacique muere, que va con él al cielo, y allá le sirve de darle de comer o a beber, o está allá arriba para siempre ejercitando aquel mismo oficio que acá, viviendo, tenía en casa de tal cacique; y que el que aquesto no hace, que cuando muere por otra causa o de su muerte natural, que también muere su ánima como su cuerpo.

En cuanto a la existencia de cierto constatable enciclopedismo barroco en América, aquello tiene que ver con los saberes del aparato comunicacional-político, ahora trasplantado desde el ideario tridentino, a una intensa propaganda de captación sensorial o teatral de los indígenas para la cristiandad, aceptando fusiones y mezclas simbólicas (como en el ritual guadalupano) pero teniendo muy presente el programa de *extirpación de idolatrías*.

La voluntad programática de configurar toda una estrategia que prácticamente regulara totalmente los componentes de las escenas públicas –desde el arte pictórico religioso hasta los breviarios, misales y catecismos de indígenas, desde los objetos de uso social como las vestimentas hasta los adornos de las cabalgaduras– todo ello integra, de manera sistemática y fruto de precisas clasificaciones, todo el arco de la colonización cultural, incluyendo tal puntual evaluación de cada práctica artesanal o la autorización de motivos que pudieran formar parte de alegorías a usarse en las piezas artístico-comunicacionales, aspectos de singular espíritu o modalidad ilustrada que investiga pormenorizadamente Serge Gruzinski.[74] El autor analiza el programa de obstrucción planificada de la memoria, identidad y tradición de los indígenas mediante procedimientos que cristianizan no solo lo cúltico-trascendente sino directamente la cotidianeidad en unas prácticas que resultan de singular espesor hermenéutico (por ejemplo, con las recreaciones que los frailes receptores de testimonios indígenas hacen de ellos, reexplicando todo el devenir del mundo según equivalencias cristológicas) y alta repercusión psicológica (los indígenas son reformateados según una intensa manipulación de conciencias y cuando verificamos resultados de hibridación es que fallaron algunos mecanismos de esa manipulación o se hizo evidente cierta resistencia psíquica).

Fruto algo malsano o indirecto de esa campaña y de las tibias reacciones de algunos intelectuales criollos devendrán en una crítica iluminista al barroco imperial de Carlos III, por ejemplo, en escritos relativamente ligados al mundo ignaciano del ex jesuita Carlos Siguenza, que más tarde hasta tuvieron ciertos efectos en la ideología de la emancipación (por ejemplo en Francisco Miranda o en Simón Rodríguez, que en realidad se articulan al ideario filobritánico-masón).

---

[74] Gruzinski, S., *La colonización de lo imaginario. Sociedades indígenas y occidentalización en el México español. Siglos XVI-XVIII*, Fondo de Cultura Económica, México, 1991.

Otras modalidades de recepción, quizá pasiva, del modelo ilustrado vinculado a la Revolución Industrial, quedará manifiesto en el orden técnico de la integración americana en la división mundial del trabajo y en los procesos de montaje de las diversas ingenierías territoriales en el trazado de vías de comunicación, núcleos de agroprocesamiento, enlaces ferroviarios, puertos e infraestructura técnica de capitales (lo que hasta incluirá la participación ultramarina de personajes centrales del *tecnoiluminismo* como Gustave Eiffel o Fernand de Lesseps) y en el surgimiento mismo de activistas políticos o intelectuales como Sarmiento (que como pensador iluminista desarrolló sus propuestas de los *100 Chivilcoy* o multiplicación de colonias agrotécnicas experimentales o de *Argirópolis* como capital simbólica de América, pensada al modo ilustrado y con sus sistemas simbológicos) o Jefferson (él mismo partícipe del Enciclopedismo francés y su voluntad de racionalizar la experiencia europea para crear una América fruto del raciocinio y de un esquema de cuadriculación territorial que recuerda el modelo de los trazados de las doce tribus judías o de las prescripciones teóricas de las Leyes de Indias).

Esa frecuentación o familiaridad entre ilustración central y periférica es fruto consecuente del éxito de la colonización. De allí que resulta pertinente la idea de una temprana aparición de la noción de globalización o mundialización (como se nombra en Francia a la globalización) como bien lo plantea, integrando el caso americano el más reciente trabajo de Serge Gruzinski[75],

---

[75] Gruzinski, S., *Las Cuatro Partes del Mundo. Historia de una mundialización*, Fondo de Cultura Económica, México, 2010.

que analiza la expansión ibérica de Carlos y Felipe con su cosmovisión apoderante desde México hasta Filipinas, desde Flandes a China, desde Angola a Goa.

Tal temprana situación de mundialización explica productos culturales de pretensión global en su caracterización de confrontación entre cultura y naturaleza (o entre humanidad y barbarie) en Montaigne pero también en *La Tempestad*, última obra teatral de Shakespeare que propone al Calibán como referencia seductora del salvaje en un tema que luego se rescribirá desde la óptica diversa de americanos como en el *Ariel* del uruguayo Rodó al *Calibán* del cubano Fernández Retamar.

Habrá por cierto, algo en retaguardia, diversas reescrituras populistas de relatos fundantes que vegetan en su centrifugación por parte de la homogeneización de la globalidad y ya contaminados por la circulación de los discursos en obras colectivas y populares como los retablos ayacuchanos, el trabajo de artistas *naif* como la familia de José Espíritu en Cajamarca, etc.

Pero también subsiste y se expresan características propias de modernidades cultas que incluyen la recepción y las codificaciones de saberes de matriz eurocéntrica, tanto en el manejo de lo academicista canónico junto a sus metadiscursos de base masónica y ocultista en Alejandro Chistophersen (como en su Iglesia Ortodoxa Rusa, 1901, 5.7) o en diversas imbricaciones de ajenidades y autoctonismos, por ejemplo, en la meditada y culturalmente efectiva obra de Lucio Costa, quizá en arquitectura como cosa equivalente al trabajo que en lo etnológico y cultural realizarán Oswald de Andrade o Darcy Ribeyro.

Ilustración 5.7

Así también, y usufructuando el legado más bien protocolario de los cultos historicismos del XIX que reelaboraron el espíritu enciclopedista francés (de Durand a Garnier y Viollet), se desarrollarán en la escena americana un tipo que llamaríamos de modernidades adaptativas-oportunistas, que dentro de procesos híbridos como los del *Art Deco*, enciclopedizan las alegorías arquitectónicas de modernidad en casos como los del boliviano Emilio Villanueva o el argentino Alberto Prebisch.

Y también aletea en el ambiente americano –sobre todo en la literatura y en las artes plásticas– un concepto de ilustración como operación de confrontación/captura de lo salvaje-natural que iría, en el caso argentino, desde los discursos rivadavianos hasta la estética de Amancio Williams –como en su obra principal y casi única, la Casa del Puente, 1946, 5.8), desde las investigaciones plásticas de Luis Benedit o Jacques Bedel (como sus diferentes versiones de casas pampeanas de sabor clasicista, como la casa del *Martindale Country Club* en Pilar, 1998 o la casa Virtuani, 5.9) hasta la construcción simbólica del gaucho; desde las metáforas territoriales y asociales de Hernández hasta la mitificación criollista de Borges, temática sugestivamente encarada por Josefina Ludmer[76], quién plantea la apropiación literaria culta e ilustrada del material popular, trocando entonces, existencias marginales en relatos constitutivos de identidad.

---

[76] Ludmer, J., *El género gauchesco*, Perfil, Buenos Aires, 1993.

Ilustración 5.8

Ilustración 5.9

3. Lo natural

Es a través de Humboldt que América será objeto de conocimiento científico de interés europeo y sus observaciones se suman al debate que desde su descubrimiento se había planteado en relación con su *estado de naturaleza*, celebrado y quizá valorado por Montaigne y hasta por el Shakespeare de *La Tempestad*, su última pieza teatral, de 1611 (si es que sus figuras arquetípicas Próspero, Ariel y Calibán refieren a América, puesto que podrían también aludir a África) tanto como denostado por Buffon y Hegel, en tanto territorio de barbarie por exceso de naturaleza y ausencia de rasgos culturales.

Desde luego que el aspecto de *exceso de naturaleza* impregnará buena parte del pensamiento engendrado en América como la propia interpretación de los héroes shakesperianos en el *Ariel* del uruguayo José Rodó (1900) hasta el *Calibán* del cubano Roberto Fernández Retamar (1971). Este último valora a Calibán –palabra que el inglés compone entre *caníbal* y *Caribe*– que representa lo americano, expresión de apego a lo terrenal, que también retomaron el socialista Aníbal Ponce o el poeta caribeño Aimé Cesaire y que por lo demás parece que Shakespeare extrajo de Montaigne.

El *Facundo* sarmientino subtitulado *Civilización y Barbarie* e impreso en 1845 completa este muestreo y presenta tanto el rechazo a los personajes de la tierra, los *gauchos bárbaros*, tanto como una suerte de atracción y respeto por sus prácticas (por ejemplo, las del *rastreador* o lector de los signos del territorio) y valores e instaurando, si se quiere, un punto central de repulsión y deseo en torno de lo natural americano, que atraviesa toda su historia y permea todas sus expresiones culturales. De modo que por una parte sería claro reconocer el predominio de lo natural en la vida americana así como considerarlo un defecto de progreso, situación en la que no incurre, por ejemplo, José Lezama Lima pero sí Octavio Paz.

Si el debate sobre naturaleza dominante o excluyente también atraviesa la primera confrontación política entre colonizadores y conquistados (representados en los Juicios de Valladolid de 1550, respectivamente, por el abogado real fray Ginés de Sepúlveda y el fray Bartolomé de las Casas a nombre de los aborígenes, en que los primeros negaban humanidad por abundancia de naturaleza a esos hombrecillos, *homúnculos*, casi monos, para asegurar la conquista cuya juridicidad dependía de apropiarse de lo natural *in-humano* o sin dueño y contra lo que Pablo III en su bula *Sublimis Deus* de 1537 había dictaminado: "Nos, que aunque indignos, ejercemos en la tierra el poder de Nuestro Señor (...) consideramos sin embargo que los indios son verdaderos hombres y que no solo son capaces de entender la fe católica, sino que, de acuerdo con nuestras informaciones, se hallan deseosos de recibirla", lo cierto es que la voluntad política de la conquista obnubilaba a los pensantes europeos incluso a aquellos que como Francisco Vitoria esgrimían las últimas flexiones del derecho natural tomista lo cuál no lo inhibía para declarar cosas como éstas:

> Esos bárbaros, aunque, como se ha dicho, no sean del todo incapaces, distan, sin embargo, tan poco de los retrasados mentales que parece no son idóneos para constituir y administrar una república legítima dentro de los límites humanos y políticos. Por lo cual no tienen leyes adecuadas, ni magistrados, ni siquiera son suficientemente capaces para gobernar la familia. Hasta carecen de ciencias y artes, no solo liberales sino también mecánicas, y de una agricultura diligente, de artesanías y de otras muchas comodidades que son hasta necesarias para la vida humana.

Desde luego que las experiencias de los pueblos originarios antes de la conquista habían desarrollado un estatuto de poder y saber bastante sofisticado a pesar o más bien, debido a que se basaba en el poder simbólico y ritual de religiones de la tierra, panteísmos diversos que daban pie a maniobras prudentes, aunque técnicamente ambiciosas, de antropizar esas naturalezas según se advierte en los sofisticados emprendimientos hídricos o agronómicos y hasta en una pasión observable sobre innumerables toponimias o modos de nombrar lo territorial, invistiéndolo de resonancias míticas. Así es como tales manejos del agua y los cultivos desembocaban a la vez en una modelación técnica de naturaleza tanto como en su divinización, por ejemplo, como se registra en el *Popol Vuh* de los quichés alrededor del mito del *demonio blanco*, que sería el mito del maíz.

La relevancia religiosa y a la vez práctica o política otorgada a la naturaleza (y su subjetivización en torno de un parnaso que divinizaba sus rasgos según se advierte en dioses como *Inti* –el sol– o *Illapa* –el trueno–, etc.) no desembocaba simbólicamente en una producción de cultura monumental sino al revés; en multiplicadas experiencias de intensa relación empática entre sujetos y territorios, como ocurría en las derivas y peregrinaciones de paisaje: las prácticas de viaje de formación para explorar los efectos iluminadores de alucinógenos que practicaban y aún practican los *huicholes* de Jalisco son justamente lo opuesto a la idea de monumento. Sus prácticas de intensificación de la implicación en lo natural los acercan al mencionado y críptico saber de los lectores de territorio; prácticas mediadas, instruídas y dirigidas por la conducción de unos chamanes-sacerdotes-baqueanos, los *marakames*.

Es decir, cultura mediada por naturaleza, como por otra parte alcanzó a determinar la índole de *antimonumentos* como las *huacas* preincaicas y su instalación en redes territoriales y que son obras artificiales para enterratorios que, sin embargo, se disimulan debajo de un montículo natural ingresando así a un estadio de invisibilidad por su casi completa disolución en naturaleza. Expresiones cúlticas complejas anteriores al siglo I antes de Cristo, como las de los mochicas de las huacas del Sol y de la Luna, cerca de Trujillo en Perú, que son por completo subterráneas. La huaca del Sol, que tiene más de 40 metros de altura y una planta de 230X140, según registros criptográficos, acumuló los 130 millones de adobe que la componen mediante el trabajo de un cuarto de millón de operarios que hicieron el complejo en solamente tres días (5.10).

Ilustración 5.10

Teresa Gisbert[77], en el capítulo que lleva el mismo título que su libro, ofrece una buena introducción a los aspectos que conectan evangelización y naturaleza, dentro de la voluntad ideológica imperial general de desterrar todo vestigio idolátrico de cultos panteístas precisamente ligados a entender lo natural como sobrenatural en tanto fuente de las creencias religiosas. De allí que no se vacila en retornar a ciertos tópicos medievales como la identificación de María y la liturgia mariana con la referencia al *hortus conclusus* monástico.

El célebre memorial de Felipe Guamán Poma de Ayala (supuestamente mestizo de ascendencia incaica al servicio del sistema colonial de recaudación de impuestos) dirigido a Felipe III –a quién nunca le llegó–, para dar cuenta de aquello que se corría riesgo de perder, es decir, los logros incaicos, incluye en su peculiar sistema de láminas comentadas una voluntad de dejar registro iconológico completo de la cultura que pretende describir y en tal conjunto, así como hay conocidas series dedicadas a mostrar las ciudades de la región o las prácticas de los diferentes trabajos y actividades, hay también referencias descriptivas de sus lecturas de naturaleza, dentro de sus casi 4.000 dibujos de página completa que componen la *Nueva Corónica y Buen Gobierno*, cuya escritura concluye en 1615, como en el caso de ilustración 5.11, referida a un *astrólogo*, en tanto lector de los signos astrales, adivinador (con su báculo de agua) de las marcas del terreno y calculador (con su quipu de cordeles) de la cuantía de las cosechas.

---

[77] Gisbert, T., *El Paraíso de los Pájaros Parlantes,* Plural, La Paz, 2001, pp. 149-181.

Ilustración 5.11

La actitud cronista de Guamán es sintomática de una voluntad americana precolombina muy interesada en la producción de registros como los que los europeos luego llamarán *códices*, típicos de las culturas quiché de Mesoamérica, que se interesaban primordialmente en documentar las historias de personajes relevantes de las respectivas sagas gobernantes en sus territorios, indicando su movilidad a la búsqueda de mejores condiciones de asentamiento y siempre muy detallistas en la descripción de las características naturales.

En los escenarios andinos, los estudios de Rolena Adorno[78] sobre la *Nueva Coronica* o, en mayor despliegue, en la búsqueda de lo natural en el trasfondo de la literatura americana en sus estudios de las utopías paradisíacas[79] (en que une la región imaginaria de Guangane, especie de paraíso que Garcilaso ubica en su sitio imaginado de La Florida, con la región mítica de García Márquez) y los del Henrique Urbano (en su página web *Idolátrica*, donde se insertan sus ensayos *Ídolos, figuras, imágenes. La representación como discurso ideológico* y *Tanki Onkay y mesianismo andino en el siglo XVI*) sobre las fusiones o confrontaciones entre lo autóctono y lo moderno –que también encaró Rodolfo Kusch[80]– se ocupan asimismo de destacar la preponderancia de la naturaleza en la vida y en el imaginario simbólico de los pueblos originarios, siempre extremadamente atenta a

---

[78] Adorno, R., *Guamán Poma. Literatura de resistencia en el Perú colonial*, Siglo XXI, México, 1991.
[79] Adorno, R., *De Guangane a Macondo. Estudios de literatura hispanoamericana*, Renacimiento, Madrid, 2008.
[80] Kusch, R., *Geocultura del hombre americano*, García Cambeiro, Buenos Aires, 1976.

los signos de la naturaleza tanto como escépticos de los controles técnicos de la misma.

Por otra parte, la acción de los *xumétricos* o expertos cartógrafos que participaron de las campañas de colonización y conquista también, fuera de la aplicación ilustrada de las referencias urbanísticas que luego integrarán las Leyes de Indias, tuvieron bastante protagonismo en entender lo natural de los territorios que revisaban a la búsqueda de las mejores condiciones de implantación, diríase ahora, con un temprano interés en lo que hoy llamaríamos *sustentabilidad*.

También es notorio el reconocimiento a veces admirativo de los componentes y atributos de naturaleza que pueden advertirse en muchos párrafos de las *Leyes de Indias* o de las dos versiones de los *Sumarios* de Fernández de Oviedo e incluso de los trabajos de su antecesor como cronista oficial de Indias, Pedro Mártir de Anglería, que fueron cuidadosamente registrados y analizados en el ya citado libro de Antonello Gherbi *La naturaleza de las Indias Nuevas, De Cristóbal Colón a Gonzalo Fernández de Oviedo*, como asimismo los documentos etnobiológicos también referidos en otros tramos, de los llamados viajeros científicos como D'Orbigny, Malaspina, etc.

Los conocidos documentos que Humboldt produjo de su visita al cerro Chimborazo en Ecuador son calcografías coloreadas por Jean Thomas Thibaut, según bocetos e instrucciones del científico. Este ascendió a ese pico volcánico de 5.760 metros de altura, lo que le produjo una gran satisfacción además de la posibilidad de registrar, junto a Bonpland, la célebre vista del pico que propone por primera vez una ecología altitudinal y una interpretación de la complejidad ambiental del mundo natural. En un monográfico de la revista *Humboldt*[81] que conmemora el bicentenario del viaje americano, se incluyen los ensayos de W. Burgmer y M. Osten sobre el escalamiento del Chimborazo y las conclusiones científicas del viaje reproduciéndose el corte/vista/tabla descriptivo de la montaña.

En una dimensión que llamaríamos preproyectual, la observación analítica y crítica de la naturaleza es condición inicial y básica del entendimiento del *locus* y motor principal de una capacidad de transformación (proyectual) al menos compatible con la condición del sitio.

El largo viaje del barón von Humboldt, ya una autoridad académica prusiana cuando lo emprendió, no solo –como a Darwin– le permitió terminar de proponer una visión integrada del mundo –su megalibro *Cosmos*– sino que le sirvió para disentir con la *inteligentzia* europea que con Buffon, sostenía el primitivismo americano, al menos para, en su caso, admitir la preponderancia y magnificencia del mundo natural (esa *Hylea* que establecía en América, una condición superlativa de naturaleza), postular un faltante de cultura (concomitante según él, al exceso de naturaleza) y disentir de manera bastante frontal con las ideas de Hegel, otro propagandista iluminista del atraso americano. Los resultados del viaje de cinco años por América (1799-1804) serían publicados en varios tomos, en francés, de 1806 bajo el título *Voyage aux régions equinocciales du Nouveau Continent*. Hay varias traducciones al español de los registros del viaje humboldtiano.[82]

---

[81] "Monográfico dedicado al viaje americano de Alexander von Humboldt" en *Humboldt*, Nº 126, Bonn, 1999.

[82] Humboldt, A. von, *Sitios de las Cordilleras y Monumentos de los Pueblos Indígenas de América*, Editorial Solar/Hachette,

La tradición paisajística inglesa llega a USA, no solo en el *Central* y el *Prospect Park* y en la idea del *cementerio parque*, sino también en otras novedades como los *parques nacionales naturales* (el primero es de fines del XIX: Yellowstone) y en actuaciones como las de Benton MacKaye, quién en su *Apalacchian Trail* se planteará descubrir un itinerario y proponer una idea de paisaje como memoria y reserva: *memoria* como lugar de recuperación de identidad nacional y *reserva* como área manejada para que no se extingan cualidades de paisaje. También aquí se reedita la noción de una fuerte identificación *topofílica* entre sujeto/comunidad con el topos.

MacKaye no solo evoca la fuerte *frontier culture* de los expedicionarios que investigaban el vasto territorio americano en busca de panoramas, pero también de espacios susceptibles de explotación, sino que también fue uno de los fundadores de la reconocida *Regional Planning American Association*, que junto a otros miembros célebres como Lewis Mumford o Clarence Stein, iban a desarrollar no solo una fuerte crítica a lo *tecnourbano* sino que iban a continuar con planteos relacionados con esquemas territoriales (el sistema del *Tennessee Valley* fue uno de sus ejes).

El mismo MacKaye, ingeniero forestal de profesión, había trabajado en un asentamiento innovador para Henry Ford dentro de la TVA –el enclave de *Muscle Shoals*– hasta que en 1921 escribe unas pocas páginas[83] en que propone el *Appalachian Trail* (5.12), un espacio lineal de casi 1.500 kilómetros que tenía que convertirse

---

Buenos Aires, 1968. Esta edición contiene los tomos XV y XVI de la compilación francesa mencionada en el texto.

[83] MacKaye, B., *An appalachian trail: a Project in regional planning*, Journal of American Institut of Architects, Octubre, 1921.

en un recorrido –*trail*– casi patriótico y que contenía, según su análisis, más de una decena de áreas naturales de alta calidad que debían convertirse en parques nacionales (cosa que ocurrió) y que asimismo contenía las reservas minerales, madereras y de agua fósil de las que dependería todo el desarrollo del frente urbano de la *East Coast* (esos reservorios se convirtieron en áreas de propiedad estatal y así siguen).

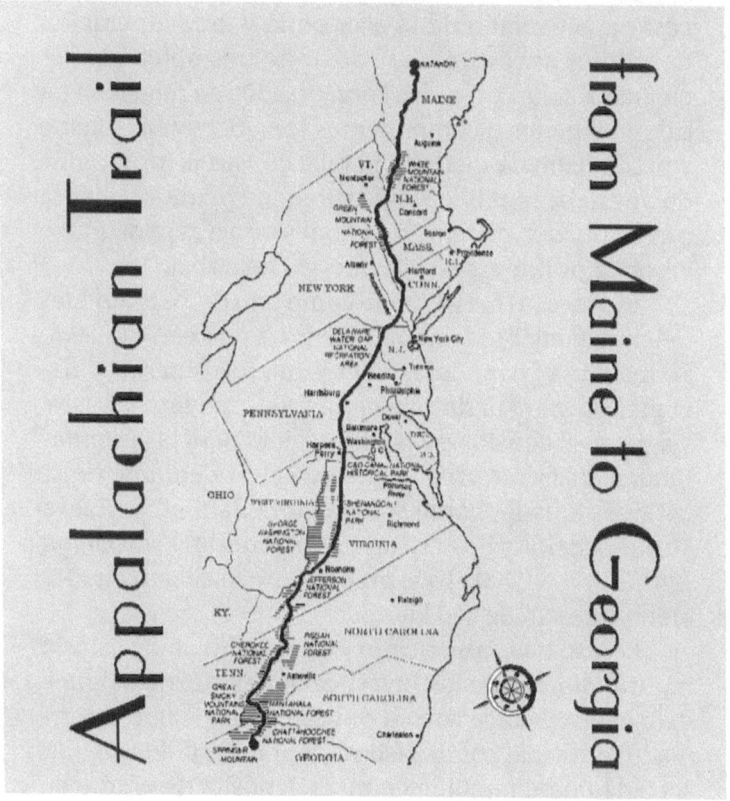

Ilustración 5.12

La acción de este ingeniero rural –especialista en lo que llamaba *timber mining*, minería maderera– es contradictoria; para algunos es un avanzado ecoproyectista, para otros, representante del pensamiento más elitista y conservador. MacKaye, después de muchos recorridos, escribe tal artículo de 1921 proponiendo reconocer este sendero de cresta que atraviesa los Apalaches uniendo Canada y Virginia.

Lo considera un frente de expansión para la necesaria activación de la economía y la recuperación de valores ancestrales al hablar de tres objetivos (recreación, salud y empleo) organizados en relación con tres cualidades o componentes (perspectivas, oxígeno y producción de maderas para la construcción). Habla de que debe repoblarse una ruralidad perdida y piensa que se pueden ocupar 25 millones de acres para que se creen unos nuevos 40.000 puestos de trabajo.

El proyecto fue asumido como uno de los referentes del planeamiento regional que iba a postular la RPAA. Se iba a usar para desarrollar numerosos parques nacionales y para definir reservorios de madera silvestre y agua fósil consideradas estratégicas para la sustentabilidad del frente urbano que está al piedemonte y que incluye ciudades como Washington, Baltimore, Nueva York, Filadelfia y Boston. En 1979 se creó la ONG *Benton MacKaye Trail* (BMT) que promueve recorridos pautados en un trayecto de 480 kilómetros.

El caso norteamericano y de su culto por lo salvaje natural dio paso a las investigaciones y expediciones del citado McKaye con su óptica compleja que entendía lo territorial como sustrato moral y estético de una sociedad pero también como el depósito de productividad y sustentabilidad para un estilo de desarrollo que coincidiría con el keynesianismo del *new deal* rooselvetiano. Prosperó también en ese medio, un pensamiento que estableciera justamente una valoración de lo natural como fundamento y posibilidad del *destino manifiesto* de USA, planteado por sus *founders Fathers*, e implementada por la famosa expedición de Lewis y Clark, pequeño grupo de militares y científicos que Jefferson organizó entre 1804 y 1806 para reconocer el oeste americano inmediatamente después de la compra de los territorios franceses de la Louisiana (1803) y antes de la adquisición y conquista de los *western union states* en poder de los españoles y mexicanos, que ocurrió a partir de 1840 y que hizo que los demócratas jacksonianos hablaran desde esa época del *manifest destiny*.

La valoración política y filosófica que los norteamericanos hicieran de su frontera y desierto, su *boundary* y *no-man´s land*, arranca con la excepcionalidad de su destino histórico que le fuera adjudicada por pensadores como Alexis de Tocqueville quién en su *Democracia en América*, escrito entre 1831 y 1840, le asigna esa cualidad y destino basándose en la condición de una sociedad desarrollada con base en la práctica de férreos comerciantes puritanos que no alcanzaron a conocer ni el feudalismo ni las grandes aristocracias de sangre y suelo y que administraron *moderadamente* (a la griega) la esclavitud. Modelo que, sin embargo, despertó la condena católica en la figura de la *herejía del americanismo* propalada por León XIII en su encíclica *Testem Benevolentiae Nostrae* de 1899.

Lo concreto es que tal cultura afirmará su valoración de lo natural en trance de resultar habitado y en producción organizando un programa político de larga duración que entre otras expresiones se verificará en los *McGuffey*

Readers, unas cartillas educativas usadas entre 1840 y 1900 en la educación pública para ratificar el *manifest destiny* y la campaña de conquistar la frontera o en las prácticas del presidente-explorador Theodore Roosevelt, explícita por ejemplo en sus populares escritos como *Ranch Life*, de 1888, cuyo título lo dice todo.

Desde luego, esta formación histórica explicará el surgimiento de pensadores como Henry Thoreau y su *Walden o la vida en los bosques* de 1846 y un poco antes, en 1836, el *Nature* de Ralph Emerson y de allí toda la diversificada saga de pensadores, artistas o activistas del naturalismo desde la arquitectura de Wright hasta la pintura de O´Keefe o el paisajismo de Killey.

En Sudamérica también florecieron *filósofos de lo natural*, quizá no tan unilateralmente orientados a hipervalorar lo natural-territorial ni tampoco articulados a proyectos políticos pero sí que observaron y valoraron esa dimensión como cualidad fundadora de una posible identidad tales como el Sarmiento del *Facundo*, William Hudson, Carlos Astrada, Ezequiel Martínez Estrada, Rodolfo Kusch, Félix Schwartzman, Leopoldo Zea, Enrique Dussel, Gilberto Freyre, José Lezama Lima, Darcy Ribeyro.

Algunos episodios americanos resaltan la voluntad de fundir o mezclar arte y naturaleza, como por ejemplo el surrealista proyecto de Xilitla (5.13) en Las Pozas, México, llevado adelante por el excéntrico mecenas inglés Edward James hacia 1970 con la ayuda de artesanos y campesinos como Plutarco Gastellú y José Aguilar, que implantaron en sus 32 hectáreas unas treinta mil orquídeas y diferentes construcciones como un homenaje a Ernst o la llamada Casa de los Peristilos, dentro de un utópico propósito de fundar un Jardín del Edén.

Ilustración 5.13

Y también la conocida afición de Luis Barragán por el arte de jardines y sus actuaciones en El Pedregal o la larga actividad de Roberto Burle-Marx, Lucio Costa o el proyecto de Oscar Niemeyer en Pampulha (5.14), proyectos en/con naturaleza y materiales naturales de Lina Bo Bardi, las indagaciones y experimentaciones con la guadua colombiana desarrolladas por Simón Vélez, los trabajos basados en explotar la condición de *locus* naturales de Germán Del Sol y hasta las intervenciones –como las de Bórmida & Yanzón, Etkin o Hevia– revitalizadoras de actividades productivas del vino y el aceite, tanto en sus arquitecturas de producción y promoción como en el acuñamiento de las rutas del conocimiento de esas actividades en sus territorios.

Ilustración 5.14

6. ARTE, CULTURA Y TERRITORIO

En las derivas político-culturales del arte contemporáneo –o sea, después de Duchamp- se puede rastrear el pasaje de las obras/producto a las situaciones/procesos; del museo al territorio natural o urbano así como de la *re-presentación* a la imagen y a la autonomía de la imagen, perdiendo en este caso importancia, el referente o componente real al que cual la imagen alude.

En esta casi hipertrofia autonómica de la imagen se instituye aquello que los intelectuales de los *cultural studies* bautizaron como *iconic turn* o giro icónico, uno de los grandes cambios en la construcción de los discursos culturales de fines del siglo XX que ha hecho que el arte, antes –si se quiere- parte de la cultura, ahora redefina y establezca los campos centrales de la agenda cultural actual.

Es decir que también estaríamos advirtiendo el pasaje del arte como compartimiento o estamento de la cultura –específicamente, de la cultura visual- al arte de *presentación*, descripción-denuncia, comentario, un arte de *enunciación* o de fundación de cultura superada la característica singular de varios siglos o milenios del arte entendido como *representación*.

Este nuevo protagonismo del trabajo artístico definirá cambios en sus modos de producción y recepción entre otros, una clase de expresiones artísticas en las que domina la observación crítica, el registro de dichas observaciones (más allá de su mera *re-presentación* o reflejo especulado) y hasta el cuestionamiento de aquello que se observa y analiza.

No es que el arte tradicional no ejercía una capacidad de observación –como en la *Virgen de Las Rocas* de Leonardo, el *Cristo Muerto* de Mantegna o el *San Lucas levitante* del Tintoretto– sino que ahora es solamente eso, capacidad de observación y producción de una obra de arte dominada por un afán registral o documental (Warhol, Beuys, Kounellis o en esta parte del mundo González Torres, Orozco o Kuitca).

De allí surge como corolario aquel lugar común que dice que el disfrute del arte contemporáneo no es reconocer y admirar un *contenido*, que subyace con diferentes destrezas a aquello que el artista *re-presenta*, sino que ahora de trata solo de entender un *procedimiento*, valorar y meritar no la obra o lo que la obra dice sino cómo está hecha tal obra, o sea, su proceso de producción.

Por tal razón, la obra puede ser casual, instantánea o efímera (se pone en cuestión su razón y su duración) y devendrá además en algo que desborda el museo y cuestiona la colección y su apoderamiento. El problema del artista contemporáneo no es a quién le vende su trabajo sino a quién consigue como *sponsor*, esa palabra actual que reescribe si se quiere, aquella clásica de *mecenas*.

El arte deja de ser una producción selecta de mercancías *eternas* atesoradas en un depósito de artefactos valiosos –eso es el *museo*– y confluye y se diluye en los territorios y las sociedades, en los intersticios de las ciudades y en las urdimbres de la comunicación.

La complejidad de la información inherente a la producción de comunicación y la creciente dificultad en describir lo real más allá de lo aparente, forma parte de la cultura actual: escribir la secuencia completa del ADN se lleva un espacio equivalente a mil guías telefónicas de Nueva York. Exponer lo real atravesando la pura apariencia forma parte del proceso que instala la dimensión del arte actual en el corazón de la construcción de cultura.

Ese interés por un arte registral-documental no es un propósito *per se* sino también un camino en busca de la activación de *memoria*, entendida a la vez como conciencia individual e identidad social o comunitaria. El arte crítico abarca reflexiones de la mayoría de los filósofos y analistas críticos contemporáneos como los estudios de Roland Barthes sobre la imagen, la comunicación y las mitologías contemporáneas; de Jean Baudrillard, sobre la relación entre producción y consumo en la esfera cultural y técnica y los fenómenos de alienación del sujeto moderno; de Jacques Derrida, formulando su visión posestructuralista de la deconstrucción que implica desmenuzar la complejidad de sentido de una producción y hacer homólogas obra analizada y análisis de la obra; y de Gilles Deleuze, planteando una nueva filosofía que articula conceptos, preceptos y afectos poniendo a la problemática del arte en el centro del pensamiento.

Y esa producción conceptual se hace específica en los nutridos aportes de teóricos y críticos del arte y la estética actuales, como en las indagaciones de Andreas Huyssens sobre las relaciones del arte y la memoria; de Mieke Bale, sobre la estetización general del pensamiento contemporáneo incluida la ciencia y la literatura; de Hal Foster, sobre lo que llamó *el retorno de lo real*, que significa un más allá de la idea de vanguardia y una recuperación política de la potencia cínica de la crítica estética o el retorno protagónico de lo etnográfico; de François Bourriaud, sobre lo que presenta como *posproducción* y que explica el interés reelaborativo que procesa el material moderno; de Reynaldo Laddaga, sobre la diseminación de modernos compartimientos como los del arte, la arquitectura, el urbanismo o el diseño, ahora todo mezclado en hibridaciones y experimentos; o de Ticio Escobar, que reubica el valor actual de los mestizajes que establecen nuevas mezclas entre expresiones globales y repertorios etnopopulares así como la reivindicación de una especie de arte entendido como espacio político reactivo al aplanamiento de la globalización cultural.

En cuanto a la cuestión del *paisaje* entendido como un inmenso *object trouvée* y aún manipulado como material apto para despertar reflexiones etnohistóricas y asociadas a la cuestión de la memoria en el paso del tiempo que transforma o degrada la materia, destacan, desde el campo del arte contemporáneo, las posturas del *land-art* –Robert Smithson y su gran intervención en Utah de los años setenta, Walter De María y su trabajo *The Lighting Field* de 1977, en que manipula literalmente la electricidad lumínica de las tormentas, Richard Long con sus *circles* de materiales dispuestos en los territorios) y el *minimal-art* (Donald Judd y sus acciones de esculturas esenciales dispersas en las instalaciones abandonadas del antiguo fuerte militar de Marfa, Sol Le Witt o Carl André, con sus acumulaciones y yuxtaposiciones de fragmentos geométricos de materiales como metales, piedras, maderas o cenizas).

Esas operaciones demostrativas de los cambios antes referidos del arte conceptual –pasaje de la obra al proceso, *desmuseificación* de la presentación y exposición de las acciones– fue inserta por el crítico italiano Francesco Careri[84] en su concepto ampliado e inclusivo de *walks-*

---

[84] Careri, F., *Walkscapes. El andar como práctica estética*, Editorial G. Gili, Barcelona, 2002.

capes, en el que logra asociar voluntad de *artistización*, desplazamientos de los sujetos-artistas (productor y emisor) y escalas territoriales, conectando las antiguas construcciones de los menhires de Stonehenge con las relaciones entre música y territorio que constituyen las bases de una suerte de arte-religión panteísta propia de los aborígenes australianos[85]. Se multiplican, por tanto, diversas clases de *performances* territoriales que incluirían experimentos como los *Thousand Oaks* de Beuys o el citado *Spiral Jetty* de Smithson hasta las acciones del belga mexicano Francis Alÿs como *La fe puede mover montañas* (en que convoca 500 personas en Lima para correr unos centímetros, un cerro) o *Historia de una decepción*[86] (que registra un viaje etnoartístico a la Patagonia argentina) y antes su famoso *The Loop*, en que documenta un viaje entre las ciudades vecinas San Diego y Tijuana, que encarado en el sentido opuesto a tal traslado de veinte minutos, implicará una vuelta a mundo de veinte días.

---

[85] Hay un extenso trabajo del escritor-viajero inglés Bruce Chatwin, uno de los pioneros de una escritura fundadora de experiencias emanadas de relaciones entre grupos sociales y sedimentos territoriales (junto a otros cultores de esta compleja *non-fiction*, como Claudio Magris o Winifred Sebald) que es *Las trazas de la canción* que precisamente emprende una crónica de esas formas de arte de asociación entre música y territorio de las etnias australianas originarias. Véase la compilación *Los Viajes*, Península, Barcelona, 2005 (pp. 213-526), libro que por lo demás incluye el conocido *En la Patagonia*, una crónica de un viaje por la memoria y los residuos y trazas de tal cultura material.

[86] Alÿs, F., *A Story of Deception. Patagonia 2003-2006*, Malba, Buenos Aires, 2006.

En cuanto al paradigma del arte como *archivo* (Guasch[87]) o *atlas* (*Mnemosyne*, Warburg) remite a la voluntad de elaborar taxonomías críticas, descripciones acumulativas y rizomáticas que tratan de captar la condición diversa y fragmentaria de una realidad vivida y percibida por diversos sujetos. En ese sentido se trata quizá de un paso todavía más audaz en la tentativa de superar y cancelar la función clásica del arte como representación.

Una taxonomía crítica jamás puede ser un espejo, puesto que lo que presenta u ofrece es una totalidad en tanto multiplicación de partes –que pueden ser componentes ensamblables o fracturas de una destrucción de la referencia– que dispara en el receptor una combinatoria infinita de relaciones (entre tales partes) y de sentidos.

Estas poéticas contemporáneas ligadas al arte-archivo podrían rastrearse en *El Libro de los Pasajes* de Walter Benjamin –que es un libro inconcluso que pretende describir París a partir de una interminable colección de citas– o en las *valisses* de Duchamp en que se propone una captura y exposición de las esencias de sus propios trabajos en una suerte de panteón o pequeño museo portátil o en los *Time-Capsules*, las cajas-archivo que sin ánimo de convertir en obras de arte y en paralelo a su trabajo de artista, fue produciendo Andy Warhol.

---

[87] Guasch, A.M., *Arte y archivo, 1920-2010. Genealogías, tipologías y discontinuidades*, Akal, Madrid, 2011. En estos estudios se realiza un examen de la arqueología moderna del concepto de *archivo* (Freud, Warburg, Benjamin, Foucault), los protoarchivos de arte (Malevich, Duchamp) o fotografía (Atget, Sander, Hoch), las propuestas registrales canónicas (Richter, Boltanski, los Becher, Kawara, Baldessari, Ruscha, etc.), los aportes teóricos contemporáneos (Derrida, Buchloh, Foster, Apparadudai) y las contribuciones más recientes (Dion, Gursky, Muntadas, etc.).

En esta convergencia entre Benjamin y Duchamp quizá está emblematizada la articulación de literatura y arte bajo el mismo paradigma del atlas/archivo y es lo que trata de afrontar Graciela Speranza en su *Atlas portátil de América Latina* que se presenta como una colección de colecciones[88] (artistas-escritores de citas, *collages*, etc.) que rastrea en la posibilidad de descubrir en América la vigencia de este linaje de realización de catálogos, repositorios o ensambles que caracterizan las obras de Richter, Ruscha, Calle, Muntadas, González-Torres o Boltanski.

Como una aplicación a un proceso de investigación[89] orientado a cuestiones de relación entre naturaleza, ambientes y territorios, emprendimos hace un tiempo diversas exploraciones aplicadas a áreas del sudeste de la provincia de Buenos Aires como escena diversa (natural y cultural, original y transformada) en la que se puede indagar en un sentido, la historia cultural que transforma el paisaje original y en otro sentido, analizar temas como lo que ahora se llama el *paisaje cultural* y cómo el paisaje

---

[88] Speranza, G., *Atlas portátil de América Latina. Arte y ficciones errantes*, Anagrama, Barcelona, 2012. En cierto modo su autora se propone completar o complementar la presentación de la muestra curada por G. Didi-Huberman titulada *Atlas. ¿Cómo llevar el mundo a cuestas?*, Reina Sofía, Madrid, 2010, título asimismo de su importante catálogo y en especial a su ensayo *Atlas. Inquieta Gaya Ciencia*. La muestra madrileña incluyó además de una versión de la *Mnemosyne*, aparatos coleccionísticos de Rimbaud, Kawara, los Becher, Richter, Klee, Farocki, Benjamin, Michaux, Brecht, Borges, Beckett, etc.

[89] La investigación a la que nos referimos y que dirijo se llama *Atlas de Patrimonio Ambiental. Encuadre conceptual para la gestión patrimonial ambiental* y se realiza en el Centro de Investigaciones Ambientales de la Universidad Nacional de Mar del Plata desde 2009 en un equipo que integran Horacio Goyeneche, Pablo Mastropasqua, Herman Klinckspoor y Roberto Peralta.

alimenta nociones de memoria e identidad para la comunidades implicadas. Este trabajo lleva un cierto tiempo de desarrollo, se relaciona con la noción de *archivo* o *atlas* y plantea un derrotero incierto y ambiguo entre investigación etnoambiental y formulación de colecciones o inventarios heterogéneos de referencias que se acercan a expresiones de aquello que Guasch presenta como *arte de archivo*.

También existe una voluntad de ampliación del foco multidisciplinar –que suele yuxtaponer más que articular estudios específicos tratando no solo de acceder a un objetivo de investigación (conocer más y mejor un tema-problema) sino también proponer un uso de los resultados (aportaciones a un criterio de manejo o gestión de las temáticas estudiadas) e incluso una posible caracterización del trabajo como una pieza más del modelo del arte-archivo (con sus posibles resultados: muestra, video, publicaciones, colecciones, etc.).

El método de trabajo se compone de tareas pacientes y diversas de acumulación de *material* –entendido como evidencias de ciertos procesos y/o como piezas o componentes de ciertos rompecabezas de sentido (el territorio complejo), el cual a la vez está constituído por materiales heterogéneos y de difícil combinabilidad como mapas, cartas geológicas y biológicas, registros de viajeros y científicos, registros de la memoria de los diversos sujetos sociales (como fotos caseras), registros o testimonios literarios, *fotocinematográficos* y artísticos (sobre todo, de *artistas de sitio*), historias de vida, fragmentos de testimonios de historia oral, etc.– sobre los cuales se contrastan formulaciones teóricas o conceptuales y se estructuran diversos recortes, constelaciones o conjuntos de piezas heterogéneas que buscan presentarse como partes de dispositivos tipo *atlas* (en la vertiente iconográfica de Warburg o en el desarrollo de aportes convergentes a esa noción de atlas como los que presenta –en sus estudios basados en Warburg pero ampliados hasta conexiones complejas que llevan hasta el psicoanálisis, la historia del arte y los estudios bioetnológicos– Georges Didi-Huberman[90]).

En cierto sentido, aún fuera del espacio institucional de esa producción –investigación científica universitaria–, algunos resultados de este proceso podrán asimilarse a piezas de arte de archivo. Comentaremos a continuación algunos tramos o pasajes de estos trabajos sobre todo para aportar cierta ejemplificación al tema de este ensayo, las relaciones entre arte, cultura y territorio.

Un relevante campo de intersección entre cuestiones de arte, territorio y patrimonio ambiental es el cruce entre naturaleza y producción, es decir, las relaciones técnicas y económicas primarias que aplican trabajo a fragmentos del *sistema naturaleza* (que devienen así en llamarse *recursos naturales*) para conseguir valor y

---

[90] Véase al respecto, Didi-Huberman, G., *La imagen superviviente. Historia del arte y tiempo de los fantasmas según Aby Warburg*, Abada, Madrid, 2009. Allí, sobre la base de analizar el sistema analítico-crítico que Warburg desarrolla en su trabajo liminar *El Atlas Mnemosyne* compuesto en los años veinte (editado en diversas compilaciones y lenguas como la versión italiana de Spinelli y Venuti, *Mnemosyne. L'Atlante della memoria di Aby Warburg*, Artemide, Roma, 1998) Huberman indaga en confluencias con otros autores (Winckelmann, Tylor, Burkhardt, Gombrich, Panosfky, Nietzche, Darwin, Freud, Cassirer, etc.) demostrando el valor tipológico o paradigmático del aporte metodológico de la idea warburgiana de *atlas* más allá de sus aplicaciones historiográficas concretas (la indagación sobre recurrencias de motivos del arte clásico como la ninfa en diferentes tiempos y espacios estéticos). Una versión hispana del trabajo de Warburg es *Atlas Mnemosyne*, Akal, Madrid, 2010.

riqueza, configurando lo que solemos entender como *paisajes culturales* –hoy ya lo son casi todos en el planeta–, es decir, biomas singulares de naturaleza transformados técnicamente. En nuestra región, en que desarrollamos nuestras investigaciones, se trata del tema de las Pampas puestas en producción y en consecuencia, la naturaleza o ecología artificial que conforma el paisaje territorial. Todo este territorio –descripto por José Hernández y antes por Darwin o Ameghino– es el ámbito depositario de una cierta o posible identidad entre hombre y contorno, un tema por otra parte también suficientemente abordado por filósofos como Carlos Astrada[91] o por sociólogos como Ezequiel Martínez Estrada[92] en todos sus trabajos

---

[91] Hace unos años y dentro de los proyectos de reedición de materiales casi perdidos la Biblioteca Nacional presentó una compilación de ensayos de Carlos Astrada a cargo de Guillermo David, *Metafísica de la Pampa*, BN, Buenos Aires, 2007. Como un evidente contrapunto al historicismo del texto-prólogo de Tulio Halperin Donghi, *Una nación para el desierto argentino*, el crítico literario Fermín Rodríguez editó su *Un desierto para la nación. La escritura del vacío*, Eterna Cadencia, Buenos Aires, 2010. Se trata de un sólido recorrido por todos los *descriptores* (escritores, políticos, militares, artistas) de Pampa y desierto, desde Humboldt y Darwin a Hudson y Chatwin, del sustrato técnico de la guerra al malón en Ebelot y Alsina y los grandes escritores políticos como Rosas, Sarmiento, Echeverría o Mansilla.

[92] El ensayo sustancial de Martínez Estrada es *Radiografía de la Pampa* (el original es de 1933; la mejor edición es la cuidada por Leo Pollmann, Universidad de Costa Rica, 1996). El autor desarrolla seis partes que van de la *Trapalanda* imaginada en la búsqueda de fortuna fácil de los aventureros europeos a las *Seudoestructuras* que son las construcciones sin sustento, que se ciernen sobre lo que en la parte III nombra como *fuerzas primitivas* –la tierra, el agua, el viento– que agreden el adobe y el cuero y que cohíben el estado infinito de *soledad* que trata la parte II, todo siguiendo el modelo ensayístico de Simmel, el pesimismo cultural de Spengler y el método socioanalítico de

de análisis socioliterario y político, centrado en Buenos Aires y las Pampas pero trasladado a las diferencias americanas o al destino manifiesto cubano, como cruce de los taínos originales y de los amaurotes utópicos de Moro.

Dentro de ese territorio histórico-existencial existen diversas escenas topográficas que conjuntan naturaleza originaria y acciones humanas y que dan origen a mundos complejos de vida y paisaje, entre ellas el tajo antiguo de La Pampa, registrado en una carta geológica compuesta por Adrián Iníguez *et al.* en una publicación de 1987, que presenta los afloramientos del sistema de la Tandilia en los cuales se desarrollaron las acciones específicas de la minería de piedra alrededor de diversos enclaves (Sierras Bayas, Barker, Los Pinos, Batán, etc.) cercanos a centros urbanos como Olavarría, Tandil, Balcarce y Mar del Plata y que se fueron materializando sobre el sustrato sedimentario moderno u ordovícico de menos de 500 Ma –millones de años–, el precámbrico –de más de 500 Ma– y las áreas llamadas del basamento precámbrico que con sus más de 2.500 Ma están entre los vestigios aflorados más antiguos conocidos, como son, por ejemplo, las sierras que rodean a Tandil.

En tales fundamentos, el desarrollo de una minería extensiva de grandes aplicaciones de mano de obra y tecnologías extractivas simples basadas en un primario uso de explosivos, las talladuras del territorio y las consecuencias de estas acciones de más de un siglo tienen, entre otras

---

Freud. Martínez Estrada, que también admira el enfoque de Paul Groussac como temprano analista de paisajes culturales, trabajó mucho sobre Sarmiento y su Facundo (en *Las invariantes históricas en el Facundo*, 1947), Hernández (en *Muerte y Transfiguración del Martín Fierro*, 1948) y Hudson (en *El mundo maravilloso de Guillermo Enrique Hudson*, 1951) y esa red referencial describe con precisión el programa de investigaciones de las relaciones entre sociedad y territorio encarado por Martínez Estrada.

características, un resultado socioartístico. Es decir, un paisaje intensamente modelado (y en parte devastado) que se presenta como elemento testimonial de una historia productiva y social que puede o debe converger a forjar componentes de identidad patrimonial. Tal es el caso, por ejemplo, de las canteras de Batán, cuyo paisaje emergente (6.1) es equivalente al de las grandes operaciones del *land-art*, como el comentado caso de *Spiral Jetty*, la traza espiralada de 500 metros de longitud y 5 de ancho, que Smithson hizo con negras rocas cuarcíticas a la vera del Lago Salado en Utah y que luego fuera inundado por este por varios años, hasta *reemerger* con sus piedras blanqueadas por acción de las sales formando parte, ahora, de la acción de tutela de una fundación que maneja la (¿ex?) obra de arte como una porción de naturaleza.

Ilustración 6.1

Pero el caso de los paisajes mineros de la Tandilia, en su decadencia e incluso abandono, manifiesta las características de configuraciones tipo *lieux trouvée*, es decir, territorios y paisajes encontrados pero detrás de tal desgaste y transformaciones está el espesor sociocultural de las colectividades implicadas; la minería como una *etnoproducción* que por ejemplo en el caso tandilero receptó migrantes montenegrinos cuya rusticidad empalmada a idearios anarquistas dio lugar a anécdotas como las huelgas mineras que protagonizaban, enroscados con cartuchos de dinamita debajo de sus largos impermeables de hule negro. Historias –como las abordadas por Dario Sánchez Abrego, un historiador y coleccionista aficionado de Tandil– que remiten asimismo al desarrollo de asentamientos a pie de canteras y del manejo de herramentales específicos que pasaban de padres a hijos o la circulación de monedas de registro de volúmenes de trabajo o vales de economato para el intercambio de alimentos como las monedas acuñadas por la cantera *Aurora*, de Osvaldo Bartolussi.

En todas estas descripciones de registros del área minero-pampeana y de sus diferentes aristas plurales en sus fuentes (científicas, sociales, paisajísticas, etc.) se percibe la confluencia de los análisis histórico-territoriales con la noción de *atlas* (en tanto sistemas de registros heterogéneos que conjugan enunciaciones diversas) para describir la articulación de lo natural y lo cultural en un área transformada. Tal desarrollo registral puede asimismo reconocerse como una acción típica de aquello que referimos como *arte de archivos*.

El análisis complejo de paisajes complejos convierte estas prácticas en incursiones que vinculan descripciones científicas con acciones artísticas. Dentro de las flexiones recientes del *landscape architecture* (esa disciplina que en USA no es una mera tributación de competencias arquitectónicas tradicionales) destaca el acuñamiento de la noción de *cognitive landscape*. Christine Boyer[93] presenta esa noción vinculándola con cuestiones que suscitan significados subjetivos, percepciones y memoria (o como precisa la autora, remembranzas) devenidas de aquello que emana de la naturaleza y enlaza así el mito del Edén natural con la importancia que lo natural tiene con la muerte, es decir, lo natural como cosmogonía de origen y destino humano.

La autora vincula esa densidad de los paisajes cognitivos a cuatro cuestiones o ejemplos que focalizan la relación entre paisaje y conocimiento: las investigaciones de Marvin Minsky sobre los modos perceptuales yuxtapuestos que construyen las tramas conceptuales de las representaciones cognitivas, las asociaciones entre memoria y praxis estéticas surrealistas en el caso de Louis Aragon y su *Le Paysan de Paris* (1926) aplicadas al parque Buttes-Chaumont (uno de los diseños de Alphand), las articulaciones entre cognición y el paisaje diagramático de los símbolos como lo exploran Kepes y Lynch y las exploraciones sobre nuevo conocimiento y representación trabajados por Rem Koolhaas desde su propuesta para La Villette hasta su registro en *S, M, X, XL*. Deviene así una redefinición de lo patrimonial o una empatía con los paisajes territoriales que da paso, por una parte, a una actitud reverente en el análisis pero también a una identificación de *locus d'excelence* y por otra, a la caracterización de los paisajes culturales con base en las conductas topofílicas.[94]

---

[93] Boyer, C., "Cognitive Landscapes", en Spellman, C. (ed.), *Re-envisioning Landscape/Architecture*, Actar, Barcelona, 2003.

[94] Véase a este respecto, Tuan, Yi-Fu, *Topofilia*, Melusina, Madrid, 2007 (la edición inglesa original es de 1974). Este geógrafo chino-

En relación con una trayectoria artística en la que verificar vinculaciones entre la acción artística y el procesamiento de materiales reales y conceptuales de un paisaje determinado (o sea, la formulación de un *arte territorial*) es destacable, asociado al *mundus pampeano* que nos interesa, la tarea diversa de Luis Benedit, visible en muchos grupos de trabajos. Uno de ellos es *El Rancho* 1999 que es una ensambladura de un material de detritus habitual en las pampas, los esqueletos de animales carneados o enfermos y el tipo habitual de asentamiento popular, los ranchos de techos de paja a dos aguas montados sobre horcones, temas frecuentes en el paisaje literario martinfierresco. Esto da paso a una serie de *performances* sobre motivos semejantes en su *Silla de hueso*, 2008, del cual literal y metafóricamente Benedit señaló como referencial de la metáfora "estar sentado en lo intemporal", una montaña de huesos de los muertos anteriores que también alude a los taburetes de calaveras de vaca, mobiliario asimismo popular de las Pampas y que enlaza con trabajos muy anteriores del tipo de arte entomológico como su *Proyecto para un Escarabajo Artificial,* 1975 (6.2) y su idea de deconstruir la criatura natural y reconstruirla o proyectarla como artefacto mecánico en una suerte de meditación sobre la complejidad de las relaciones entre naturaleza y cultura.

---

estadounidense desarrolla la idea de *topofilia* (amor al paisaje) como identidad perceptiva susceptible de encontrar resonancias entre ideas de cosmos y un *locus* en particular, que en el fondo es un atributo reconocible en la mayoría de las religiones panteístas de referenciación territorial como las chinas o hindúes y las andinas y mesoamericanas.

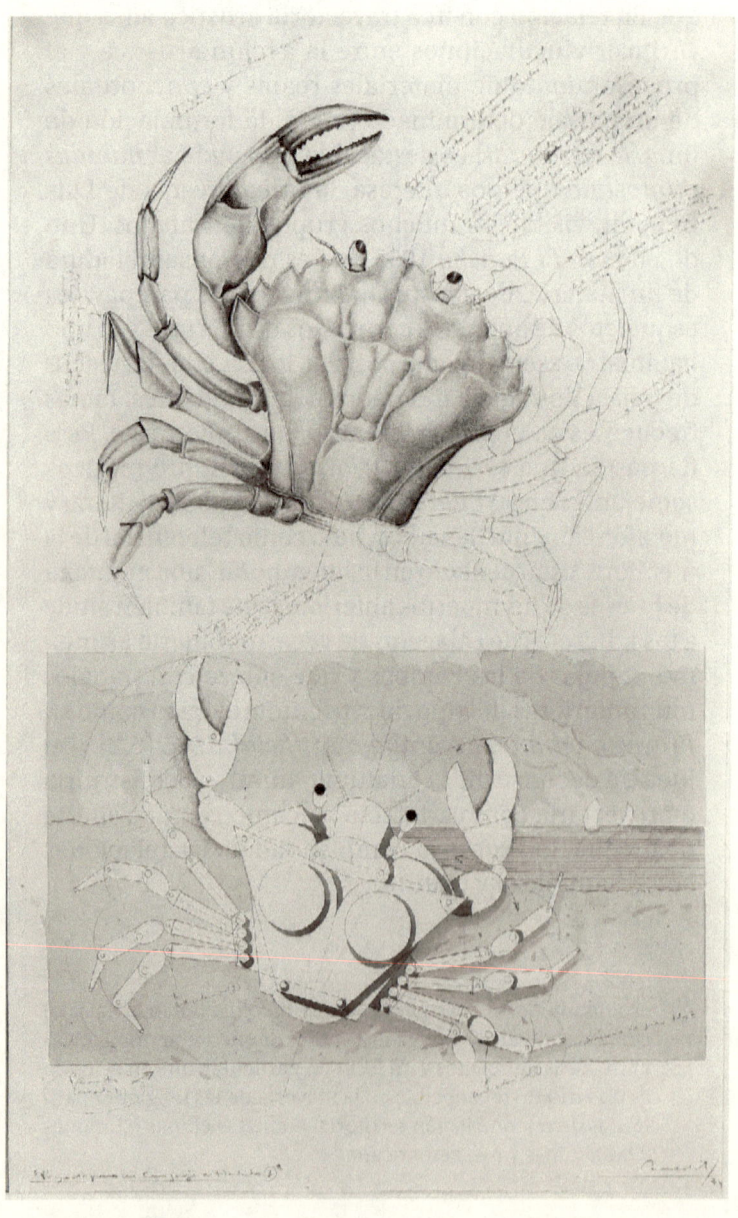

Ilustración 6.2

Desde una posición estética y política diferente, un nativo del sudeste bonaerense, Juan Carlos Castagnino, nacido en Mar del Plata y residente durante varios períodos, en el paraje Camet, nutrió parte de su trabajo con la voluntad de reflejar la tensión del sitio, la intersección de Pampa y mar y a su vez, el fuerte protagonismo del material natural (pastizales, playas, animales característicos de La Pampa) tanto como el sustento social de los habitantes míticos de la tradición gauchesca.

De ese arco de intereses, Castagnino trabaja muchas actuaciones donde aparecen esos materiales, como el deslinde de bosque y playa y los caballos –que pueden remitir a los caballos dolientes picassianos–, por ejemplo, en su *Nocturno*, 1959, en que la actividad plástica del autor deviene sociotopográfica, por lo que era evidente que uno de sus temas, como efectivamente lo fue, sería ilustrar el *Martín Fierro*. Este personaje refleja políticamente las relaciones y contradicciones entre territorio y sociedad en la figura trashumante de un sujeto natural, el gaucho, que a la vez es un relicto del viejo nomadismo interdicto por el desarrollo rural de la generación del 80. La pertenencia orgánica de Castagnino al Partido Comunista le hizo elaborar el tema de un héroe mítico popular como metáfora de rebeldía social tanto como de adaptación ecológica.

Los temas hernandianos cobrarán, en Castagnino, una empatía con su sujeto por la cual ve y entiende lo mismo que su personaje: un baqueano diestro en una naturaleza bastante inhóspita como las agrestes pampas. Su dibujo de gramíneas venteadas y animales topográficos (mulitas, carpinchos) para ilustrar el pasaje martinfierresco que arranca con *En semejante ejercicio... todo bicho que camina va parar al asador*, 1962 (6.3), testimonia esa postura analítica de arte de archivo que mezcla saberes de la naturaleza con voluntad estética.

Ilustración 6.3

Las operaciones conscientes –en tanto acciones proyectuales– de transformación del territorio basadas en cierta manipulación del material natural dentro de los procedimientos del *landscape architecture*, se manifiestan en la región en torno de trabajos de generación de una *ecología artificial*[95] en el caso de las grandes estancias –más allá de las puras acciones de tecnificación agroproductiva– y en la creación de áreas centrales de ciudad que expresen cierta domesticación de la naturaleza extraurbana (como ocurrió con los paisajistas de Haussmann como Alphand, o sus discípulos como

---

[95] Véase sobre esta noción y sobre su aplicación a múltiples situaciones estéticas, territoriales y proyectuales mi libro *Ecología artificial*, Concentra, Buenos Aires, 2011.

André) y se verifican extensamente en la dilatada tarea de Charles Thays, discípulo a su vez de André quién es el primer francés que hacia los años sesenta del XIX visita Sudamérica en plan de divulgar y multiplicar los proyectos paisajísticos haussmannianos.

En el Paseo General Paz (6.4), proyectado para dar lustre cosmopolita a Mar del Plata, la ciudad del veraneo burgués que debía reemplazar, emulándolas, a las villas balnearias europeas, Thays propone en 1903 un modelo de parque central que en la saga de los trabajos porteños de Palermo y de las tradiciones que empalman el urbanismo francés con las actuaciones inglesas emergentes de Paxton –como el *Birkenhead* de Manchester, primer parque urbano moderno– se propone no solo montar la escena *Belle Époque* del paseo calificado sino también vestigios de índole biologista o sanitarista y criterios para usar el espacio público para ordenar visualmente el inminente negocio inmobiliario de las áreas centrales.

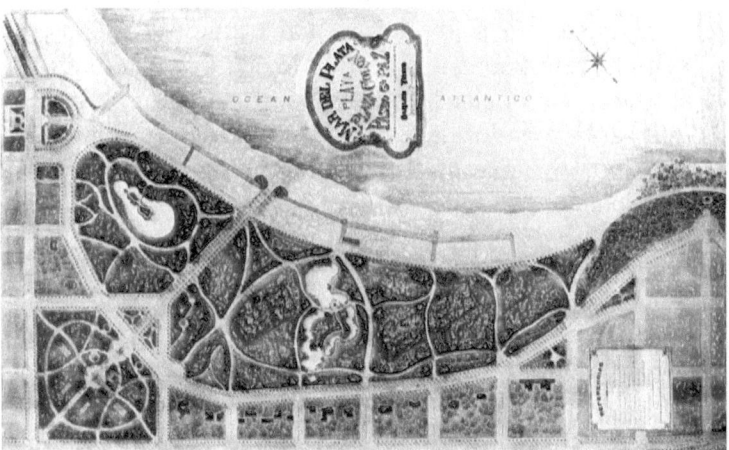

Ilustración 6.4

Si bien estas operaciones también remiten a la condición efímera de un paisaje natural de creación artificial o artificiosa (un arte de *naturalización de la ciudad* en las teorías de Camille Sitte, más inspirada en las calidades escénicas para las nuevas multitudes, al contrario del eficientismo tipologista y circulatorio de Otto Wägner, su contricante vienés), las acciones de Thays en Mar del Plata y en la mayoría de las ciudades argentinas en trance de modernización a la manera europea, se plantearon y lograron unos escenarios exitosos de cosmopolitismo, en la misma línea de construcción de ambiente urbano que plasmaba la pintura de Eugenio Álvarez Dumont, el exitoso plástico español que, en paso fugaz por Argentina, pintó su *Rambla Lasalle*, 1912, que en nada se diferencia de las escenas casi contemporáneas del impresionismo francés.

La acción de Thays en el sudeste provincial unió sus trabajos intraurbanos con numerosas incursiones en la artificialización eurocéntrica de las extensas estancias que a la vez que se modernizaban en su producción y manejo, reservaban una costosa fracción de sus extensiones para modelar completamente un fragmento que resultara evocador de los prestigiosos *chateaux* europeos, como lo manifiesta, por ejemplo, el parque de la *Estancia Un Durazno*, Rauch, 1918, que propone una adaptación de lo existente por una parte orientado a la productividad de huerta y jardín-invernadero y por otra a remedar los espacios fastuosos de la ruralidad elegante del XVIII con sus *bagatelles* y *follies*, laberintos, tridentes y *parterres*, todo amenizado por el estudioso Thays con la mejor utilización posible de materiales autóctonos, como los lapachos, jacarandáes o tipas.

El doble registro de Thays entre la naturalización de lo rústico en sus trabajos rurales de los parques de cascos de estancias y la naturalización emblemática de la nueva centralidad urbana (que intentó en el efímero parque costanero marplatense) tiene muchas ejemplificaciones en su obra vastísima y ejemplar. Esto se verifica en su intervención para el *Parque Batlle* en Montevideo, 1911, en que retoma las propuestas de André y extiende el criterio de utilización del proyecto paisajístico como esqueleto de organización de un área urbana central –sobre todo en el manejo de *boulevards* como espinas o parques lineales– o en su largo y amistoso trabajo para el General Roca en el interregno de sus dos presidencias: la *Estancia La Paz* en Ascochinga (6.5), heredad de su mujer Clara Funes, una posibilidad de agregar al dilatado paisaje más bien colonial de esta propiedad que hacía parte de las 62.000 hectáreas de la Santa Catalina jesuítica, una capa o episodio de paisajismo afrancesado en las casi 100 hectáreas proyectadas árbol a árbol (con una buena cantidad de robles plantados por el propio general) y el lago artificial que con su más de 8 hectáreas es el más grande en su tipo. Se trata de una enfática y magistral construcción de una naturaleza nueva y cosmopolita, algo para estar bien a tono con la naciente globalización que disfrutaba la oligarquía de la entonces quinta potencia mundial y que permitiera, por fin, olvidar el desierto.

Ilustración 6.5

7. PENSAR LO TÉCNICO QUE PIENSA
DERIVAS DE LO TECNOLÓGICO EN LA POSMODERNIDAD: INSTRUMENTALIDAD, AUTOPOIÉSIS, APARIENCIA

Uno de los megatemas de la contemporaneidad es la *productividad* –es decir, los discursos reformateadores de la producción y el trabajo, de la eficacia y la *performance* y del consumo y la representación o promoción simbólica del mismo– junto a los de la *sustentabilidad* y la *comunicación* (como dimensión ampliada y *aggiornada* de *cultura*).

La arquitectura, en su matiz de adscripción a discursos ajenos a su *corpus*, se resignifica en esos temas exógenos y habrá un despliegue de *lógicas proyectuales*[96] articuladas a esas cuestiones junto a una resistencia o concentración en un cuarto paquete que pretende confrontar esas heteronomías, una supuesta y fundante *autonomía* de la arquitectura, es decir, las lógicas del tipo y el análisis que tratan de crear un espacio específico y autorreferencial, visible en cultores de esta pretensión *científica*, desde Rossi a Eisenman.

Si las lógicas de la sustentabilidad se presentan como articuladas a una idea remedial y defensiva de proyecto (según la cual una idea de ecoproyecto adscribiría a una voluntad de ayudar a mitigar los efectos de la crisis ambiental contemporánea), las autónomas pretenden salvar la arquitectura de un desgaste de época y recurrir

---

[96] Desarrollamos este planteo en mi libro *Lógicas del proyecto*, Concentra, Buenos Aires, 2007. Algunos tramos de este ensayo se incluyeron en tal libro.

a fundamentos de arquetipicidad y grado cero para intentar estipular un territorio atemporal.

En cambio, las lógicas de la comunicación y la productividad se articulan en el avasallante despliegue del posfordismo y su elogio a la terciarización del intercambio simbólico; frente a ello empero, parece desplegarse el espíritu corrosivo de una miríada de culturas locales que se opone al aplanamiento de la cultura y economía globalizadas de cara a formular una propuesta más ligada a la *multiculturalidad*, como convivio de expresiones regionales diferentes.

La oposición entre multiculturalismo y globalización permitiría entender la posible confrontación o diferenciación de modos y lógicas de proyecto que sucesivamente venimos estudiando de cara a avanzar en el armado de descripciones comprehensivas del actual estado de la teoría de la arquitectura. En el pasaje de la lógica al modo en el campo de la comunicación parece posible advertir precisamente criterios globales (la idea de *marcas-mundos* o la prevalencia del *brand*) frente a criterios locales multidiversos (lo que no quiere decir ajenos a la globalización pero más bien sincréticos como la *welt-literatur* o la *world-music*) y una eclosión de sistemas de comunicación ajenos a cierta manipulación logocéntrica (desde los *grafittis* a los *dazibao* o prensa callejera, desde la blogósfera más democrática a las radios comunitarias).

En el mundo de la productividad –que presenta fenómenos globales que incluyen o afectan las dimensiones locales, tales como el cese del paradigma del trabajo o reformulaciones posibles en el contexto del *global-liberalism* como las EPZ, *export process zones* o *maquilas* o más crudamente, áreas de trabajo esclavo– los procesos de afectación o remodelación de lógicas y modos proyectuales están mucho más constreñidos, si se quiere, por un campo teórico emanado del despliegue de la modernización y del desarrollo del capitalismo como sistema predominante o hegemónico. Así quizá pueda verificarse una tajante cesura entre un mundo *high-tech* global respecto de un diversificado y variopinto *low-tech* propio de las culturas locales.

En lo que sigue, dada su relevancia en la reformulación contemporánea de la teoría de la arquitectura, este ensayo tratará de explorar críticamente el despliegue de tales manifestaciones *transtecnológicas* y su impacto relevante en los cambios de objetos y sujetos de la modernidad reciente.

El proceso poiético y la historicidad moderna de lo técnico

En la interpretación del pensamiento posmetafísico de Heidegger que hace Gianni Vattimo[97], una condición de modernidad es la institución de lo tecnológico como *ontología de la actualidad*, por lo que estamos atravesando una instancia del *ser en la tecnología* hacia el *ser por la tecnología*.

La pérdida de *calidad* del ser –el núcleo de la *caída* de la ontología viene dado, en parte, por la pérdida de la condición histórica meramente *instrumental* de la tecnología y esta circunstancia central de la modernidad viene a caracterizar un momento filosófico pos o

---

[97] Vattimo, G., *Posmodernidad, tecnología, ontología*, en F. Jarauta (ed.), *Otra mirada sobre la época*, COAAT-Yebra, Murcia, 1994, pp. 67-85.

transmoderno cuya entidad radica en el avasallamiento de lo humano por lo tecnológico.

Lo poiético deviene así autopoiético y lo instrumental de la técnica pierde su condición de mediación y se adviene a configurar un estado de finalidad o expresión del ser en plenitud como repotenciación entregada por lo técnico. Los mundos protésicos o clonísticos, el desarrollo de *realidades virtuales* (por tanto, no-realidades) o la suspensión infinita teórica de la muerte biológica son algunas de las características de esta autopoiesis, junto a la noción de una técnica salvífica de sí misma, que se expresa en que las catástrofes técnicas deben ser conjuradas con más técnica. Nunca una autocrítica (¿de quién?, por otra parte, ¿quién es el sujeto técnico?) referente al fracaso por *exceso* o *inadecuación* de tecnología.

El eje del planteamiento pro hitleriano de Heidegger[98], aunque sea de muy rebuscada presentación e imposible justificación, es la suposición de que este régimen, en su característica fundacional de *vuelta a la patria de la tierra*, se erigía como defensa o alternativa frente al entronizamiento de la tecnología en los contrapuestos regímenes capitalista y comunista: desde esta perspectiva, el filósofo de Friburgo, avalaba *defensivamente*, una actitud política aparentemente distanciada de la hipervaloración de la técnica sobre el ser. Postura que se ocupó Adorno de cuestionar, cuando examina el régimen nacionalsocialista como uno de los momentos culminantes del imperio de la racionalidad tecnológica –ejemplificable en la perfección técnica de los campos

---

[98] Sobre este polémico flanco del pensamiento heideggeriano, véase el muy crítico y documentado libro de Víctor Farías, *Heidegger y el nazismo,* Fondo de Cultura Económica-Akal, Santiago de Chile, 1998.

de exterminio o en los protocolos de la investigación biológica sobre el mejoramiento racial- con lo que paradójicamente, se confirma la presunción heideggeriana de lo racional-tecnológico como discurso avasallante y exterminador del ser.

El discurso heideggeriano de elogio del *heimatstil* -como apego a la *patria natural*- se ve confrontado en la propia realidad de las técnicas destructivas del ser en el régimen hitlerista tanto como en la propia desconfianza del filósofo bávaro sobre el despliegue de la modernidad como expansión absoluta de lo técnico.

Una cierta historicidad de la ontología (del ser) lo identifica a este *en situación*: se *es*, en un cierto contexto situacional que vino provisto en la modernidad, por un *impresionismo* sociológico (Luckács, Simmel, Bloch, Benjamin, Adorno, Heidegger, Habermas), según el cual el ser no es sino en cuanto a un *estado relacional del tipo sujeto/objeto*, en el que la modernidad viene a instituir fundamentalmente un cambio en la condición de los *objetos* y por tanto, indirectamente del sujeto y del ser relacional. Véase al respecto toda la teoría crítica aplicada sobre la transformación moderna del objeto: *mercancía* en Marx-Adorno, *fetiche* en Marx-Freud.

Incluso, desde aquella temprana emergencia germánica de un discurso *científico* de la *sociología* -sobre todo en Simmel-, lo social no puede sino constituirse en la circunstancia de una *nueva condición ambiental del mundo* -la *vida nerviosa* de las ciudades metropolitanas, según Simmel, o también su caracterización del *mundo de la moda* como reformulador de lo social-, pero una condición ambiental cada vez más estipulada por la significación de lo objetivo-objetual del mundo (un mundo cada vez más formalizado por la yuxtaposición matérico-simbólica de mercancías y fetiches), presión determinante de lo social como discursividad interactiva de seres y cosas (Habermas, Luhman) cuya condición se obtiene y establece *a expensas de lo subjetivo*.

El enfoque también fundador de la ciencia sociológica en Tonnies y Durkheim se basa asimismo –en la novedad histórica moderna del desplazamiento de la noción tradicional de *gemeinschaft* o comunidad a la moderna de *gessellschaft* o sociedad– en una nueva realidad relacional de seres y cosas según la cual la antigua preeminencia intersubjetiva y solidarista de la *comunidad* queda trastocada en interacciones discursivas e institucionales que tienden, en la nueva concepción de la *sociedad*, a estipular condiciones de relaciones entre seres y cosas, mediante un reconocimiento de la importancia creciente de estas, en el mundo socioeconómico (mercancías) y en el mundo *psicosimbólico* (fetiches).

La variación del objeto hace según Heidegger, que el ser ya no *sea*, sino que *se dé* o *acontezca*, en el concepto de *apertura* (*ge-schinken*) del sujeto ante el *neo-objeto* moderno. La cosificación del objeto moderno –con su ruptura aurática o su desustancialización semántica en la supresión del ornamento pero también en la caída de lo enigmático, mistérico o estotérico de la anterior obra de arte u objeto artesanal– ayuda a la transformación del ser y al pasaje, si se quiere, de una ontología a una fenomenología.

En la noción de *ge-schinken*, si bien emerge una transformación del ser percipiente, incluso a través de procedimientos como los que Walter Benjamin llamaba de *iluminación profana* o *shock*, lo sustantivo es la importancia del objeto, que tiende a alterar *técnicamente* al percipiente, por ejemplo, en aspectos tales como la operacionalidad (la cosa que debe ser manipulada según protocolos técnicos de uso y no con la densidad significativa del rito) o la condición efímera de la cosa o su mutación permanente (incluida la calculada degradación de la obsolescencia que requiere el consumo).

Las novedades objetuales de la modernidad –como por ejemplo, el cine o aun antes, los panoramas y la fotografía seriada– no son estrictamente, dado su *realismo* o más bien, su *manipulación tecnológica de lo real*, *transformaciones estéticas* profundas, sino más bien, *innovaciones técnicas* que aun al precio de re-presentar lo objetivo-real del mundo y hasta arribando a un estado de desmaterialidad o irrealidad o llegada a la *virtualidad* de lo objetual, consuman una subyugación del ser y un recondicionamiento de este a *ser en lo técnico* de la *re-presentación* del mundo objetivo y en la relativización técnica de la noción de realidad.

Así se *es* históricamente, en tanto presencia en lo actual y lo actual tiende a *poseer* o *determinar al ser* en la actualidad omnipresente y avasallante de los *objetos de la técnica*. Este devenir de la metafísica se convierte en el triunfo de la tecnología y el ser actual, cosificado, no solo quedará determinado por la voluntad de poder, la violencia y la obstrucción de la libertad, sino que adquiere su consistencia histórica en torno de la fragmentación y la especialización de los lenguajes científicos y de las capacidades técnicas.

Se opera el pasaje de la *apertura* (*ge-schinken*) a la *disposición* (*ge-stell*), entendible como apertura al *poner*, dis-poner, im-poner, com-poner, es decir, lo propio de la técnica moderna. El *ge-stell* primario de la modernidad parece todavía dominado por el modelo del *motor* –es decir, la ampliación y reproducción de la fuerza– pero podría, y de hecho así ocurre, trasladarse al modelo informático-comunicacional.

Lo puesto de la raíz *stell* es en sí, la manifestación del triunfo de lo técnico-matérico y el anuncio de unos procederes de hacer *obras de arte* en la modernidad donde cada vez más importa la *obra* (el hacer-la) que el *arte* (como sustancia, sobre todo en torno de aquello que Kant se proponía *juzgar*) y dónde los *procedimientos* –la com-posición, la dis-posición, etc.– dan cuenta del cambio del sujeto en la relevancia de la relación entre este y el mundo, un mundo técnico susceptible de enajenar la entidad del ser de *lo perceptual* del *schinken* a *lo cósico* del *stell*.

Una vez más fue Adorno en su definitiva presentación de la condición estética de la obra de arte moderna[99], quien advirtió que había que centrar la valoración de las innovaciones de lo estético-moderno ya no en los *contenidos* ni en la *función de representación* sino en los *procedimientos materiales otorgadores de forma* (o *entidad objetiva*) a la *obra*: procedimientos que como el *montaje* del cine de Eisenstein, el *collage* de la pintura de Braque o Heartfield, el *extrañamiento* de los *objets trouvée* de Duchamp o de los teatros *distanciados* de Brecht, *cruel* de Artaud o *absurdo* de Beckett, el *azar objetivo* de la poesía de Breton o el *método paranoico-crítico* de la plástica de Dalí, son finalmente lo único realmente nuevo de la modernidad, novedad que reiteramos, está del lado de una mayor *relevancia técnica* del polo *objetual* en la relación sujeto-objeto.

Cuando al sujeto moderno se le estipula la negación del significado a favor de estimularlo teóricamente a que

---

[99] Adorno, T.W., *Teoría estética*, Hyspamérica, Barcelona, 1972.

desarrolle placer en el entendimiento de los procesos de producción de significantes, se le inflige una violenta transformación de su aparato cognitivo-perceptual que todavía lo afecta como ser, incluso hoy mismo, cuando advertimos las grandes dificultades de empatía entre sujetos y objetos (cosas u obras) *altomodernos*.

En este sentido, la *positividad* que Adorno le adjudica al arte moderno, es precisamente su *tentativa negativa* de abolir la condición de *mercancía* de las cosas, una de las facetas de subyugación técnica del ser que arriba mencionábamos junto a la importancia de la condición fetichista de esas cosas, que a la vez eran mercancías.

Tentativa, por otra parte, encarnada en la fuga crítica de las sucesivas vanguardias y que en el contexto general de la evolución del capitalismo como instancia histórica civilizatoria, tenía destino de fracaso según el razonamiento adorniano, como efectivamente ocurrió.

En términos de redefinición y confirmación de la metafísica, esta expansión de lo objetivo del mundo se conjuga empero, con una tendencia irresistible a disolver la objetividad de los objetos en *abstracciones* –eso ocurrió con el acuñamiento de conceptos abstractos como los de mercancía y fetiche, sendas abstracciones necesarias para situar, mediante mediaciones conceptuales, lo cósico en el mundo de los intercambios de valores y el mundo simbólico– y por tanto, con un *debilitamiento del principio de realidad* y la *multiplicación de lo interpretativo*.

De este proceso estrictamente moderno[100] es principal constructor Freud –y su sucesor, Lacan– los más relevantes *maestros de la sospecha* de la Modernidad,

---

[100] Lyotard, J.F., *Discurso, figura*, Editorial G. Gilli, Barcelona, 1974.

sospecha que tensa siempre la función descifratoria o hermenéutica de la interpretación.

A todo ello, hay que reaccionar, dirá Heidegger, glosado por Vattimo, entre otras cosas, en torno de una ontología *débil* que tienda a desvanecer la preeminencia y la autonomía de lo técnico. Aun o sobre todo, en la significación renovada de la tarea hermenéutica, debería reemerger la importancia del ser[101] (aquél que ejerce la sospecha y practica la interpretación).

Hay que situar así, la legalidad histórica de la tecnología como expresión del triunfo moderno de la metafísica: un nuevo *ser por, para* y *en* los *objetos de la técnica*.

La autonomía de la tecnología

La racionalidad tecnológica se instituyó históricamente como una retroalimentación continua de métodos, ciencias y acciones. Desde ese punto de vista, la tecnología debe *des-naturalizarse*, o sea, definirse en su historicidad inherente, explicable por ejemplo, en el avance de la división del trabajo, en la especificidad creciente del saber tecnológico y en el avance de la racionalidad instrumental, que redefine continuamente los medios para alcanzar fines.

La magnitud de la desnaturalización o el auspicio continuo a la invención artefactual y a la artificialidad del habitar son factores que explican el elogio desmesurado del progreso técnico y a la vez, las miopías para advertir no ya la transformación regresiva del ser-moderno-en-el-mundo sino directamente, la crisis de sustentabilidad

---

[101] Gadamer, H.G., *Poema y diálogo*, Gedisa, Barcelona, 1992.

del mundo, la inhabilitación de su capacidad de autoproducirse (en la renovabilidad del mundo biótico) y la disminución de su capacidad de soportar humanos y no humanos.

Obviamente la tecnología es consustancial al desarrollo histórico de lo humano, y hay historicidad –por ejemplo, desarrollos como el pasaje de nómade a lo agrícola-pastoril, o de lo aldeano-rural a lo urbano– porque hay tecnología como posibilidad de instrumentación de un cambio sustantivo en las relaciones entre lo social y lo natural y en las relaciones intrasociales.

Marx construye la base de su teoría materialista-histórica en torno de ese doble proceso de transformaciones históricas evolutivas signadas por lo tecnológico: los *modos productivos* –que significan formas de relación entre lo social y lo natural, según las cuales y mediante artificios tecnológicos, pueden consumarse clases diferentes de apropiación social de la naturaleza– y las *relaciones de producción* –que establecerán diferentes relaciones entre capas o estratos del mundo social según su dominio, posesión o control de los medios tecnológicos de producción y de las utilidades que estos produzcan–.

Lo que sin embargo es *moderno* –en la terminología marxista, como vinculado al alcance del modo productivo capitalista comercial– es el entronizamiento de una racionalidad tecnológica, de una racionalidad que arranca con la metodicidad cartesiana y culmina con la relevancia de la racionalidad instrumental weberiana.

En este decurso lo tecnológico pierde su accesoriedad instrumental y alcanza una dimensión final o teleológica, cuya expresión histórica será el advenimiento del mundo de lo industrial.

Pero el desarrollo de la tecnología avanza todavía más, en la imposición de sistemas de *controles de* y *sobre los sujetos*, como consecuencia de fines regulatorios impuestos por los propios problemas tecnológicos. La tecnología debe inventar los sistemas *correctivos* –una *segunda tecnología*– de aquellos problemas que infringe a la sociedad a lo largo de la historia. Pero esto lleva, progresivamente, a la *autonomía de la tecnología*, frente a la exigencia de nuevos límites o escenarios de control.

En este proceso ocurren algunas cosas significativas, como indica entre otros, el sociólogo alemán Niklas Lühmann[102]: dado que siempre sería posible concebir la irrupción de una *segunda tecnología* susceptible de corregir los defectos de la *primera*, el desarrollo histórico moderno se caracterizará por un aumento sostenido de la *toma de riesgos* y por un acercamiento siempre mayor hacia posibles escenarios tecnológicamente catastróficos.

Este proceder histórico, siempre tributario de o confiado a la aportación de soluciones tecnológicas, se apoya en la infinita propensión a creer ciegamente en los descubrimientos de la ciencia. Lo que en el mundo preindustrial –por ejemplo, en el Medioevo– se asignaba al *reino del peligro*, cuya única conjuración posible se reservaba a la religión, en el mundo industrial y posindustrial se ubica en el *territorio del riesgo*, cuya gestión se adjudica *racionalmente* a la *esfera de la ciencia*: de allí que se ha podido otorgar a esta una posición prácticamente sustitutiva de las funciones tradicionalmente cubiertas por el pensamiento mítico-religioso y de allí además, cierta característica *neorreligiosa* o mítica de la

---

[102] Lühmann, N., *Sociología del riesgo*, Universidad Iberoamericana, Guadalajara, México, 1991.

ciencia (por ejemplo, en el uso generalizado de *metáforas* o en la aceptación de métodos azarosos de invención científica como la *serendipity*).

Por eso, pensadores o filósofos de la ciencia, como Jorge Wagensberg[103], aluden a la necesidad de rearticular religión, arte y ciencia, pero ahora dentro de un *ámbito ampliado de la ciencia*, en el cual discurre la modernidad del saber y del poder.

La *racionalidad* de la tecnología –o más bien del *desarrollo tecnológico*– puede así ser tanto *consistente* como *ilegítima*: el desarrollo tecnológico *consistente* puede solucionar, por ejemplo, el cáncer de piel de la exposición a una radiación nuclear generada como consecuencia de una decisión tecnológica *ilegítima* y ese modelo de consistencia/ilegitimidad avala toda la lógica del desarrollo científico.

Lo ejemplifica muy bien Ivan Illich[104] en su paradoja del automóvil: dedicamos unas 2.000 horas anuales en trabajar para adquirirlo y mantenerlo y en estar dentro de uno de ellos, con el cual realizamos unos 10.000 kilómetros al año. La velocidad resultante del cociente entre ambos factores arroja la cifra de 5 km/hora, que es exactamente la velocidad que se obtiene caminando.

Esta tendencia históricamente irresistible a la autonomía de la tecnología y a su infinita capacidad por resolver los problemas que suscita indirectamente, con nueva tecnología, tiene varios efectos en la conciencia proyectual, como la tendencia a una fragmentación de su concepción en una serie infinitamente abierta de

---

[103] Wagensberg, J., *Ideas para la imaginación impura*, Tusquets, Barcelona, 1998.
[104] Illich, I., *Energía y equidad*, seguido de *El desempleo creador*, Posada, México, 1980.

soluciones o la internalización de la experimentalidad en la *performance* del usuario.

La fragmentación se liga a la especialización que en parte remite a la multiplicación de *expertises* desarrolladas para solucionar defectos técnicos parciales de una totalidad anterior. La experimentalidad apoyada en la utilización de la cosa en cuestión por un sujeto usuario no solo conlleva la característica de *pasar la prueba* del productor al consumidor sino también a asociar al consumidor a una continua rectificación de prestaciones de la cosa técnica, de cuyas mejoras cada usuario puede participar adquiriendo el respectivo *último modelo*.

Desde el punto de vista de la lógica ampliada de técnica, la cuestión de la *calidad* técnica del objeto o prestación queda pues relativizada en el seno de la necesaria reproducción de lo técnico, que en tal sentido se hará cargo de la mejora necesaria de aquel defecto de calidad.

Puede haber además, una tendencia teóricamente infinita a aumentar el *riesgo* de una solución tecnológica (multiplicando los mecanismos de control) y la internalización de una dimensión metatecnológica en el diseño, basada en la normalización de comportamientos *rutinirizados* por alguna razón, preferentemente, la efectividad[105]. Es muy interesante como Fernando Broncano analiza el desarrollo histórico proyectual de un objeto elemental, como la rueda de un carro, dentro de un esquema que para la arquitectura y el urbanismo fue análogamente recorrido por la *teoría de los patterns* acuñada por Christopher Alexander.[106]

---

[105] Broncano, F., *Las bases pragmáticas de la racionalidad tecnológica*, en *Revista Anthropos*, N° 94-95, Barcelona, 1989, pp. 99-109.
[106] Inicialmente en su *Notas sobre la síntesis de la forma*, Infinito, Buenos Aires, 1970.

El paradigma de la artificialidad

Un ejemplo ya canónico de esta tendencia creciente a la autonomización de la tecnología –respecto de los sujetos que deberían operarla o servirse de ella– está dado en el arribo a los dispositivos denominados de *inteligencia artificial*, dispositivos susceptibles de tomar cierta clase de decisión en conocimiento de un *quántum* determinado (teóricamente infinito) de información.

Sería el caso de los llamados *objetos TTT* (*things that think*) desarrollados en el laboratorio de inteligencia artificial del MIT, por ejemplo, un placard que con información climática automática decide por mí, cada mañana, cómo debo vestirme[107], según las descripciones entusiastas cultivadas por uno de los padres de la inteligencia artificial, el académico del MIT, Nicholas Negroponte.

El paradigma de la inteligencia artificial, como marco explicativo de la tendencia autonómica del desarrollo tecnológico propone varias perspectivas de redefinición de las lógicas proyectuales de dominante tecnológica.

Lo primero, sería la idea de la *función autocorrectiva* u *homeostática* según la cual, un conjunto adecuado de sensores y dispositivos de control podría corregir permanente y variablemente el conjunto de prestaciones de un artefacto edilicio o de un objeto en general. Desde esta perspectiva, el proyecto puede tornarse en *posvitrubiano* (desaparecen las exigencias de *firmitas*, *venustas* y *utilitas*) al desglosarse en un repertorio de prestaciones técnicas. Un efecto de esta cualidad se obtuvo por ejemplo, en la guerra de Vietnam, donde la necesidad

---

[107] Negroponte, N., *Ser digital*, Sudamericana, Buenos Aires, 1997.

de realizar cirugía del alta complejidad en una carpa en medio de la selva, terminó por demostrar la posibilidad de transformar un aparato complejo –por ejemplo, un hospital tipo trama– en un manojo de inyecciones de fluidos y energías diversas que garantizaban un conjunto transitorio de *prestaciones* (humedad, desinfección, temperatura, aire comprimido, rayos laser, etc.) con base en aparatos portátiles y armables o enchufables.

Los desarrollos diagramáticos e indeterminados de teóricos proyectistas como los ingleses Cedric Price y John Weeks –este con sus conocidas reinterpretaciones de las máquinas hospitalarias de los años sesenta, en rigor, una contradicción pues oponía indeterminación multiprestacional a flexibilidad prestacional ad hoc– generan una primera traducción al universo proyectual tardo-moderno de estas aportaciones de la tecnología, lo que a su vez tendrá un apologista *retrohistórico* en los estudios victorianos de Reyner Banham y un grupo de entusiastas desarrolladores de una imaginería basada en la retórica de un hiperdimensionado de lo técnico, ejemplificables en los trabajos de Archigram, aunque también con repercusiones en los llamados metabolistas japoneses, interesados en la redefinición territorial emergente de la megatecnología, igual que las aventuras más *tecnolíricas* o directamente *sublimes* de los grupos italianos Superstudio y Archizoom.

Lo segundo, consecuente de lo que acabamos de marcar, es la posible fragmentación del proceso proyectual en la aportación de *microsoluciones* específicas para cada problema proyectual (un adhesivo de alta capacidad para formas de alabeados complejos, un regulador de freno de un ascensor ultrarrápido, un holograma que pueda sustituir ilusoriamente un muro o una fachada, etc.).

Desde este punto de vista diríamos que se asiste al fin del modelo brunelleschiano del *control centralizado* del proyecto y la eventual recaída en una nueva multiplicidad de *decisores externos* casi equivalentes a los gremios medievales, pero de mucha mayor *capacidad fáustica*.

En esta perspectiva, el contenido de innovación y verdad del proyecto queda supeditado a una confluencia cuasi *fortuita* de *solucionadores* expertos en problemas determinados: es el papel que por caso, tienen el consultor tecnológico Ian Ritchie, la experta en luminotecnia Helen Searing o el ingeniero Ove Arup –y dentro de su consultora, el rol de Cecile Balmond, asistiendo técnicamente los ejercicios de la *Serpentine Gallery*, las 13 construcciones efímeras de Hyde Park en Londres, iniciada por Zaha Hadid en 2000– dentro de obras atribuidas a autores que como Foster, Rogers, Grimshaw-Farrell o Von Sprelsken, quizá hayan sido beneficiarios sustanciales de una creatividad fragmentada y especializada, ensambladores de aportaciones diversas de *problem-solving*.

Sin embargo este supuesto *factor de disponibilidad* de nuevas aportaciones fragmentarias del pensamiento tecnológico solucionador, se transformaría –según nuestra hipótesis– no tanto en un reservorio sino en un *marco de imposición*, sobre todo de cara a las necesidades de estipular condiciones de novedad-competitividad en el mundo dominado por exigencias de mercado.

La posibilidad que un tecno-proyectista tiene, mediante el acceso al pertinente aporte del asesor específico, de utilizar un recurso o innovación mejoradora o superadora de anteriores prestaciones, es lo que explica el surgimiento de una clase de proyectos en clave de *alta tecnología*, caracterizados por el *alarde* o la magnificación retórica de aquello que presenta como novedad técnica.

El proyecto recae en una situación de *demanda utópica de prestaciones* o *cualidades* –el edificio más *alto, esbelto, liviano, transparente, trans-formado*, etc.– cuya realización depende en forma determinante de las aportaciones de aquellos *solucionadores*, pero también al revés: *ideas fragmentarias* –como un adhesivo ultrarresistente, una nueva aleación metálica o un plástico de deformación inteligente– concebidas al margen de hipótesis o exigencias proyectuales se convierten en puntos de partida y condiciones básicas de un proceso proyectual por cierto dependiente de las características de dichas ideas extra-proyectuales.

Pensamiento constructivo y pensamiento tecnológico. De la portación a la prestación. Ambiente artificial y energía.

La arquitectura puede ser reconceptualizada como metáforas del *mundo natural* (*organismos*) o del *mundo artificial* (*mecanismos*), que a su vez, han sido pensados como metáforas, respectivamente de evolución lenta y rápida (Fernández Galiano[108]). Existe pues, si se quiere, toda una hermenéutica histórica –y más concentradamente, moderna– que explicaría la recurrencia a diversas clases de referencias, alusiones y metáforas aplicadas a

---

[108] Fernández Galiano, L., *Organismos y mecanismos: metáforas de la arquitectura*, en *El fuego y la memoria*, Alianza, Madrid, 1991, pp. 129-161.

lo orgánico-natural o a lo maquínico-artificial y esa dualidad explica la existencia del par respectivo de modos de proyecto que en nuestras investigaciones nombramos respectivamente como modos natural y artificial.

Ciertos tipos de *máquinas* (mecánicas, térmicas y cibernéticas, según su evolución histórica) se corresponden respectivamente con entidades *organizacionales* (mecanismo, motor, autómata o robot), con formas de *energía* (trabajo, calor, energía), con referencias *corporales* (anatomía, alimentación, inteligencia) y con algunos *proyectistas tecnológicos* característicos (Leonardo, Watt, Wiener).

En los discursos de las novelas utópicas, suelen plantearse estas conceptualizaciones, por ejemplo, en *Erewhom*, de Samuel Butler (1842) donde aparecen descriptas máquinas entendibles como extensiones *orgánicas* y máquinas o *megamáquinas* propuestas como metáforas sociales y de toda una definición operante dada en lo *maquinal*, lo *maquinante*, la *máquina viva* autónoma, etc.

El famoso relato editado póstumamente, del reputado novelista masón Julio Verne, *Los 500 millones de la Begún*, presenta la dualidad confrontativa de dos modelos de ciudad, la afrancesada *Franceville* que su gestor Sarrasin piensa como regularización de un mundo natural, frente a la germánica *Stahlstadt*, ciudad del acero, que su mentor Schultze imagina como maquínica y severamente regularizada en sus formas y usos.

Todo este discurso tecnoenergético ha establecido la posibilidad de una arquitectura *termodinámica*, desplegable en propuestas de tipo *heliotécnico* (según el modelo mecánico con que Wright concebía la centralidad del fuego) o de tipo *bioclimático* (según la regulación orgánica de Le Corbusier respecto de la luz y energía solar).

Estas diferencias técnicas en la concepción tecnológica en Wright y Le Corbusier –y en el mayor adelanto técnico del primero, vista su temprana utilización de principios del acondicionamiento técnico forzado del aire en algunas casas de Oak Park y en el edificio Larkin utilizando los innovativos servicios de su amigo, el ingeniero Louis Carrier– encuentran sin embargo, semejanzas, tanto en la común creencia acerca del determinismo biotécnico o en la confianza en la posibilidad de una arquitectura resuelta en el modelo taylorizado (casas *Usonian*, casas *Domino*).

De estas aproximaciones devienen tanto la noción de una *estética técnica* –exacerbada y autonomizada en los discursos *high-tech*– como la confianza en un *genius locci* climático-técnico y por tanto, sociocultural y natural, que sin embargo comenzará a contraponerse con un pensamiento proyectual ambientalista que en el análisis de las condiciones de energía y sitio, devendrá como antitecnológico.

El discurso high-tech. Rogers. Foster. Piano. Feinsilber

Al contrario de lo que podría suponerse, las expresiones de la llamada *high tech –alta tecnología–* no deben entenderse como culminación de la racionalidad tecnológica sino más bien al revés, como lo postula entre otros Ignacio Paricio[109] que analiza las propuestas y desarrollos de este pensamiento proyectual demostrando su

---

[109] Paricio, I., *Arquitecturas high-tech. Entre la alta costura y la alta competición*, en *Revista Arquitectura Viva*, N° 4, Madrid, 1989, pp. 11-4.

irracionalidad básica y su correspondencia con factores ajenos a la economía proyectual por su dependencia de aspectos de comunicación diferencial exigida por los clientes *high-tech*, quiénes pagan mucho más no tanto por calidad técnica sino por emblematicidad y comunicación.

Lo *high-tech* debería considerarse más como una iconografía o una retórica publicitariamente persuasiva, que un grado superlativo de la razón técnica. El concepto de *high* (*alto*) –que también se usa en la moda (*alta costura*), en la competitividad deportiva y ahora también, empresarial (*alta competencia*) y en las prestaciones técnicas (por ejemplo, *alta fidelidad*, en un equipo de música)– funciona como un criterio de diferenciación y a veces, como estamento de experimentación y prueba para una reproducción *menos alta*, siempre con un afán identificatorio y diferencial que mejore el posicionamiento comercial de una marca: Renault suele hacer una promoción de venta de sus autos de calle, el lunes a la mañana, explotando el éxito de sus motores de alta competencia deportiva el domingo previo, articulando un discurso entre dos objetos técnicos que no tienen nada que ver.

Desde este punto de vista, se exalta así, la condición de *artificio*, de desmesura superadora de estándares o condiciones normales de prestación de un material o servicio. En consecuencia, una de las características del perfil *high tech* es su difícil o imposible reproducibilidad, su búsqueda de *performances* ajenas a toda comparación emulativa.

Por ello, cabe distinguir con precisión, la lógica tecnologista sesgada hacia la *high tech performance* de la mera lógica constructiva y a menudo se oponen (por ejemplo, en el consumo de energía o en el uso no convencional de materiales como las aleaciones aeronáuticas o el vidrio estructural, etc.).

El caso del Centro Pompidou (7.1) es un temprano exponente de esta *i-lógica*, que tiene *honestidad* en la *exposición* del edificio (se presenta como un artefacto metálico) y *des-honestidad* e *ineficiencia* en su forma de producción (las piezas principales se realizaron como piezas de fundición y por lo tanto, debieron ejecutarse en Gran Bretaña, con lo que los costos de traslado y manipulación dentro de París fueron casi tantos como los de producción. Las piezas debieron revestirse con compuestos ignífugos de base asbesto-cementicia y luego fueron enchapados en lámina de acero para *recuperar* su apariencia, etc.). El lema de esta lógica *high-tech* parece ser, *lo que puede hacerse* –por razones de imagen– *debe hacerse* (a cualquier costo / tiempo).

Ilustración 7.1

En el Museo de las Ciencias de La Villete, de Adrian Feinsilber (7.2) también se utilizaron los compuestos superpuestos de metal, hormigón y chapa aparente de acero, lo que evoca asimismo, aquella original tradición de retórica enmascaradora de la tecnología que paradójicamente había sido puesto en marcha por Mies, el profeta del *less is more*, en su invención de los *mullions* emblemáticos del *curtain-wall* del Seagram Building y estableciendo los principios de una retórica ajena a la razón constructiva o técnica: el acero estructural queda embutido e inaparente por razones de previsión antiignífuga, dentro de pilares de hormigón y todo se reviste con el sistema liviano y modulado de las carpinterías metálicas, a las que se le adiciona superficialmente el doble T de los mullions, para expresar la condición oculta de la estructura metálica y muy pobremente justificados como guías laterales de los carritos de limpieza de cristales.

Ilustración 7.2

El londinense edificio Lloyd's, de Richad Rogers, contiene también su serie de *performances* de discutible racionalidad: los ascensores exentos y transparentes debieron recibir cristales estructurales capaces de soportar vientos de hasta 150 km/hora, su alta velocidad requiere frenos tipo *flaps* de avión, la organización *eviscerada* del edificio, con su alta fragmentación de elementos servidos y la proliferación autónoma de torres de servicios multiplica los perímetros subiendo los costes de revestimientos expuestos y la exigencia térmica de acondicionamiento, etc.

Aquí también reaparece el efecto de *sorpresa*, rayano en la búsqueda de pseudosoluciones que resuelven en realidad, pseudoproblemas formulados en el proyecto, de modo de garantizar anticonvencionalidad funcional y utilización de altas prestaciones.

Un caso fundante de esta lógica sorpresiva, como causal de generación de identidad entre edificio y empresa, fue el pequeño bloque neoyorquino de la *Ford Foundation*, en el que Roche-Dinkeloo (7.3) planteó ese tipo *paradójico* de diseño, en la plaza... cerrada, cubierta e hiperacondicionada para albergar un inédito jardín tropical en el centro de Nueva York. Ese jardín, dentro de las aportaciones de especialistas autónomos al desarrollo del proyecto, fue diseñado por el célebre paisajista Dan Killey.

Ilustración 7.3

Desde luego, este tipo de *performance* modifica la estrategia proyectual, no solo al requerir, como se decía más arriba, la concurrencia de expertos tecnológicos calificados y ultraespecializados sino también propiciando novedades compositivas. Por ejemplo, la superación de alturas en la *Torre Sin Fin*, de Jean Nouvel en La Defense parisina, con su remate de vidrio para sugerir su fundimiento en el horizonte del cielo, su fundación hidráulica o su péndulo central para autorregular el pandeo o la deformación lateral, etc. O la adscripción a soluciones geométricas y luces que por plantear umbrales de deformación excesiva –como los 7.5 cm que separan piezas del Centro Renault, de Norman Foster– obligaron al uso de una nueva generación de adhesivos-selladores de alta elasticidad, o las amortiguaciones de teflón en las fundaciones del edificio WTC de Minoru Yamasaki, los *buffers* o almohadillas hidráulicas de los ascensores del HKS *Bank* de Foster, etc. Otros cambios significativos del modo proyectual se dan en los problemas de solución de la articulación entre estructura y cerramientos en este tipo de edificios o en la tentativa de reducción a formular el edificio como un concepto esencial o *paquete de prestación inteligente de servicios de alta definición*, como se da en el ascético proyecto del Museo Du Menil, de Renzo Piano, en Houston (7.4): en rigor, un espacio indefinido, resuelto en corte, de posible infinito crecimiento longitudinal, sostenido en los sistemas de flujos de prestaciones (aire acondicionado, luz natural y artificial, ventilación, etc.).

Ilustración 7.4

La conjunción de criterios proyectuales tradicionales –la identificación de espacios más o menos estables y regulares para acoger la respuesta a exigencias programáticas funcionales– con las ofertas devenidas de las *tecnologías inteligentes*, da curso a la llamada *domótica* (construcción más electrónica) que llevando adelante las utópicas proposiciones sesentistas de Archigram y Banham (en su célebre ensayo *A home is not a house*) tiende a un continuo incremento de los *dispositivos prestacionales* junto a una disminución de los factores tradicionales de la construcción (los *soportes vitrubianos*) y a la creación de una homogeneidad teórica de condiciones ambientales indiferente a las implantaciones específicas.

Esta tendencia simplificadora, base de la tecnoglobalización que unifica soluciones para cualquier parte del mundo, puede tropezar con cuestionamientos culturales, como el sometimiento a un *consulting* de adaptación a los principios del *feng shui* –el conocimiento chino tradicional de acondicionamiento natural de un edificio– que debió enfrentar el desarrollo del diseño de la sede del HKS *Bank* en Hong Kong.

La conjunción de las posibilidades de la domótica junto a las exigencias simbólicas e iconográficas del *high tech* según las demandas retóricas y publicitarias de los promotores de estos edificios, se presta desde luego, a la exhibición de *alardes prestacionales*, como los *ojos* electromecánicos que regulan el cierre/apertura de la célebre fachada del IMA parisino de Nouvel (por otra parte, frecuentemente, fuera de servicio) o el ascensor del Arco de La Defense, de von Sprelsken, con sus 100 metros de recorrido libre y sus artificios consecuentes de tensores estabilizantes y correctores de flameo, etc.

Construcción y comunicación. Nouvel. Fuksas. Ito.

La conjunción de la alta tecnología y de las necesidades retórico-publicitarias –el edificio será complejo y ello constituirá el fundamento de su exposición, exhibición o alarde– lleva a una cierta identificación entre lo que aquí llamamos *lógica tecnologista* con la *lógica comunicacional*, particularmente expuesta en la obra de Nouvel. Refiriéndose a su trabajo proyectual, este señala que realiza una actitud *experimental*, buscando *lo extraordinario* –al acecho del presente y sus novedades– y actuando como un *anti-artesano*.

Nouvel conversa con Baudrillard[110] para contraponer a los conceptos posmarxistas del sociólogo acerca de las lógicas del consumo compulsivo y la sobredeterminación discursiva de los objetos posmodernos, su propia obra de *regisseur* de espectáculos urbanos y ensamblador de destrezas técnicas enderezadas a lograr los máximos efectos de superficie (tensión, brillo, espejamiento, distorsión del límite y de la conciencia de borde, etc.); el primero otorga a la arquitectura una posición en el armado de Modernidad y cree que el futuro es apocalíptico y el *designer* reniega del diseño y lo que según él, descalifica el paisaje de la ciudad, pero imagina un futuro más tensado por la tecnorrealidad y la profundización de la apariencia.

El modo de proyecto nouveliano trata de capturar un espíritu anticorporativista, recurriendo a consultores: uno de sus socios principales, Jean Le Marquet, es de profesión escenógrafo y Nouvel mismo ratifica su antigua predilección por ser cineasta. Esta propensión al espectáculo y al discurso, le hace hablar, no de *formas* sino de *materiales* y *acabados* –según lo advierte el análisis el Jean Lucan–, con interés en la sensación *táctil* antes que en la *visual*.

Ejercicios proyectuales realizados desde esta perspectiva –el monolito de granito negro de la Opera de Tokio, el edificio en Burdeos que *se deja* oxidar, la serigrafía sobre vidrio de las fachadas de la Editorial Dumont-Schauberg en Colonia– son trabajos que acentúan la idea de que *la sensación precede a la comprensión*, y en ello

---

[110] Baudrillard, J.-Nouvel, J., *Los objetos singulares. Arquitectura y filosofía*, Fondo de Cultura Económica, Buenos Aires, 2003.

va parte de la voluntad espectacular de esta lógica que balancea alta tecnología con comunicación.[111]

El trabajo de la parisina Fundación Cartier, 1994 (7.5), condensa su retórica de la nueva tecnología casi como atopía o multitopía, a tal punto que el film "El Estado de las Cosas", de Michelangelo Antonioni se rodó allí puesto que para este ilusionista –junto a su asesor en este film, Wim Wenders– se trataba de la máxima expresión del *lugar común*, es decir, una construcción que se niega a sí misma en su desmaterialidad y que anula las distinciones de la función (Antonioni usa el edificio de oficinas para rodar escenas domésticas).

Ilustración 7.5

---

[111] Lucan, J., *Elogio del presente*, en *Revista A&V* 31, Madrid, 1991, pp. 16-22.

Asumiendo relaciones e influencias de Warhol, Venturi o Koolhas, a Nouvel le interesa, en tal conjunción orientada a la expresividad discursiva, concretar en los proyectos lo que llama *transformaciones hipercríticas* –como la *caperuza* que resuelve la ampliación de la Opera de Lyon– procedimientos que remiten a algunas *trovattas* modernas, como la Fábrica Van Nelle, y que retienen algo de la técnica benjaminiana de la *alegoría inesperada*.

En la asociación tecnología/comunicación, no es raro el interés de Nouvel por los *envases* o *envoltorios*, esa capa que los productos tienen en su existencia en el consumo, a menudo saturada de signos tipográficos. Los *capotés* –las envolventes– que como en Lyon o en Tokio, suelen interesar a Nouvel, remiten a la ingeniería automovilística y aeronáutica del *sytiling*, al modo de diseño de Raymond Loewy y también, según nos dice, a la simplicidad popular del *packaging*.

Loewy y más aun su mentor, Bell-Geddes, construyeron para los vehículos y los *gadgets* un estatus autónomo de la apariencia (como el lugar plegado que resuelve la forma aun sin interesarnos por el interior de la forma) y consiguieron ya en los años cuarenta, un estatus privilegiado para el *style design* –el diseño de envolvente– frente al proyecto de ingeniería que a veces, devino secundario.

Esta técnica de envoltorios permite una solución *englobante* o *tensa* para alojar las complejidades de la máquina arquitectónica y también para ofrecer una cierta incertidumbre o misterio respecto del contenido (las *vísceras* técnicas): hay aquí, una diferencia entre esta postura tecnovisual-publicitaria y el desmembramiento casi impúdico del *high-tech* ortodoxo de Foster o Rogers.

En Maximiliano Fuksas, las metáforas corporales niegan, en cambio, la piel del empaquetado y usan los medios *high-tech* para organizar cuerpos artificiales, especies de Frankenstein, como la *Tour Geindre*, compuesta en pedazos –uno de Nouvel, otros de Alsop y Seidle– con el autor como director de orquesta o *anatomista* ensamblador. O recurre a apropiaciones de la discursividad futurista en clave hipertécnica como en su edificio para la Bodega Nardini, 1998 (7.6).

Ilustración 7.6

Dentro de una clave relativamente minimalista, Fuksas ha dicho, parafraseando a Loos, *el detalle es un crimen* –aforismo que se carga a casi toda la modernidad, desde Mies hasta Scarpa– si no fuera que tal neutralización del elemento de personalización (artesanal o artística) que implica la factura del detalle, dependerá íntegramente de las altas prestaciones tecnológicas. O a una exaltación del componente de teatralidad que en una especie de escenificación desprovista de todo sedimento de contenido-función, se presenta en su pórtico de entrada a las cavernas prehistóricas de Niaux, cuya solución de madera y acero debe más a las escenografías que a las ingenierías: como Nouvel, Fuksas puede desplazarse, en el campo de la imagen tecnológica, desde lo real a lo ilusorio.

La Casa de las Artes de Bordeaux –proyecto concluido en 1995– queda resuelto en un único volumen revestido de cobre preoxidado con cloruro de amonio: episodio químico-estético que como en artistas *minimalistas* –como Kounellis o Saiz y también en arquitectos de esa vertiente como Herzog-DuMeuron– descarga toda la potencia simbólica de la imagen en la *trovatta* técnica.[112] El acabado, en una vuelta de tuerca, no está disponible en los catálogos de materiales sino que debe surgir de una performance química, de una erosión de sustancias que engendran un tercer e imprevisible resultado.

También, el *packaging* de grandes cajas arquitectónicas –como el citado edificio de artes de Fuksas o su *Casa della Pace*– sobre todo en Nouvel, da curso a *metáforas insensatas* como *la cola de la ballena* (el

---

[112] Glusberg, J., *Maximiliano Fuksas: la arquitectura como modo de ser*, en *Revista Summa* + 36, Buenos Aires, 1999, pp. 94-9. Véase de paso, como quizá sin proponérselo, el título se aproxima al discurso heideggeriano de vaciamiento ontológico por *exceso* de objetualidad técnica: arquitectura –o tecnología de uso arquitectónico o lógica tecnológica de la arquitectura– como *modo de ser*, que supuestamente *sustituye* a otros modos.

edificio en Rotterdam), *el barco del lago* (el edificio de Lucerna) o *la torre sin fin* (en La Defense): el mecanismo narrativo metaforizante arbitrario resulta, asimismo, una técnica habitual por ejemplo, en el cine de Wenders. El diseñador Philip Starck bautizó a la Opera de Tokio de Nouvel como *la ballena que se tragó la kaaba*.

La estrategia proyectual de Nouvel puede entenderse como antiestructuralista, o mejor aún, antiinstitucionalista –así lo define Alejandro Zaera Polo[113]– dado que a Nouvel, más que rastrear sobre el fundamento arquetípico de los edificios le importa en cambio, hacer proyectos exasperantemente contemporáneos, casi *fugaces*: como es el caso de sus variadas *mediatecas*.

Este tema –cajas de cultura consumística, o supermercados de bienes culturales– empieza a convertirse en tema de época, en los ejemplos de las mediatecas de Karlsruhe (Koolhaas) o de Sendai (Ito), esta última interesada en revisar la posibilidad de presentar un objeto de alta tecnología pero a la vez, con reminiscencias orgánicas, en su urdimbre de *árboles técnicos* y sus veladuras o *pieles frágiles* (Herrero-Ábalos), por otra parte, esencial en su evanescente proyecto de la Torre de los Vientos.

La fugacidad coyuntural de las mediatecas se reivindica en Nouvel, además, como un *montaje tardocapitalista*, una respuesta enteramente funcional a las últimas flexiones del mercado tercerizado, un panteón para el mundo efímero de lo comunicacional mediático y simbólico, un contradictorio museo para aquellas

---

[113] Zaera Polo, A., *Intensificar lo real*, en *Revista El croquis* N° 65-66, Madrid, 1994, pp. 42-57.

cosas que son inmateriales y que flotan en el aire del flujo informático.

En el caso de la obra de Ito, como en otro sentido, en buena parte del pensamiento científico contemporáneo, la requisitoria de perfección e innovación tecnológica se da como intensificación ciertamente inspirada en la filosofía budista, de la voluntad de hacer que lo artificial se parezca a lo natural y así la sofisticación de la mediateca de Sendai[114] no sería sino el desarrollo necesario para producir *cuerpos fluidos*, conductos que se asemejen a *cestas de bambú* o *columnas parecidas a algas*.

La aproximación tecnoproyectual nouveliana alude asimismo a las *máquinas abstractas*, una conjunción de manejo de tecnología y aperturas a lo sensoperceptivo, que se conjuga con posturas duchampianas y del *minimal art*. Máquinas –como el diafragma fotográfico del IMA o el estuche de un instrumento musical en Tours– que se pueden evidenciar como aparatos *enigmáticos*, que funcionan pero también que evocan percepciones estéticas como las que se experimentan frente a los artefactos misteriosos de Duchamp (el molinillo de café, por ejemplo).

Podría deducirse así, en Nouvel, los términos de una *estética pragmática* –por ultramoderna, o de flagrante copresencialidad y negación de distanciamientos– que viene a implicar precisamente un intento de *eliminación de la distancia estética* que había forjado la construcción humanista de una subjetividad activa frente a una objetividad pasiva. Ahora el objeto recentra la situación e intimida al sujeto, desafiando su equipamiento

---

[114] Ito, T., *Tarzán en el bosque de los medios*, en *Revista 2G*, N° 2, Barcelona, 1997, pp. 122-142.

perceptual o avanzando en una operatividad en que el objeto deja muy atrás su antiguo rol de instrumento. Al mismo tiempo, al exhibir una desaforada estética de época, obliga al sujeto a efectuar un acto degustativo y una demostración de pertenecer a un mundo (*Pertenecer*: ese era el verbo de empatía o celebración de gustos compartidos con que la tarjeta American Express invitaba a sumarse a su mundo de consumos).

Lo paradójico es que esta exaltación del objeto como demandador de percepciones y disfrutes más complejos e incluso hasta dolorosos o delirantes es lo que a su vez conspira contra la complejidad tecnológica de aquello que se piensa para despertar reacciones intempestivas.

Aquí la arquitectura –con su costo y su permanencia o duración técnico-prestacional– corre con desventaja frente a la producción de otras significaciones cuya vida óptica es mucho más efímera, como los objetos de las modas de una temporada, las campañas de publicidad, los discursos seriales o repetitivos de la televisión, las estéticas singulares de algunos *films* (como *Matrix* o *Men in black*).

La pasión por lo contemporáneo tropieza en Nouvel con el medio que escoge; la arquitectura es el más caro, duro y durable de todo lo disponible. De allí que algunos objetos paradigmáticos nouvelianos como *el cigarro* de Barcelona, al tiempo que se convierte en otro ícono duradero de la ciudad, adviene a una declinación de su valor como constructo y, salvo para quienes trabajan dentro de él, es mejor estar lejos y retenerlo nada más que como un signo más.

Esto puede alterarse drásticamente en los proyectos de Nouvel y también en otros productos contemporáneos exageradamente actuales como la pornografía, el *rap* o los espectáculos multimediales: se trata de la *intensificación de la seducción* (Baudrillard), la exaltación del deseo y la fascinación, la intromisión de la *obscenidad* (como aquello que anula la distancia entre sujeto y objeto) o la emergencia de una estética ya no de la *pre-sentación* o aparición sino de la *intensificación* (del contacto sensorial entre sujeto y objeto). Sería así, como un momento de consumación del *ge-stell* heideggeriano, como caída del ser en su pura disolución en la experiencia del objeto técnico.

Debería apuntarse, sin embargo, que esta lógica proyectual difiere de la que llamamos fenomenologista, en que si bien apela a la reacción del sujeto –en la intensificación de su experiencia receptiva o impacto sensorial– todavía le otorga una extremada relevancia al *soporte medial tecnológico*. Se buscan reacciones públicas poniendo en juego ingentes maniobras de escenificación técnica; se descarta la seducción popular que todavía inspira la imaginería de punta (tecnología espacial, metáforas *tecnorgánicas*, biotecnologías, etc.).

Sin embargo, una evidente correlación entre tecnologismo (del objeto) y fenomenologismo (del sujeto) estaría dada en la manera de asegurar esa correlación –sensorial y emocionalmente– concibiendo el proyecto del objeto como aquello que caracteriza los deportes modernos por excelencia: los deportes que como al aladeltismo, el *rafting* o el *surfing*, están definidos por la *perfección de una trayectoria*. Nouvel mismo se autodefine como surfista –también lo hará Koolhas– es decir, aquel que opera *sin espesor ni profundidad* y que se desplaza con destreza por la superficie móvil de las cosas.

El interés por las *funciones diagramáticas* y la adimensionalidad son otros rasgos de esta lógica, tales como el uso de *tensores integrativos* o la apelación a una lógica formacional de la *de-formación*, dada en el alto interés por las superficie de generación y registro, equivalente al concepto de *interfase* (Virilio[115]).

La ambigüedad escalar de los objetos, el interés por las *redes* territoriales (Deleuze-Guattari[116]) y la lógica formacional de lo no-objetual son otros rasgos característicos que deberían sumarse a las diferencias programáticas con otras lógicas proyectuales.

El *oportunismo de lo accidental* –las lógicas o *estrategias fatales* de Baudrillard– lo alejan del estructuralismo esencialista y no contingente; el desinterés por la no objetualidad lo separan del fenomenologismo y su *moral del suceso*; la apología de lo inmediato superficial y de lo instantáneo accidental lo desvinculan de todo tipologismo y su tendencia innata a la *regulación del accidente* (o la anulación, por previsibilidad y cálculo, de su posibilidad). Alguien que escribió sobre esta ultramodernidad de la estética del sujeto-objeto conmovida y *trans-formada* en un accidente es James Ballard en *Crash* (1973) y alguien que filmó esa neorrealidad es David Cronemberg en el *film* (1996) del mismo nombre.

---

[115] Virilio, P., *El arte del motor*, Editorial Manantial, Buenos Aires, 1998.
[116] Deleuze, G.-Guattari, F., *Mil mesetas*, Editorial Pretextos, Valencia, 1988.

8. RASTROS DE MODERNIDAD OTRA

Plantearse un abordaje para la interpretación de la peculiaridad de la modernidad en el campo de la cultura en general y la arquitectura en particular referente a todo un continente de relativa *historia corta* –en comparación con los otros– implica tanto una necesidad como un problema metodológico.

La *necesidad* estriba en el fortalecimiento de un grado de autoconocimiento que recientemente cobró más relevancia pero que todavía está lejos de aportar a un análisis de tendencias, situación y prospección acerca de la *identidad* de su *historia cultural*, trabajo en todo caso necesario vista la inadecuada maduración de las estructuras culturales, políticas y socioeconómicas del conjunto de naciones que problemáticamente integran Latinoamérica.

Estamos ciertamente bastante lejos de la construida introspección de eso que bien puede llamarse *europeidad* y que es una elaboración bastante reciente así como de la contundente identidad basada en historias de larga duración –y de aislamiento de circuitos internacionales de modernización, al menos hasta hace unas cuantas décadas– que caracteriza a Asia o África.

Latinoamérica comparte una territorialidad continental (y ciertas características novohistóricas) con Anglo o Norteamérica que asume el mayor desarrollo sociotécnico de la Modernidad. Toda América –la católica sureña y la protestante norteña– fue escenario de la primera y más relevante empresa histórica de globalización política, religiosa, técnica y antropológica que resultó ser la conquista europea de estos territorios concretada desde el siglo XVI en adelante y cuya significación en las matrices sociopolíticas actuales no puede discutirse.

El *problema* radica en esa misma falta de madurez e integración, o sea en cómo la región remite a un grado de diversidad y heterogeneidad en todo caso expresivo de la figura de *patchwork* o retablo de diversidades confrontadas y apenas conjuntadas en precarias totalizaciones, sean estas de orden cultural o político.

Imágenes urbanas de Asunción o de Maracaibo, por poner un par de ejemplos cualquiera, en que se ve una superposición *bizarra* de arquitecturas de voluntad comunicativa banalizada –una especie de modestos Las Vegas o Miami, por otra parte, verdaderos desiderátums del *melting pot* que expresa la violencia cultural de apropiaciones populistas, más que democráticas, de los frutos supuestamente excelsos de la cultura eurocentrada- a veces con expresiones curiosas como la apelación a elementos clasicistas pero crudamente seccionados o despojados de su aura de orden o componentes del paisaje urbano como un coche fúnebre que retoma el origen simbólico mediterráneo pero lo tropicaliza en cierta *de-formación* de su ornamentación (aunque sin eliminar el necesario color negro de una ritualidad, en este caso, bien exótica que va a negar en tal caso, el estridentemente colorido cementerio de Luque, muy cercano a la capital paraguaya) permiten abordar materiales cotidianos que son estrictamente *mestizos* en la libre y populista concurrencia de rasgos que vienen de otras culturas y que aquí simplemente se mixturan y banalizan, en orden a desposeerlos de sus orígenes más elitistas.

Se trata en todo caso de una clase de mestizaje inserta, si se quiere, en las derivas de la globalización reciente, ya que no incorpora por así decirlo, *etnocomponentes* de autenticidad o autoctonía sino que más bien se trata de registros propios de generalizaciones banales de imaginerías *mass-mediáticas*.

Por ello sería erróneo asumir que estamos en presencia de tópicos de estética popular americana ya que es muy difícil sintetizar una tipificación de motivos (como diría Lezama Lima, el apetito estético del neobarroquismo americano es infinito) y más difícil aun es encontrar criterios recurrentes en las formas de producción de estas objetologías urbanas.

En La Paz se pueden encontrar murales callejeros a caballo entre estipulaciones *naifs* y sutilezas de artista;[117] composiciones que revisten cualquier porción de ciudad, desde muros hasta portones fabriles, presentando motivos de la compleja existencia de personajes acaballados entre las mitologías religioso-populares y las picarescas urbanas o los indicios de un arte directamente antropológico o político en la enumeración crítica de motivos del fascinante fresco multiétnico de esa ciudad tan específica en su mestizaje y multiculturalismo pero que a la vez pareciera resistir –dentro del mundo andino– en unos sedimentos de autoctonía cultural bastante auténticos, como si cierto vigor populista-ancestral (no necesariamente *etnooriginario*) se imponga al barniz del neopopulismo más de sesgo *massmediático*.

---

[117] En el sentido de los grandes artistas callejeros modernos, como emblemáticamente fue el caso del trágico y la vez lúdico neoyorquino Jean-Michel Basquiat (1960-1988). Véase al respecto el catálogo de una completa retrospectiva en Durán, I., *Acércate a Basquiat*, Fundación Marcelino Botín, Santander, 2008.

En las laderas de Guanajuato, un populismo no necesariamente pobre, desarrolla una estética alternativa (8.1) usando referencias vernaculares –como los colores basados en tinturas vegetales– y pragmatismo contextual, apropiándose de territorios cuya urbanidad se distingue del damero clásico y pretende recuperar la potencia de los paisajes extraurbanos.

Ilustración 8.1

Todo lo cual recomienda complementar estas exploraciones tomando como referencia algunas *unidades* de esa heterogeneidad, en este caso las *naciones* o algunas de ellas, sin perjuicio que sería posible cruzar tal indagación con otras figuras de relativas homogeneidades, sean regiones o ciudades –por ejemplo la región *paisa* de Antioquia o Medellín, como subculturas dentro de la colombiana y quizá más nítidas– contextos ambos donde parecería emerger con más claridad la índole de unas *geoculturas*, o sea, culturas socioterritorialmente referenciadas y connotadas, en las que por otra parte, fuera posible aplicar un análisis que llamaríamos *ambiental*, en tanto referido al examen de las relaciones entre sociedades y soportes territoriales naturales o biomas y en donde predomina cierta voluntad de preservar esa identidad neocultural y, por tanto, diríamos que se ejerce cierta resistencia sociocultural frente a las presiones homogeneizadoras.

En esa integración compleja de desarrollos comunitarios y grandes escenarios naturales –las selvas, los desiertos, los grandes valles, los frentes fluviales, las cordilleras y sierras, las escalas de grandes espacios escasamente ocupados y articulados, etc.– seguramente podrían encontrarse más claves susceptibles de presentar rasgos detallados de aquel concepto de *patchwork*.

La combinación de una biodiversidad paisajístico-ambiental con una etnodiversidad que ensambla sin sintetizar numerosas figuras de mestizaje antropológico y cultural, resulta una característica notable en la descripción etnofisiocrática de América así como una notoria dificultad a la hora de pretender cartografiar esas condiciones de diferencia/identidad.

En este caso diríamos además que la extensión y la desintegración físico-funcional latinoamericana así como la diversidad y coexistencia de numerosas configuraciones de enclave y la inexistencia de comunicación por así llamarla *horizontal,* son todas características que forjan o agigantan esa idea de mosaico o constelación de diversidades.

Y el mosaico desarticulado o renuente a *aceitarse* con las claves de la homogeneización cultural globalizada opera, quizá dentro de una figura general de *sociología del atraso*, como algo a favor de cierto *statu quo* de las microculturas más o menos originarias o geosituadas.

Las *microculturas regionales* –que son tan sustantivas, por distintas causas, tanto en Europa como en África y Asia– de América Latina sin embargo, parecen menos ostensibles o más discretas y a la vez, menos suscitadoras de orgullos conservadores de tales entidades, dada la relativa novedad de su modernización como continente y en ella, la voluntad de engendrar homogeneidades supralocales funcionales al proyecto colonial. Dicho de otra manera, lo microcultural parece más una fatalidad que un deseo, una cualidad del aislamiento más que una tradición establecida y valorada.

Advenida la independencia ulterior a esa fase colonial, la historia política de construcción de las nacionalidades sudamericanas está demasiado saturada de violentos procesos de avasallamiento de microculturas locales o regionales cuya supervivencia, cuando así ocurrió, no fue fruto de esa historia política sino más bien de resistencias etnopopulares.

Hay más fundamentos emergentes de cierta postura de defensa política más que de programática sociocultural en tales relictos aislados de culturas locales. Lo que en Europa fueron casi siempre acuerdos federativos bastante tolerantes con los mosaicos regionales, en Sudamérica supusieron guerras civiles de forzada integración generalmente unitarias y centralizadas y bastante negadas a proyectos federalistas: incluso eso queda evidenciado en que solo USA y México en Norteamérica y Brasil y Argentina en Sudamérica poseen regímenes federales de gobierno aunque ello sea casi formal en el caso de las tres últimas naciones mencionadas.

Así, el opacamiento de las diferencias e identidades regionales y microlocales parece estar ligado a una historia dominada por una estrategia política de unificación para la inserción en políticas de mundialización: es en ese sentido que América difiere notablemente de Asia o África en su tentativa de buscar las formas de organización política que facilite, con altos precios antropológicos, el proceso de integración continental en la dinámica expansiva del capitalismo.

En tal dirección es que puede afirmarse aquella hipótesis paradójica que refiere a una Latinoamérica prácticamente globalizada desde su propia fundación como tal, allá en el siglo XVI, integración forzada sustancial para dar paso a procesos de acumulación originaria que dieron cauce al desarrollo capitalista y a la emergencia de la Modernidad central, ya que tal Modernidad, legible gramscianamente como superestructura de la modernización industrial es impensable fuera del montaje de la división internacional del trabajo instaurada a inicios del siglo XIX.

Y estos procesos de relación entre culturas y naciones no están concluidos ni mucho menos y de tal forma, voluntades regionales egoístas dirigidas a mejorar o aprovechar la inserción en la globalización actual se presentan hoy más bien como fracturistas de aquellas entidades nacionales sin que ello suponga –como en el caso de secesionistas más antiguos como los vascos o los catalanes– proyectos de afirmación de geoculturas. Al contrario, a menudo son proyectos de desintegración nacional meramente canalizados por ventajas, intereses o apetencias económicas: esta parece ser por caso, la situación de separatismo que se operaría en Bolivia cuyo proceso se pone en marcha cuando por primera vez en su historia, adviene a disfrutar de cierta hegemonía política nacional la etnia indígena más cultural y demográficamente significativa de ese país.

En cierto modo, tal protagonismo –marginal para sus actores locales– de América Latina en el forjado de la Modernidad es lo que se articularía con la atribución a este continente de la condición de una suerte de *laboratorio* de experimentación de la incipiente *modernización* socioproductiva global (el pasaje del capitalismo comercial endógeno al capitalismo comercial lejano y luego, al capitalismo industrial y a una división del trabajo mundial que escinde áreas de manufacturación de áreas de producción extractiva y primaria) tanto cuanto de la superestructura ideológico-simbólica de tal modernización, que es lo que solemos designar con la noción de *modernidad*.[118]

Un protagonismo crucial en la instauración misma de la modernización –Eric Hobsbawm, por ejemplo, reconoce que el arranque acumulativo de este proceso deviene del saqueo de las colonias occidentales, el mismo argumento que documentan los estudios *ecohistóricos* de Alfred Crosby– no es óbice empero para postergar el acceso pleno de la región a ese proceso histórico, lo que consecuentemente explica su peculiar modernidad, que diversos autores consideraron imperfecta, incompleta, atrasada, marginal, formal, socialmente restrictiva,

---

[118] Esta sería la tesis básica de nuestro libro *El laboratorio americano. Arquitectura, geocultura y regionalismo*, Editorial Biblioteca Nueva, Madrid, 1998, al cual deberían adscribirse y referirse en términos generales, las propuestas y contenidos de estos textos. La discusión de las relaciones y confrontaciones entre las nociones de *modernización* y *modernidad* fue planteada en varios de sus libros por Jürgen Habermas.

antidemocrática, institucionalmente débil, etc., como las célebres jeremíadas proferidas por Octavio Paz, quien por otra parte, supo captar parte de la peculiar modernidad, teñida de anacronismos, que hace singular la cultura artística mexicana.

Características, muchas de ellas, curiosamente inductivas del reconocimiento *avant la lettre*, de rasgos posmodernos en aquella debilidad de alcance de modernidad plena, por ejemplo, en torno de un interés más bien artístico-cultural que socioproductivo que le habrían dominantemente otorgado a tal modernidad tanto la sociedad consumidora o demandadora de arquitectura cuanto la misma Institución Arquitectura (escuelas, colegios, revistas, etc.). Lo que no excluirá por cierto, algunas apropiaciones del discurso modernista (funcionalista, racionalista) de parte de demandas promovidas por el Estado en relación con la producción de equipamiento social, por ejemplo, en el caso del *pobrismo* motorizado casi directamente en relación con encargos del estado populista de Lázaro Cárdenas en el caso mexicano y alrededor de una obra tan variada como heterodoxa ejemplificable en los trabajos de Legorreta, Mendiola, Villagrán García u O'Gorman.

Resulta así posible, cruzar una suerte de *unidad externa* –conferida desde la estrategia colonial– con una *diversidad interna*, visible tanto desde el punto de vista de la historia permanente de aliento a la balcanización que promueven aquellos intereses globales y ajenos, cuanto en la inmadurez del desarrollo de élites y dirigencias internas, incapaces de fortalecer el poder local y desde él, fuerzas integrativas autónomas.[119] En estos cruces es posible construir si cabe, una cierta modelización americana como *melting pot* de culturas que incluye desde luego, sus arquitecturas.

Según este marco general de postulaciones, quizá resulte indispensable asumir tal fragmentación propia del concepto de *patchwork* definiendo así, un cuadro interpretativo de *tensiones entre lo local y lo global–* en cualquier caso, un tópico bastante antiguo en la historia latinoamericana– lo que al menos tácticamente, induce a un análisis de la entidad latinoamericana como un *archipiélago de localías*, un conjunto de diferencialidades que en sí mismas y según un concierto o ensamblaje siempre otorgado desde afuera, es lo que garantiza la funcionalidad global del continente en la estrategia expansiva del capitalismo colonial que sostiene aquella inicial y sostenida globalización.

La dualidad *global/local*, que hace parte pues, de la larga duración de la historia americana, encontrará ecos y resonancias en otras dimensiones de manifestación de lo sociocultural propio de aquella concepción de *archipiélago* o *patchwork*: la imperfección o incompletitud de su grado de totalización de los procesos de

---

[119] Una inicial postulación de este campo de heterogeneidad que simultáneamente articula integración en la globalización mundial que arranca en el siglo XV junto a las carencias o defectos endógenos de modernización/modernidad dentro de América Latina puede encontrarse en mi ensayo *Cartografías del tiempo. Notas socio-históricas sobre sociedad, territorio, ciudad y arquitectura americana*, que integra como su capítulo 10, mi libro *Derivas. Arquitectura en la cultura de la posurbanidad*, Editorial UNL, Santa Fe, 2002. Este material conformaría así, junto al indicado en la nota precedente, los trabajos investigativos previos al que referir la temática aquí esbozada.

modernización/modernidad cobrará expresión en otras dialécticas dicotómicas sumamente ilustrativas para el abordaje del análisis de cultura y arquitectura que aquí se pretende, a saber por ejemplo, las que se evidencian en los pares *culto/popular; urbano/rural* e *innovativo/ arcaico*, sobre cuyas respectivas y múltiples tensiones y confrontaciones –sumadas a aquella dinámica general de integración y diferencia entre los polos global/ local– será necesario cimentar las interpretaciones que propondremos.

En la historia política americana, a menudo esas dicotomías se mezclaron y confundieron y a veces devinieron en consignas maniqueístas de extremada violencia como en el caso de la asociación que el político y educador argentino Domingo Sarmiento hiciera entre *civilización y barbarie,* adosando al primer término el proyecto político proeuropeísta y a veces neocolonial y al segundo aquella clase de resistencias simplemente emergentes de élites regionales o locales que aspiraban a integrarse en proyectos federativos pero no a desaparecer tanto etnoculturalmente (*no ahorrar sangre de gauchos...*) como sociopolíticamente.

> Si Dios me encargara de formar una gran república –dirá Sarmiento aceptando la necesidad de una refundación abstracta e ideal de una organización territorial y política que maximizara su integración en la economía mundializada aun aplanando las dificultades de preexistencias inconvenientes– nuestra república a nous por ejemplo, no admitiría tan serio encargo, sino a condición de que me diése estas bases por lo ménos espacio sin límites conocidos para que se huelguen un día en él doscientos millones de habitantes; ancha exposición a los mares, costas acribilladas de golfos i bahías; superficie variada sin que oponga dificultades a los caminos de hierro i canales que habrán de cruzar el estado

en todas direcciones; i como no consentiré jamás en suprimir los de los ferro-carriles, ha de haber tanto carbón de piedra i tanto hierro, que el año de gracia cuatro mil setecientos cincuenta i uno se estén aun explotando las minas como el primer día. (...); encargándome yo personalmente de dar direcciones oportunas a los ríos navegables que habrían de atravesar el país en todas direcciones, convertirse en lagos donde la perspectiva lo requiriése, desembocar en todos los mares, lugar entre sí todos los climas, a fin de que las producciones de los polos viniésen en vía recta a los países tropicales i viceversa.[120]

Y las ideas sarmientinas no resultan exclusivas sino más representativas del pensamiento decimonónico de otros pensadores americanos tales como Andrés Bello o Justo Sierra, la gran trilogía de los benefactores educativos, de cuya obra modernizadora no puede dudarse, pero tampoco del costo étnico que aceptaban pagar.

Por mucho –citamos al venezolano-chileno Bello– que se exagere la oposición de nuestro estado social con algunas de las instituciones de los pueblos libres, ¿se podrá nunca imaginar un fenómeno más raro que el que ofrecen los mismos Estados Unidos en la vasta libertad que constituye el fundamento de su sistema político y en la esclavitud en que gimen casi dos millones de negros bajo el azote de crueles propietarios? Y sin embargo, aquella nación está constituida y próspera.
Entre tanto, nada más natural que sufrir las calamidades que afectan a los pueblos en los primeros ensayos de la carrera política; más ellas tendrán término, y América desempeñará en el mundo el papel distinguido a que la llaman la grande extensión de su territorio, las preciosas y variadas

---

[120] Sarmiento, D. F. (1849-1851), *Viajes por Europa, África y América 1845-1847 y Diario de Gastos*. México: Fondo de Cultura Económica, 1993, p.291.

producciones de su suelo y tantos elementos de prosperidad que encierra.[121]

Entonces –dirá a su vez, Sierra, el gran polígrafo político del porfirismo mexicano– comenzó el sueño moral de la gran familia indígena. En donde estaba, al pie del altar, allí quedó, y en nuestros días yace todavía en grandes grupos en el mismo estado, con las mismas costumbres y las mismas supersticiones: tiene que silbar mucho tiempo la locomotora en sus oídos para arrancarla del sueño, tiene la escuela que soplar la verdad en sus almas por dos o tres generaciones todavía para hacerla andar.[122]

Un modelo exitoso de comprensión de la peculiaridad de un marco cultural y arquitectónico propio de la escena americana debe necesariamente examinar ese *set de dialécticas* (global/local, culto/popular, urbano/rural, innovativo/arcaico) aun cuando se tenga una natural preferencia o comodidad en insertar la interpretación en los primeros términos de tales dialécticas, siendo los segundos términos la habitual referencia de discursos populistas, nacionalistas o regionalistas y hasta jerárquico-conservadores que incluso conllevan la incapacidad ideológica otorgar algún valor a los procesos de la modernización.

Empero, culturalmente hoy hace falta en América Latina encarar una consideración seria del conjunto local/popular/rural/arcaico no meramente como resistencias antimodernas o frenos al desarrollo sino como

---

[121] Bello, A., *Antología de Discursos y Escritos,* Editora Nacional, Madrid. 1976.
[122] Sierra, J. *Obras completas, XII. Evolución política del pueblo mexicano*, Nueva Biblioteca Mexicana, México, 1977. Edición establecida y anotada por Edmundo O'Gorman.

propuestas activas que deben integrar horizontes de definiciones estéticas y comunicacionales sino políticas.

Operar en el mar de estas polaridades –que a veces alcanzan a devenir contradicciones– es político *per se*, obliga a establecer acuerdos o normas individuales o grupales acerca de modos de digerir moralmente lo bueno y lo malo de cada polo e induce fatalmente a actuaciones sincréticas, a mixturaciones de elementos de cada dimensión.

> Persistente aquel cruce analógico del que escribe con el que cocina –comenta Héctor Libertella en un escrito de mediados de los 70 que no por lejano transmuta en inactual, y sustituyendo para nuestro uso el escribir por el proyectar– cierto goce compartido sobre su tipo de práctica, el reconocimiento de los materiales que empleó para la cocción, sean elementos "locales" (letras de tango, poemas precolombinos, ráfagas de folletín cursi mezcladas con parodias de la tradición clásica) o "cultos" (fragmentos homéricos, Belle Époque, corriente de conciencia e ideogramas chinos que trizados especiosamente darán otra vanguardia prestigiosa –de método "intertextual" –) sobreviene un momento sucesivo cuando el practicante raspa el fondo de la olla, ya digeridas las sustancias, y allí encuentra las marcas de viejos cocineros: autores en los que reconoce la proyección de una misma mano sobre una misma nobleza de materiales. Entonces las vanguardias (todas) hacen un movimiento de autoprotección que empieza en su variante espontánea apoderándose de esos autores de su tradición para definirlos en el propio espacio actual, para hacerlos eficaces.[123]

Un poco más adelante sigue su razonamiento Libertella señalando:

---

[123] Libertella, H., *Nueva Escritura en Latinoamérica*, Ediciones El Andariego, Buenos Aires, 2008 (la edición venezolana originaria de este libro es de 1977).

> (...) en otro momento crítico [tales practicantes] comprenden que ese proceso de desenterrar marginados no debe ser moral, que no hay autores injustamente postergados o rescatables y que solo existe en la escena una operación casi perversa, de vaciamiento en el objeto, una especie de reactivación solo textual que ocurre cuando se comió la comida y también el plato: actividad de escribir ficción y de hacerlo a la vuelta de la teoría.
> Lo que supone reconocer en la masa de textos de la tradición procedimientos –solo eso– ya clausurados, pero que todavía aletean en el espacio de la nueva manufactura, ahora representados como lo que ahora son: ruinas.
> Aquí naturalmente, el uso ambigüo de la palabra vanguardia empieza a corresponderse no con lo que está más adelante sino como lo que está más íntimo: centro del estómago, zona donde los gustos quedan como exterioridad de la lengua, lugar donde la única acción posible es deglutir, producir residuos (...)[124]

Si bien afirmado en el terreno de la escritura, Libertella creo que exorciza cierta precondición teórica y moral para producir objetos de cultura (teórica y prácticamente) dentro de aquel mapa de polaridades, instala el problema de esa producción en una actividad gastronómica o deglutiva de *reuso* de los materiales dados e invierte el horizonte de lo vanguardista revulsivo no orientado a un futuro desconocido sino a un pasado reelaborado, saldado, cocinado y en ruinas.

La característica singular de una escena americana carente de *maduración* o *completamiento* del par *modernización/modernidad* implica recaer en el reconocimiento empírico del no-logro de los primeros términos de tales dicotomías o bien admitir y entender las diversas contaminaciones que los segundos términos infunden,

---

[124] *Ibid.*

dentro del arco conceptual que va del atraso –en el alcance de un paradigma de modernización/modernidad– al sistema de mixturas (alienaciones, dependencias, etc.) que caracterizan otro dualismo, el de *ajenidad/propiedad*, que refiere en términos de valoración endocultural a la forma en que se procesa simbólicamente la relación entre el mundo global (en cualquier caso, manifestante de una civilización resquebrajada o fragmentada) y los escenarios locales (que a veces no alcanzan a tener la entidad de culturas que desafían la episteme civilizatoria globalizadora, precisamente por la evidencia de su fractura).

En sociedades que por razones políticas se han estructurado como *culturas de préstamo* (como todas aquellas que terminaron lentamente integrando la *pax romana*) es importante no solo o no tanto discutir las condiciones de *autenticidad* o *propiedad* sino más bien evaluar las formas de *apropiación relativa de ajenidad* y en ello discernir un polo *negativo* de la *subyugación* o *alienación* de un polo *positivo* de la *fagocitación*.

Otra vertiente del proceso americano, en tanto formación histórico-cultural específica pero también como indicaba Libertella como modo de abortar las cesuras dicotómicas, por ejemplo, entre tradición e innovación, es la cuestión del sincretismo del mestizaje, temática cabalmente abordada –más desde una perspectiva histórica que etnológica– por Serge Gruzinski especialmente en torno de estudios[125] que se circunscriben al ámbito mexicano, precortesiano y colonial.

Las tesis del estudioso francés son curiosas en cierto sentido ya que plantean más bien una circulación de

---

[125] Gruzinski, S., *El Pensamiento Mestizo*, Paidós, Barcelona, 2006.

motivos entre Europa y América –como los grutescos o los relatos morales mitológicos de Ovidio– señalando que esos materiales se fundían en compuestos culturales (mestizos) según las conveniencias: en América ya colonial, porque en mano de artesanos, e incluso de intelectuales–aborígenes, servían para mantener metadiscursos contraculturales y en Europa, aunque este punto no es demasiado tratado por Gruzinski, porque motivos mestizados de América resultaban aptos para contribuir a discursos alternativos de la cultura herética tan fuerte como críptica y subterránea en los siglos XVI y XVII.

Con estos argumentos más renovados acerca de los circuitos de contaminaciones mestizas podríamos ahora volver a las dicotomías presentadas e intentar situarlas en sus problemáticas referidas a la cuestión del proyecto.

Si la arquitectura ha querido presentarse como práctica disciplinar hegemónica y producción legitimizada, en tanto opción explícita por los polos *progresistas* de aquellas dualidades –es decir, una arquitectura que, como tal, institucionalmente requiere ser entendida como culta, urbana e innovativa– ello se obtuvo mediante la opción político-cultural de ejercer sino aceptar, la disciplina asumiendo un marco civilizatorio global antes que trabajar en el seno de la diversidad de los diferentes contextos culturales locales.

Esta consideración fijaría cierta sociología y axiología de la profesión en tanto dimensión finisecular más o menos ligada al ideario del Estado liberal e incluso ejercida en sus inicios en forma dominante directamente por extranjeros, europeos en su mayor parte y norteamericanos en proporción bastante menor.

Pero el desarrollo del campo intelectual de la arquitectura iba lentamente a complejizar esa natural adscripción civilizatoria y aparecerán fisuras en la ortodoxia; fisuras incluso problemáticas, como las aristocratizantes posturas neocoloniales por ejemplo, en el venezolano Carlos Villanueva (en su Conjunto El Silencio, 1944, 8.2) o el argentino Martín Noel (en su Pabellón Argentino en Sevilla, 1929, 8.3), que fusionaban ideologías conservadoras y ruralistas justamente de la antigua colonia hispana oponiéndose a los discursos socialistas, racionalistas y funcionalistas del incipiente modernismo de matriz francesa o alemana.

Ilustración 8.2

Ilustración 8.3

Y esas dubitaciones –que no alcanzan a erigirse en discursos ideológicos alternativos o de progresismo nacionalista pero sí a contaminar la pura y mecanicista transculturación emergente de las vanguardias europeas– serán asumidas incluso por algunos notables modernos-problemáticos latinoamericanos como Lucio Costa o Luis Barragán.

Sin embargo, aquí aparecen dos fenómenos o características que en tanto heterodoxas, confieren cierta identidad a la producción americana. En primer lugar, la virtual imposibilidad de ejercitar una modernidad (cultural) plena dadas las imperfecciones o diferencias de la modernización (social, política y económica), lo que en definitiva genera, en el mejor de los casos, una producción moderna adaptada, condicionada, transformada.

En rigor, esta clase de *default* culturalista moderno en relación con el grado y calidad del desarrollo socioeconómico de la modernización es algo bastante más generalizado que una supuesta regresión específica del mundo latinoamericano: dicho de otra forma, una idealizada conjugación de modernidad y modernización quizá sea exclusiva condición de momentos y lugares bien específicos y hasta de alta variabilidad, tales tal vez como la efímera experiencia weimariana de menos de una década de duración o aquella situación emergente de un estado de vida metropolitana (sobre todo en referencia a la potencia crítico-propositiva de formaciones de vanguardia) como pudo haber ocurrido en Berlín en la década de 1910 o en París en la década de 1920.

Y conste aquí que se trataría de la concurrencia de cierta madurez social y política –dable en la existencia de poder económico, deseos simbólicos y clientelas progresistas– junto a la eclosión de propuestas vanguardistas ya que, por ejemplo, expresiones vanguardistas históricamente novedosas y para nada epigonales hubo en México, San Pablo, Buenos Aires o Montevideo en torno de las décadas de 1920 y 1930.

Y en segundo lugar, las tentativas de *positivizar* –al menos *estéticamente*– aquellos polos aparentemente regresivos en el enfoque de una modernidad así definida desde una visión global; es decir, los polos popular, rural y arcaico, cuyas manipulaciones, cuando se practican desde posiciones institucionales hegemónicas, pueden sustanciar producciones de mayor diferencialidad e identidad, incluso mirada desde los Parnasos centrales.

El doble eje de una cierta madurez sociopolítica modernizadora junto a vanguardias, todo ello operando en ambientes metropolitanos, obró de manera concreta rechazando o minimizando lo popular, lo rural y lo arcaico: lo popular en nombre incluso de presupuestos socialistas, lo rural como algo directamente ausente del imaginario metropolitano y lo arcaico como un campo de expresión que ni siquiera era posible sostenerse desde la ideología de las capas sociales más encumbradas.

En todo caso, apelar a los polos regresivos de tal esquema parece ser el atractivo y posicionamiento que puede serle atribuido a trabajos de Mijares, Vivas –con su Iglesia del Divino Redentor, 1957 (8.4)–, Porto, Caveri, Rojas entre otros, y aun a Predock– como en el caso de su edificio *Houston City Hall*, 2007 (8.5)– o Mockbee en la escena norteamericana marginal, es decir, si se quiere, producciones no-metropolitanas usando esta caracterización como lo que engloba pertenecer a ambientes productivos ajenos al doble esquema de las élites sociales, políticas y económicas metropolitanas y de las formulaciones de movimientos de vanguardia.

Ilustración 8.4

Ilustración 8.5

Incluir, en una supuesta escena latinoamericana, referencias a uno de los fragmentos de ese otro archipiélago (en todo caso más históricamente exitoso en materia política y económica pero igualmente fracturado etnoculturalmente) como es el caso de América del Norte, abre un debate acerca de redes y relaciones que van más allá de meras pertenencias nacionales.

La *mexicanidad* de la arquitectura de Predock, visible por caso en el Acuario Flint en Georgia, 2004, lo torna un componente de constelaciones que cabría examinar aun cuando abandona sus tecnologías más subdesarrolladas (como los edificios basados en fuertes masas cerámicas y barro directamente en algún caso) y se propone, como González de León o Testa, por nombrar un par de arquitectos supuestamente pertenecientes de manera nítida a la *episteme* americana, armar unos caparazones con gajos articulados, de tecnologías más livianas –como el caso de su Auditorio McNamara en Minneapolis, 2000– que así resultan más monumentalistas y arcaicos que *tecno*.

También aparece en la mayoría de las obras de equipamiento cultural hechas por Predock cierto gusto por las *tectónicas derramadas* (esa figura compositiva acumulativa basada en estratos o plataformas achaparradas) y la voluntad expresa en numerosos casos de trabajar el proyecto como un material propio de la construcción del paisaje.

Ciertamente ello es más ostensible en sus trabajos en las regiones de USA con más impronta latina –como asimismo ocurre en su Museo Universitario de Phoenix– y ello lo asocia a soluciones equivalentes que en contextos semejantes también asumen otros arquitectos como Carlos Jiménez (nativo costarricense pero formado y afincado en Texas), Tod Williams (por ejemplo, en su Museo de Phoenix y *The Neurosciences Institute* de La Jolla, trabajos ambos de 1995) o Scoggin-Elam-Bray (en su Biblioteca de la Escuela de Leyes de Phoenix).

Michael Sorkin analiza este conjunto de obras y de algunas de sus consideraciones surgen aspectos de ratificación de cierta estrategia proyectual rayana en un *ambientalismo hispanizante*: "Hay un incidente sísmico –señala en referencia a la Biblioteca mencionada– en la forma de una fisura que atraviesa el centro del edificio resuelta en el pálido ocre Dryvit (material plástico de mortero), el adobe de la posmodernidad. El edificio responde al sol tanto óptica como termalmente. Su geometría –irregular pero cómoda– es una sutil capturadora de sombras".[126]

Luego, en el mismo texto, alude al museo de Predock, "muy local y muy térmicamente histriónico. Masivamente el edificio evoca las tectónicas tradicionales del desierto tanto como la relación que hay entre las villas corbusieranas y la prismática mediterraneidad de sus orígenes aludiendo a esa capacidad moderna de cierta felicidad con el calor."[127] Y sigue refiriéndose al museo de Williams indicando que "la expansión del Museo de Phoenix es una sutil aunque certera evocación de motivos de la región, abstraídos al límite de su significación. El edificio es casi hispano. Las pesadas aunque prefabricadas paredes están tratadas con un denso material tipo adobe y rematadas o bordeadas con cornisas metálicas."[128] Concluye Sorkin su apunte sobre la arquitectura de esta ciudad que Phoenix, tanto la vieja como la nueva, ha hecho las paces con el desierto y con los criterios del *style local* para contribuir a una sensitiva elaboración del paisaje.

El trabajo de Sam Mockbee, más pedagógico en su tarea para el *Rural Studio* de la *Auburn University* en Alabama, creo que además de tener cierto parecido por ejemplo con *Amereida* en Viña del Mar (aunque ésta sea mucho más elitista que el caso de RS) en el sentido de *enseñar-haciendo*, encuentra más afinidad con algunas problemáticas latinas más bien por sus enfoques sociales y técnicos en orden a lo que llamaron *sweat charity* –algo así como *caridad basada en el sudor del trabajo*– ya

---

[126] Sorkin, M., "Phoenix Rising", en *Some Assembly Required*, University Minnesota Press, Minneapolis, 2001.
[127] *Ibid.*
[128] *Ibid.*

que montaron sus proyectos educativos atendiendo y resolviendo demandas directas de la población más marginal de Alabama.

Y así sus casas para familias desposeídas –como la casa Harris, 1996– o sus equipamientos sociales para lugares que lo pedían –como el conjunto *Child's Care* de 1989 o la *Glass Chapel*, 1999– se resuelven con ingenio y habilidad fáctica con materiales pobres y autoconstrucción así como una perseverante voluntad de búsqueda de cierto *genius locii* y todo esto desde luego, suena muy próximo a cuestiones americanas.

La modernidad heterodoxa o imperfecta propia de Latinoamérica tiene sin duda que ver con los *modos de recepción* de la modernidad central y luego o simultáneamente, en cómo esa recepción y reprocesamiento, por así decir, de proposiciones vanguardísticas centrales, se articulan con mayor o menor éxito en relación con el contexto específico local, teñido de incompletitud o falencia en cuanto al desarrollo relativo de sus procesos de modernización y en ello, a la existencia y madurez de un determinado humus receptivo legible como modernidad cultural o grado de apertura y demanda de las sociedades locales a las producciones culturales y arquitectónicas modernas.

9. INSCRIPCIONES
NOTAS SOBRE NOTAS: *STYLO EISENMAN*

En este ensayo me propongo dejar algo de lado el enfoque que suele otorgar a Eisenman el rol de un abstracto intelectual cuya aportación a la arquitectura pareciera depender exclusivamente de su capacidad de explicarla como una faceta más del pensamiento *deconstructivista*, tarea que de hecho cumplió muy bien incluso a juicio de los mentores de este pensamiento, como Jacques Derrida.

En rigor, el deconstructivismo más bien generó por una parte una liquidación de la filosofía del lenguaje y por otra, un aparato crítico susceptible de garantizar la autonomía discursiva del análisis respecto de lo analizado. Ese sería muy sucintamente la aportación de esta corriente tanto a la filosofía en sí como a los estudios y críticas literarios y extensivamente a una vía o forma de crítica cultural.

Lo primero hay que conectarlo a una *des-ontologización* del lenguaje y a la posibilidad de *desarmar* un discurso en torno de su complejidad *retórica*: en este sentido este pensamiento resulta posestructural, lo que también quiere decir pos-semiótico (al volverse ultra y polisemiótico). El efecto de *diseminación*, consustancial a esta modalidad, conspira contra toda vocación *re-totalizante*.

La contribución de Eisenman, más allá de su colaboración puntual con Derrida, no es muy relevante sobre todo porque pretende *configurar objetos a analizar* cuando lo predominante –el segundo punto adelantado en el anterior párrafo– es la actitud infinitamente diseminatoria del análisis y en ello la posibilidad de un trabajo-en-sí-del análisis, no que este sirva para algo ulterior, supuestamente fruto de alguna clase de síntesis.

Derrida mismo define, si se quiere, los límites de la articulación entre filosofía y arquitectura en la esfera deconstructivista:

> No es simplemente la técnica de un arquitecto que sabe cómo reconstruir lo que se ha construido, sino que es una investigación que atañe a la propia técnica, a la autoridad de la metáfora arquitectónica y, por lo tanto, reconstituye su personal retórica arquitectónica. La deconstrucción no es solo –como su nombre parecería indicar– la técnica de una "construcción trastocada", puesto que es capaz de concebir por sí misma, la idea de construcción. Se podría decir que no hay nada más arquitectónico y al mismo tiempo, nada menos arquitectónico que la deconstrucción. El pensamiento arquitectónico solo puede ser deconstructivo en este sentido: como intento de percibir aquello que establece la autoridad de la concatenación arquitectónica en la filosofía.[129]

Digamos que la pretensión de Eisenman, desde estos puntos de vista, está en un punto *equivocado* de la división del trabajo deconstructivista, que procuró neutralizar en algunas de sus actividades del tipo

---

[129] Derrida, J., "La metáfora arquitectónica", en *No escribo sin luz artificial*, Cuatro Ediciones, Valladolid, 1999, p. 136. Este es uno de los tres textos que componen la cuarta parte de dicha antología, que se llama *Las artes del espacio*. Derrida, que también alude en estos escritos a su trabajo en el *Choral Works* que firmó junto a Eisenman, parece más bien encaminado a establecer cierto marco en la relación de la arquitectura con su pensamiento y respecto de aquel trabajo su contribución parece haber sido la proposición de algunas metáforas (el saco o útero, la criba, la lira, etc.).

no-pro-proyectual como *Romeo y Julieta* o el libro del desarmado infinitamente combinable de algunas obras de Terragni. Allí hay un Eisenman deconstructivista que paga el precio de *abjurar* de los procedimientos de *cierre* o *síntesis* propios de la noción de *proyecto*.

En realidad serán otros académicos norteamericanos –como Jonathan Culler[130] o John Rajchman[131]– quiénes asuman el desarrollo de este pensamiento tanto en *estudios lingüísticos* como en *estudios culturales* (en

---

[130] Culler, J., *Sobre la deconstrucción. Teoría y crítica después del estructuralismo*, Ediciones Cátedra, Madrid, 1984. A mi juicio, se trata del mejor manual *explicativo* y *aplicativo* del deconstructivismo y leyéndolo se advierte nítidamente el doble registro de producto crítico de la filosofía del lenguaje (de allí, el posestructuralismo y diríase además, el *pos-semiotismo* o el *abandono de la pasión infinita por leer signos*) y de nuevo instrumento de textualidad crítica de *textos otros*, afirmándose el valor en sí y la autonomía del texto crítico, no necesariamente encadenado al texto-referencia. Leyéndolo –e intentando traducirlo a niveles arquitecturales– se advierten las precariedades del proyecto eisenmaniano salvo cuando este acepta la limitación y autonomía de su propia escritura arquitectural segregada de la necesidad de producir obras, en consonancia con la postura de su viejo compañero de ruta, John Hedjuk.

[131] Rajchman, J., *Deleuze. Un mapa*, Editorial Nueva Visión, Buenos Aires, 2007. La edición original, de 2000, editada por el MIT se llama más precisamente *The Deleuze Connections* y refiere al efecto *dispersivo* o *resonante* en el campo de las ideas posmodernas del aparato deleuziano alrededor de la producción de una *articulación de crítica y clínica* y por tanto, de ello, una definición sintomal de la crítica y una caracterización de reacción a la identidad sintomal de la clínica, lo cual a su manera, también requiere un espacio autónomo para la crítica y un estatuto creacional o reproductivo de la clínica no demasiado diferente del rol político-cultural del psicoanálisis. Si bien hay un segundo Eisenman que después de Derrida, refiere a Deleuze, parecería que su *uso* ha sido menos meditado y menos reproductivo.

ambos casos promoviendo los respectivos *turns* de tales campos). Ellos también instauran en un lugar central de estas ideas quizá no tanto a Derrida sino también a De Man y ulterior y conclusivamente a Guattari[132] y Deleuze y los escritos eisenmanianos registran ese *giro* de influencia.

De todas formas, podría aceptar que Eisenman intenta ser un ejecutante de *escrituras*, alguien que *escribe* –o mejor, *inscribe*, en el sentido de provocar *incisiones*, de modelar materias mediante tajos y cesuras– cuya actividad puede resumirse en una variopinta pero sistemática actividad de *producción de notaciones*. Mis notas, en tal caso, podrían verse como *notas sobre notas*, escrituras sobre escrituras, en el sentido acumulativo y superpuesto de la producción de palimpsestos.

Esa escrituralidad casi abusiva de Eisenman se percibe (sin ánimo de una incursión en las destrezas de la grafología) incluso en su firma: un ideograma que deja leer su nombre pero también un grafismo semejante a

---

[132] Guattari, F., *Cartografías esquizoanalíticas*, Manantial, Buenos Aires, 2000. A mi juicio este es el texto más complejamente proponedor de una relación entre las teorías generales del tándem Deleuze-Guattari (básicamente *Mil Mesetas* y *El Antiedipo*) y la arquitectura. Desarrolla minuciosamente el mecanismo de cartografiado de situaciones en torno de las *enunciaciones* y sus parámetros (flujos sensibles y signalécticos, *phylum* de proposiciones maquínicas, territorios existenciales y universos de referencias incorporales) incluyendo, entre otros textos referenciales al cine, el arte, la literatura o la fotografía, el conocido esquema cartográfico de la arquitectura posmoderna, *La enunciación arquitectónica*, pp. 263-272. Las últimas fundamentaciones proyectuales de Eisenman suelen recurrir a referencias bastante genéricas a ideas guattarianas (lo maquínico, lo desterritorial o fluido, la oposición liso/estriado, etc.) pero de manera excesivamente aplicativa a apoyaturas de decisiones proyectuales.

un corte arquitectónico que incluye un plano de suelo, una sucesión de letras/formas/cosas [un tejido horizontal] y un rasgo horizontal superior que puede leerse como una cubierta antitectónica, grácil o volátil, pero apoyado en un trazo de semicúpula y en un trazo de mástil. Parece así que *escribe* y en el mismo acto, *escribe arquitecturalmente*.

Me gustaría también jugar con la palabra *stylo*, que como se sabe proviene de la noción griega que refiere a un instrumento incisivo, un objeto filoso que puede tajear y marcar una superficie en procesos que devienen escrituras tanto como dibujos. Esa idea griega tiene que ver con un artefacto útil para transformar objetos o para darle sentido a un material inerte: cuchilla, estilete, formón, lezna, lápiz, cincel, distintos nombres que refieren a herramientas que trabajan materias como piedra, madera, papel, cuero, papiro, piel, etc. Idea en que el *stylo* finalmente se liga a una especie de *potencia fáctica indeterminada* cuyas consecuencias son transformar materias deviniéndolas objetos útiles, artísticos o comunicacionales. A través de *estiletazos* se pueden realizar operaciones de transformación de materia y otorgamiento de sentido.[133]

Luego, se sabe, el *stylo* derivó hacia la noción de canon de calidad de cierta producción de manera que

---

[133] En otro pasaje del libro de Derrida oportunamente citado, este afirma lo siguiente: "(...) en sus comienzos la arquitectura no era un arte de representación. (...) me gustaría recordarle de nuevo a Heidegger (...) que hace referencia al riss (trazo, hendidura) (...) que debe considerarse en un sentido original independientemente de ciertas modificaciones como grundriss (plano, planta), aufriss (alzado) (...) en la arquitectura hay una imitación del riss, del grabado, la noción de hendir. Esto hay que asociarlo con la escritura." Derrida, J., *op. cit.*, p. 138.

estilo –partiendo del aprovechamiento fáctico de la herramienta *stylo*– se convierte en medida de calidad de una producción individual o de una producción histórico-social: el *dolce stil nuovo* del Dante, el *estilo* gótico.

Tres serían así las hipótesis a aplicar para comentar aspectos de la obra eisemaniana: el proceso escritural o la producción de notaciones, la utilización conceptual de una *herramienta stylo* útil para moldear/modelar materiales tanto literal como figuradamente y el desarrollo de un *modus* o estilo generador de determinados efectos de sentido en un *corpus* determinado de proyectos.

Diría en otro sentido: la *teoría Eisenman*, la *relación teoría-proyecto Eisenman* y la *relación proyecto-obra Eisenman*, tres sistemas de los cuales, una de sus características es su relativa autonomía. De ahí que se haya instalado en Eisenman la idea de un típico posmoderno sujeto artístico fragmentado: *escritor, proyectista, productor*.

Del primero y segundo rol se ha escrito ya bastante así que en este texto me interesará más el tercero y por tanto me referiré –con pocas excepciones: Schillerplatz y Nápoles– al caso de las obras construidas por nuestro arquitecto y de ellas, reconstruir si cabe, los restantes estratos.

1. El Paradero de buses de Aachen, realizado en 1996, es un pequeño objeto de mobiliario urbano tratado como una pieza de arte conceptual, un artefacto de firma y autor dentro de generalizadas prácticas de resignificar piezas que hasta ahora eran banales o inevidentes. Una artistización del paisaje urbano ligada quizá al *omnidiseño* que Hal Foster encuentra como un dato de época.

Eisenman hace una pieza basada en plegaduras que remiten al concepto de *shelter* o *canopy*, carpa, refugio o envolvente para dar abrigo momentáneo a viajeros y así, se resuelve en una suerte de materialidad flameante atendiendo a la posfuncionalidad o escasa precisión y exigencia del uso de esta cosa, caracterizada así por su fluencia y su carácter de punto transitorio de anclaje elemental y esporádico dentro del flujo diario de la deriva urbana.

Hay entonces una estética del plano doblado, papiroflexias metálicas y planos yuxtapuestos que generan volúmenes, una cierta espacialidad de intermedia interinidad. Hay también colores de autor (en este caso salmón y gris azulado, dentro de la preferencia de tonalidades de pasteles pálidos y neutros que creo que integran el *stylo Eisenman*) y ciertas limitaciones en su solución de piel continua que en realidad no lo es, sino que se trata de planos recortados y pegados entre sí de un modo deliberadamente precario, facetas recortadas que se disponen en contacto ópticamente inestable.

2. Dicho por su autor, el *Aronoff Center of Design and Arts* en Cincinnati, Ohio, de 1996, es una de sus obras principales y consiste básicamente en un apilamiento imperfecto basado en el descalce de los componentes de la pila ofreciendo cierta ambigüedad entre tectónica e inestabilidad. Retoma el ideal escriturario de trabajar las superficies en la forma de planos profundos (con la vieja técnica del *bajorrelieve*) sobre la cual superpone grafías en forma de dibujos lineales sobre esos planos, desarrollando un motivo óptico que intenta aliviar la densidad masiva.

Hay en todo un propósito de suscitar una inestabilidad pesada, una masividad conmovida, que en todo caso genera la sensación de movimiento o de precariedad tectónica, contrastando con la pesadez de la composición. Pesadez que puede leerse por caso, en la figura de las rajas (lo blando) de las aberturas bastante escasas que se muestran como aplastadas.

En su imagen frontal, prevalece el motivo de una composición ortogonal inestable tanto en sus disposiciones horizontales como verticales y en las fachadas laterales tal inestabilidad se traduce en un criterio de despiece de fragmentos edilicios levemente retranqueados en la búsqueda de otra clase de muro profundo.

Tomados diversos fragmentos planos del edificio como si fueran el equivalente al bastidor de un pintor, cada fragmento en sí, exhibe cierto desarrollo de geometrías inscriptas, tratamientos que remiten al *op art* y más allá todavía a cierto gusto emergente del mundo *Der Stilj* y su apología de composiciones bidimensionales.

Afuera y adentro, el estilo vuelve a teñirse de cierta opción de colores de autor, tonalidades pálidas y desvaídas que parecen formar parte de una voluntad estilística del proyectista que lo acerca al mundo visible de los dadores de sentido estético de época (como Benetton o Versace) y que lo aleja del mundo de las ideas esenciales de la generación geométrica transponiéndolo a una esfera de sensibilidades ópticas casi frívolas. Si uno pudiera pensar que cierto idealismo eisenmaniano lo convierte en un serio artista de blanco & negro, estas *performances* lo desmienten.

Como es típico en sus trabajos, su precariedad como arquitecto espacialista se advierte en la noción del interior concebido como un excavado en la volumetría virtual general, en que las aberturas se operan como tajos mínimos que no disimulan la opresividad de una interioridad que más bien debe entenderse como espacio negativo o contraforma deducida mecánicamente.

Ese método de ideación de la espacialidad arquitectural funciona más bien en sintonía con los principios típicos del arte conceptual (un arte programado o calculado y deducido de proposiciones teóricas) y busca que la percepción o el goce de lo arquitectural se produzca bajo esos principios, es decir, esa vieja clave de apreciación de lo moderno inorgánico que Adorno había situado, más allá de la imitación, en comprender o entender no el objeto en sí (que podía ser *mudo* o inelocuente en su extrema abstracción) sino la forma en que ese objeto está concebido y producido.

La consecuencia perceptual es advertir o leer en la totalidad del proyecto más bien la existencia de unos fragmentos geométricos exasperados, una noción de interior excesivamente intelectual, generado mediante operaciones y cierta falta de sensibilidad arquitectónica (escala, proporción, densidad, etc.)

3. El Memorial del Holocausto Judío en Berlín, 1998 (9.1), consiste en un montaje claramente emergente del *minimal art* (Judd, Long, Serra, Le Witt) y allí Eisenman se desembaraza de algunas restricciones arquitectónicas y, como diría Loos, puede restringirse a pensar estética o artísticamente en torno de un objeto sin función como el caso de las tumbas o monumentos. Se trata en su planteo, de una ley deformada, en tanto una acumulación opresiva de prismas variables con la inequívoca idea de escala y relación lleno-vacío típica de un cementerio y generadora por asociación, de un efecto semejante.

Ilustración 9.1

Desde un punto de vista más conectado a su valor de pieza urbana (en cierta forma se trata de un monumento-paseo, un lugar de visita sino peregrinaje) se despliega una multiplicidad de lecturas del paisaje constituido por esa forma acumulativa: por una parte, la bruma gris de lo urbano como metáfora de ciudad artificial (de la cual la idea de pequeña ciudad del cementerio sería un emergente), por otra, el contraste de cultura y naturaleza, lo verde y lo gris y sus sombras, en la asociación que el sitio tiene entre su segmento artificial y su parque anexo.

Como no podía ser de otro modo dado el carácter evocativo, se despliegan ciertos tópicos recurrentes, las asociaciones turbadoras entre experiencia y reminiscencia de la memoria de los hechos: perspectivas fúnebres y sublimes, opresión (como un *leit motiv* judío reciente: la compacidad opresiva del *ghetto* y de los trenes de la muerte) y homenaje a la cultura de los monumentos de muertos.

4. Eisenman ha dicho que considera los estadios como un tema referencial de la cultura posmoderna, un signo monumental equivalente a las catedrales del XIII o las estaciones ferroviarias del XIX y ha emprendido diversas incursiones en esta temática, de la cual el *University of Phoenix Stadium* –donde juega el equipo de futbol local, los *Cardinals*– en Glendale, Arizona, 2006, es la que acaba de concretar más allá de sus escarceos proyectuales, logrando un edificio correcto pero difícil de ser considerado una obra maestra. Tal vez sea imposible un resultado superior en este tipo edilicio tan determinado por su funcionalidad. El valor emblemático que Eisenman le atribuye seguramente tiene más que ver con los acontecimientos que contiene más que por el valor de su arquitectura. Tal vez ocurra lo mismo con las estaciones ferroviarias pero seguramente no con las catedrales.

Lo resuelve a su manera, o sea, mediante sucesivos *layers*, capas o gajos forrando un volumen curvo, saturado en parte por supergráficas, y mediante una superposición débil de fragmentos curvos de superficies acusando una discontinuidad ostensible, un énfasis en modo de envoltorio escamoso. Quizá exista alguna alegoría del pájaro que designa el lugar en cierta anatomía ornitológica de gajos como alas curvadas.

El escaso interés que habitualmente Eisenman atribuye a lo técnico resulta aquí, por el tipo edilicio, más evidente y así se apela a una estética de pieles de *high tech* simple sobre un clásico programa maquínico moderno (una gran máquina de visualidad concentrada). Como en su centro de convenciones de Columbus, también aquí el arquitecto piensa su objeto como soporte de espectáculos, plataforma más bien neutra que será intensamente ocupada por personas y mensajes estentóreos.

5. La serie de las casas de números romanos (I-XI) que es la primera fase de los trabajos de Eisenman y ya la escena de ciertas investigaciones recurrentes –como la más célebre *House VI*, la casa Frank, de 1975– exhibe el interés por la investigación proyectual en sí antes que en su funcionalidad y la respuesta a un encargo preciso.

Aparece fuertemente la autonomía del análisis geométrico convencional (segmentación, giros, replicaciones, rotaciones, etc.) todavía en el seno de una concepción ortogonal aunque interesada en la ruptura de límites o bordes. Es una casa hecha con planos, una arquitectura de cartón no tan distinta de la producción de *maquettes* ni de la arquitectura de los niños o de los marginales; arquitecturas en que prevalece lo lúdico, lo resignificado y lo escaso o de materialidad pobre.

Es por otra parte, el caso de una *performance* equivalente al modelo de los castillos de naipes, construcciones laminares acumulativas efímeras, mutantes, inestables. Por tanto, no hay ninguna atención especial a su construcción –más bien se trata de una reconstrucción larga o infinita, lo que conlleva la no-duración o la antiperennidad–.

De hecho, la casa fue rehecha (ahora con el agregado de su valoración más bien historiográfica) en 1987 e incluso fue tema, en 2005, de un desmontaje estético en el cual para una muestra de trabajos del autor, la casa

INTELIGENCIA PROYECTUAL   383

se presenta como vuelta a desplegarse en la bidimensionalidad del museo, poniendo así como cualidad su limitación explícita de la categoría de espacio.

6. En el caso del *Columbus Convention Center*, en esa ciudad de Ohio, de 1993 (9.2), unas superficies importantes se someten a un seccionado vinculado con el uso modular que suelen tener esos edificios además de adaptarse al tejido de baja densidad del entorno.

Ilustración 9.2

El frente de este complejo, calle por medio de la ciudad existente, exhibe el propósito de una disolución del objeto nuevo en el paisaje banal de la ciudad *midwest* utilizándose la fragmentación citada como motivo de adaptación a tal paisaje previo.

Se apela a ciertos motivos proyectuales como la segmentación horizontal y vertical, los colores neutros (pardos, ocres, morados, grises: colores de la ciudad común) y las alturas urbanas dadas y remarcadas como aporte a dicho paisaje convencional (pero que adquirió una potencia estética por ejemplo, en las pinturas de Edward Hopper).

Como casi siempre, se trata de arquitecturas deducidas de juegos geométricos, tramas giradas, superpuestas, yuxtapuestas. Es decir, una arquitectura consecuente de operaciones calculadas y como tal, una arquitectura sin cierre, indeterminada, generada y genérica, procesual, mutable, transformable.

Los interiores, dada la indeterminación de funcionar como receptáculos de actividades diversas y sucesivas o simultáneas, se conciben como reversos de geometría negativa con la ausencia de cualidades de escala, proporción o ritmo y se revisten de unos colores pálidos que probablemente ayuden a la neutralidad que necesita la función de soporte. Si bien Eisenman ha teorizado abundantemente sobre la forma de la ausencia[134] o las características de nuevas figuras de visión y percepción, el resultado fáctico es nuevamente una arquitectura de bajo estímulo estético-emocional, una arquitectura casi enteramente dependiente de su proceso lógico de concepción.

---

[134] Derrida objeta esta pretensión: "En la discusión teórica de su obra él [Eisenman] formula a menudo un discurso de la negatividad demasiado fácil: habla de la arquitectura de la ausencia, de la arquitectura de la nada. Y yo soy escéptico frente a los discursos de la ausencia y la negatividad (...). Hablando de sus propias obras [Eisenman, Libeskind] se inclinan demasiado a hablar de vacío, de negatividad, de ausencia, con un tono a veces teológico, incluso judeo-teológico. Ninguna arquitectura puede ser denominada judaica por supuesto, pero la suya se apoya en un tipo de discurso judaico, elabora una especie de negatividad teológica en relación con la Arquitectura." Derrida, J. "Dispersión de voces" en Derrida, J. *op. cit.* p.176..

7. El edificio berlinés conocido como *Checkpoint Charlie*, por su cercanía con ese puesto de vigilancia sobre el muro de Berlín fue una de las piezas del programa *IBA Social Housing* construida en 1985 (9.3).

Ilustración 9.3

Aquí se evidencian las limitaciones de proyecto que se poseen al encarar un edificio (y programa) banal, prefigurado por normas de tejido urbanístico y características del mercado, un prisma susceptible de recibir ciertas marcas –operaciones de *stylo*– que no podrán alterar esa dominancia de pieza repetitiva de ciudad.

Cuando Eisenman recibe este encargo estaba trabajando en proyectos como el de Wexner, del que resultaban operaciones sobresaturadas de reglas geométrico-referenciales adosadas o superpuestas al objeto básico, algunas ampulosas o delirantes (como la traza que dibuja sobre las fachadas un motivo que evoca a escala, un pequeño módulo de la trama geométrica del mundo del cartógrafo berlinés Mercator), todo materializado en una idea abstracta de construcción pobre, incluso neutral, coincidiendo con las idea de Rossi sobre la subsidiariedad del modo técnico de construir ideas.

8. La intervención del *Koizumi Building*, sede de una corporación empresaria, en Tokio, 1990, es en cierta forma una extrapolación del *Checkpoint Charlie* en tanto también se trata de un módulo predeterminado de tejido urbano sobre el cual las decisiones proyectuales son restrictivas, superficiales o meramente internas.

La idea de Eisenman al respecto es la de *escribir* esa superficialidad del edificio convencional (como los grafiteros, en todo caso, un grafitero intelectual y culto) inscribiendo ciertos signos sobre tales módulos dados convencionales de ciudad, los prismas *preproyectados* de los fragmentos codificados por las normas urbanísticas. En tal dirección se trata de usar el bloque dado para operaciones centrípetas: romperlo o tensionarlo para adentro a lo que se suma el tratamiento del *sub-bloque* movido/descalzado/rajado del remate y sus toques de color de autor: verde y rosa pálidos.

La fractura calculada y los pequeños planos de cambios de los colores contextuales se ofrecen como sorpresas leves. Los interiores (ahora bastante degradados pues se instaló una tienda de artefactos eléctricos) se resuelven como instalaciones con base en planos que se retraen y superponen como escenografías teatrales, donde el uso de los colores se propone obtener visiones profundas en su graduación: malva, violeta, azul.

9. Con el Jardín de los Pasos Perdidos, Verona, 2003 (9.4), el diálogo resulta doble: Eisenman interpreta a Carlo Scarpa leyendo y revisitando metafóricamente su intervención de *restauro* y dialoga con la historia del lugar y con su propia historia. Se cumplen operaciones que implican la superposición de *improntas*, *estratos* y *grillas*, trayendo inspiraciones del lugar mismo y de sus sedimentaciones.

Ilustración 9.4

Eisenman replica en su jardín la estructura de la adyacente sala de la *Galleria della Scultura*. Las cinco salas de la planta baja de la *Galleria* son reproducidas externamente, con las mismas dimensiones planimétricas, deviniendo, en la instalación, otras tantas plazas abiertas. Las excavaciones de la plaza y el cruce de los ejes (las plazas de Eisenman y la *galleria* de Scarpa) generan una serie de corrugaciones del terreno, dando origen a dunas degradantes que delimitan incluso físicamente los cinco espacios externos.

La reflexión de Eisenman toma forma, mucho más que en una retrospectiva de dibujos y maquetas de su trabajo pasado, en una suerte de *hipertexto excesivo*, como él mismo lo define. La muestra es asimismo un proyecto realizado, colocado como obra didáctica en el jardín del Castelvecchio y como obra fragmentaria en las salas correspondientes al interior del museo.

Algunas materialidades se expanden y definen lo nuevo como los pavimentos de cemento estriado de piedra que Scarpa propone para aquellas cinco salas de la así llamada *Galleria della Scultura*. Cinco plataformas de las mismas dimensiones de las salas vienen *excavadas* por Eisenman en el jardín, como si preexistieran a las intervenciones de ambos arquitectos, situadas a lo largo de un eje paralelo a la secuencia de los ambientes internos. El elemento dominante de esta amalgama eisenmaniana es la grilla roja rotada, tomada del complejo residencial de Berlín y de Santiago de Compostela.

La grilla se extiende incluso en las salas internas en una serie de fragmentos intersticiales que aparecen entre los pavimentos de Scarpa y los muros del castillo. Estos restos de la grilla de Eisenman no solo crean una momentánea resonancia con Scarpa, invitando a leer las relaciones entre la preexistencia del edificio ochocentista y la intervención novecentista del arquitecto veneciano, sino que también remiten incluso a la escala y la distribución de las plataformas de exposición de Scarpa, echando nueva luz sobre tal intervención. El intento del arquitecto neoyorquino es el de confundir la relación entre tiempo y lugar preguntándose cuáles fueron partes del proyecto original: ¿el castillo?, ¿el *restauro* de Scarpa?, ¿la intervención de Eisenman?

El modelado-tajeado del jardín, sus gibas verdes regularmente generadas por subestructuras metálicas, los planos doblados de metal rojo (evocativos de los pedestales scarpianos interiores) convierten este proyecto transitorio –más bien una *performance* de arte conceptual que arquitectura consistente– en una meditación sobre la traducción, la cita, el palimpsesto urbano y cultural, denso de historicidad.

10. El *Wexner Center of Visual Arts and Art Library* en Columbus, Ohio, 1985 (9.5) es uno de los primeros trabajos importantes de Eisenman luego de su serie de casas y, por tanto, es un objeto excesivamente cargado del arsenal ideológico y cultural del autor. Refiere a su primera etapa, fruto más bien de impulsos reflexivos que de destrezas resolutivas de calidades de espacio y forma.

Ilustración 9.5

Se trata así de arquitecturas deducidas de varias escalas de lecturas topográficas del lugar inmediato y lejano, lecturas o análisis que decantan en tramas materializadas y en general superfluas, sobrescrituras arquitectónicas que remiten al modo de generación geométrica que al construirse generan objetos de resonancia lewittiana en el paisaje. El lema eisenmaniano, en esta fase de su trabajo, es hacer una arquitectura consistente en *lo existente reescrito* y ello encuentra resonancia en el modelo de escritura sobre escrituras propio del deconstructivismo derridiano.

Ese modo de análisis-construcción concluye en engendrar las tramas represivas/opresivas del interior que plantean una experiencia turbadora e inestable de la interioridad. Uno encuentra en tal experiencia que las espacialidades ópticas/hápticas/corporales parecen no haber sido controladas y de hecho han sufrido modificaciones simplificadoras. Nuevamente, tal interés dominantemente ligado a un modo de pensar/producir proyectos redunda en cierta indiferencia material o por la calidad de la fábrica; de hecho, el edificio fue *re-construido* apenas una década después de su inauguración.

11. Al referirse al proyecto de la Ciudad de la Cultura de Galicia, Santiago, 1999, Eisenman menciona en su memoria que en una sensibilidad pos-semiótica donde la cultura de afecto remplaza la necesidad de diferenciación entre signo y significado, la Ciudad de la Cultura de Galicia propone el proceso del código genético como una respuesta táctil a la nueva lógica. Santiago de Compostela, refiere el autor, es el sitio de uno de los más importantes códices medievales, el *Codex Calixtinus* y por tanto, propone entender este proyecto como un

nuevo *codex*. "Señala un movimiento –sigue diciendo Eisenman– desde un índice, que es una escritura interna de una acción, transformación o mutación hacia un código que es reescrito, esto es una reorganización desde una fuente externa de una organización interna sin necesariamente dejar rastros de esa actividad".

Es importante continuar registrando un fragmento largo del escrito de fundamentación de este proyecto que hará Eisenman puesto que en ello se intentan explicar algunas ideas teóricas, diría *preproyectuales*, del autor: el pasaje del índice al código, la reescritura del contexto mediada por estas figuras retóricas (código, índice, diagrama) y la voluntad de trabajar la presencia y la ausencia (en los modos de la memoria o la reverberación).

> El concepto de código en el proyecto de Santiago difiere en dos aspectos de procesos de diseño previos. Primero la idea de código no es usada en un sentido restrictivo sino más bien como un código ADN con la posibilidad de reorganizar un contexto. Segundo, diferentemente de nuestros previos usos de un índice, puede verse como generativo de una tercera dimensión. La introducción de la idea de reescritura en el contexto de la arquitectura y en el proyecto de Santiago en particular, señala un importante giro en nuestro trabajo, desde una idea de índice a una idea de código. Mientras el proyecto comienza como una serie de plantas superpuestas como un palimpsesto –la forma tradicional de un índice– esas superposiciones son entonces reescritas como una matriz tridimensional de vectores –perdiendo la fuerza de un diagrama– que actúa sobre el índice. Tales índices son usualmente registros precisos de antiguas presencias, como en un palimpsesto, una fotografía o una herida en un edificio; en Santiago los índices no son precisos ni necesariamente referidos a cualquier antigua presencia.
> Más bien ellos son deformaciones vectoriales extrapoladas desde una originaria grilla tipo tartan producida por el palimpsesto de superposición de tres esquemas: el patrón de las

calles medievales santiaguinas, la abstracta grilla cartesiana y la superficie topológica de la colina de emplazamiento proyectada en tercera dimensión.

Eisenman excluye en estas fuentes de *re-escritura* que cita, la mención del símbolo del apóstol, la concha que claramente forma parte de la primera ideación. Casi como si quisiera eludir o difuminar el uso de metáforas demasiado simples.

> Estos vectores reescriben la preexistente lógica organizacional propia de los planos bidimensionales. En tal sentido, esas reescrituras tienen la característica de un código más que de un índice. Mientras un índice fue un registro de un tiempo indeterminado, un código rescribe el tiempo como una serie de fuerzas. Esta reescritura también representa ausencias espaciales más bien que solamente presencias geométricas.
> Así en la Ciudad de la cultura, la idea de codificación produce una reescritura de presencias en la forma de una lectura diferente de fondo/figura, una lectura en la que hay una inexplicable erupción del fondo sobre la figura. Esto ocurre sin la necesidad de definir las funciones ni de producir una espectacular estética personal. Aquí, el código problematiza la presencia desgajando las convenciones formales y estéticas sin requerir una traza precisa o un registro de la actividad. Se propone remplazar la metafísica de la presencia con la sensación de la presencia, con una nueva codificación de espacio y tiempo en y para Santiago.

La historia involutiva ulterior del desarrollo de este proyecto refiere al intento fallido de materializar/generar geometrías orgánicas sin soportes técnicos compatibles en una nueva dificultad que Eisenman pone en evidencia al salir de la dimensión puramente especulativa de su pensamiento. Evidentemente no pudo producir o construir una espectacular estética personal.

12. El proyecto conmemorativo del holocausto judío que Eisenman propone en la *Schillerplatz* vienesa en 1992 parte por elegir un lugar que cargue de sentido la propuesta: se propone dialogar con Schiller, padre del iluminismo, para interpelarlo con su arquitectura y para *mostrar-le* su fracaso como pensador optimista.

Se trata de ponerle enfrente el recuerdo del holocausto y para ello vuelve al motivo de la *chora* que había utilizado en La Villette para una traducción arquitectónica del *Timeo* platónico junto a Derrida y por tanto, excava la plaza para superponer varias trazas de formas avasalladas (*ghetto*, campo de exterminio) y como efecto sublime, todo bordeado por lo que emerge de la cota del suelo, que es lo desgarrado.

Aparece la idea arqueológica de lo desnudado y la exhibición como pornografía del cuerpo *desinvestido* de su control privado como violencia cultural. Si bien las características de proyectualidad de esta intervención pueden discutirse –es casi un *objet trouvée*– lo cierto es que se trata del registro más fértil para el modo de pensamiento eisenmaniano.

13. En el caso de la Estación SAV Afragola, Nápoles, 2003, en que Eisenman obtuvo el segundo premio, él trata de sintetizar en un tramo de la memoria algunas de las ideas relevantes del trabajo:

> Qué distingue nuestro proyecto de la Nuova Stazione AV Napoli Afragola de otras contemporáneas terminales (...) es lo que hace distintivo lo napolitano en su sensible lirismo. Nuestro proyecto combina invención estructural y precisión funcional para producir un organicismo contemporáneo que integra sus formas simbólicas con una viable operatividad. Nuestro objetivo es producir una estación que simbolice no

solo la tecnología y la velocidad sino también el Nápoles histórico y el futuro en toda su manifiesta complejidad.

El escultor Giuseppe Sanmartino capturó en la Capilla Sansevero un espíritu de lo que fue y es. En particular su Cristo Velado retiene una sensibilidad que es distintivamente napolitana, el velo simultáneamente cubre y revela convirtiéndose en un sutil y ambiguo diafragma. Esta ambigüedad y translucencia suspendida entre realidad y un misterioso sentimiento de lo sacro es aquello que se quiso aprehender en nuestro proyecto. Tanto como el multiestratificado trabajo del mármol de Sanmartino, el proyecto corporiza lo cotidiano y lo extraño.

La estación erupciona desde la plana llanura campana sobre el fondo de los campos y las orquídeas del valle. La estructura es racional y fluida. Trenes y autos fluyen entre y debajo del sistema de grandes tubos, los que enmarcan una pregnante visión del Vesubio. Una única y reconocible imagen en el paisaje, la estación espeja y complementa la naturaleza lineal de un tren de alta velocidad (que requiere que la estación sea comprendida al instante) y la figura natural del Vesuvio. Estos elementos, combinados con la lírica cubierta principal y los tubos estructurales, producen un sentido contemporáneo del velo y la figura en toda su ambigüedad y translucencia.

El doble efecto referencial del magma territorial (Vesuvio) y del objeto velado (Sanmartino, quintaesencia de lo barroco) y su conjunción en una especie de accidente geográfico técnico, una excrecencia permite una arquitectura sobrefuncional y una objetualidad de referencialidad epocal, con sus necesarios suplementos retóricos, el tubo y la capa.

Resumiendo este escrito que como anticipé trata de analizar el trabajo fáctico de Eisenman –dado que él mismo ha flexionado hacia un interés más profesionalista– advierto que en ese enfoque y fuera de su ingente actuación en una renovación teórica del pensamiento, se trata de un arquitecto problemático, no un gran arquitecto.

Como Piranesi, Boullée, Soane, Kiesler o Price en otros momentos históricos (aunque todos estos limitaron prudentemente su hacer práctico), sigue estando preocupado más por cómo hacer arquitectura que por la calidad de esta y así, en un talante procesualista o programático, otros han hecho mejor lo que él anhela o propone (Wolf Prix, Grupo NOX, cierto Libeskind, Greg Lynn, Diller+Scofidio, etc.). Pero nos sigue fascinando la riqueza de su voluntad de pensar la arquitectura y tratar de ser arquitecto esencialmente, como hombre de pensamiento.

10. *HYBRIS* AMERICANA
SOBRE LA MODERNIDAD ECLÉCTICA DE COSTA Y BARRAGÁN

*No hay un método perfecto, dijo,
pero la perfección es siempre antipática.
Lo que se hace querer es lo imperfecto.*

J. Berger[135]

1. Algunas experiencias americanas desmienten o relativizan aquel axioma que define el ser moderno como ejercicio de cosmopolitismo y conciencia de un mundo-uno, a la sazón, el del ideal iluminista. Sería el caso que abordaré en este ensayo, de Luis Barragán y Lucio Costa, emblemas pero no rarezas de un ser moderno peculiar en América, ya que siendo lo suficientemente globales en su saber de la esfera del proyecto, escogen posturas excéntricas e incluso de programada confrontación al canon de la modernidad.

Siendo personajes del mundo eligen un registro de su pensar/actuar proyectual distante del canon historiografiado de modernidad (por ejemplo, el de Giedion o el de Frampton) que los acerca a una suerte de anacronismo programado tanto como a un calculado cuanto como evidente derrotero que quiero vincular a las ideas (anti)clásicas de *hybris* y eclecticismo.

---

[135] Berger, J., *De A para X. Una historia en cartas*, Alfaguara, Buenos Aires, 2009, p.58. El que habla en esa cita es Ved, un viejo y sabio apicultor.

La recurrencia a la *hybris* como aquella propia del exceso y desafío a la norma o a la ley que puede desatar la venganza de la *némesis* y la remisión al limbo de lo marginal; la opción ecléctica como la estrategia vitalista y oportunista de elegir y combinar materiales de diferentes canteras.

(Un breve paréntesis aquí respecto del epígrafe: por una parte asumo cierto afecto estético posmoderno y neorregional sobre lo imperfecto como modo abierto de producción; por otra, habría que dudar de una noción un tanto conmiserativa de lo imperfecto que ciertamente es de matriz eurocéntrica. Tenemos la obligación ética creo, de poder regular en nuestra crítica, las relaciones complementarias o divergentes entre *afectos* y *defectos*).

Desde aquella perspectiva teórico-historiográfica central o canónica, siendo lo moderno epifenómeno de lo modernizado, podría deducirse según una *lógica de izquierdas*, la imposibilidad ideológica de una modernidad americana vista su modernización imperfecta o inconclusa.

Habría además según aquel canon, una posible noción de lo moderno sintomal dada la alianza entre estética racionalista y ética socialista: la estética racionalista como resultado de la modernización técnica (innovaciones *tecnomateriales*, taylorismo-fordismo, serialidad productiva compatible con el anonimato del consumidor, rechazo de improntas de tiempo y lugar, etc.) y de cierta estandarización del gusto burgués; la ética socialista como consumación automatista del ideal iluminista y como acceso a una frugalidad de consumo como equiparación de oportunidades dentro de un esquema ideal de *estado de bienestar*.

De esa *sintomalidad* emerge una idea de *cosa racional* y de *hombre socialista* como entes ideales, todo lo cual deviene en nueva versión de la utopía progresista y también nuevo canal de naturalización del neocolonialismo.

Todo este párrafo podría ser rechazado o discutido por la práctica de Barragán y por los argumentos de Costa, quizá como sendas aunque disimiles resistencias políticas al ideal moderno: desde el campo ingenuo-populista y el campo crítico-culturalista.

La expresión estética de esa resistencia podría ligarse a la recuperación de la larga marcha histórica del rechazo del canon asumiendo la postulación de la *hybris* griega como utilización estético-dramática de la anomalía (de lo cual habría un retorno premoderno de lo híbrido en el barroco).

Esa *hybris* o desmesura se presenta estéticamente como confrontación con la *moira* –mesura, el lugar propio– y dado que esta debe prevalecer en nombre de un ideal civilizatorio, la *némesis* emergerá como castigo a la *hybris* y al trágico error de la *hamartía*, esa veleidad de discutir la norma divina y la ley humana.

Una postura de *hybris* sería así, desde América, aquella que resiste o contradice la *moira* del canon político-estético del iluminismo y el despliegue de sus figuras de revolución burguesa e industrial (caras conjugadas de la pretensión universalizada de consumo y producción) aplicadas al montaje de la modernización civilizatoria y de revolución estético-cultural emergente en la constitución de la modernidad.

La *hybris* se presenta pues como nueva realidad, ya no mitológica, en el contexto de la confrontación entre cultura y naturaleza en la dominación de América. De ella devendrá, si se quiere, una flexión de aquél filón griego (de ruptura de lo normal tanto como motivo de lo artístico) en la idea de hibridación o mestizaje, en el entronque turbio y frontal de diversos conceptos y materiales pero también de cosas y sujetos. Habrá pues cosas híbridas y sujetos híbridos y una nueva acepción de aquella vieja noción emergerá con quiénes valorarán esta mixtura.

El devenir híbrido se funde entonces con un producto más reciente, la filosofía ecléctica decimonónica (que elabora el paradigma de escoger y mezclar ya practicado desde Cicerón a Meister Eckhardt) como recurso a la combinatoria que devendrá en consolación intelectual permitiendo, por ejemplo, que el ochocentista fraile español Benito Feijóo elaborara una tibia alternativa ilustrada a la escolástica.

La mezcla selectiva de lo ecléctico –territorio específicamente fundado por el oscuro Victor Cousin (ministro de Educación de Napoleón III que así definió su programa: "El racionalismo cartesiano, el empirismo sensualista, la filosofía del sentido común y el idealismo especulativo son la base de la Filosofía. Por tanto, los filósofos deben sacar de estos cuatro sistemas los aspectos verdaderos para construir el gran edificio del eclecticismo")– podría verse así tanto como saga de la vieja *hybris* cuanto como primera fase de la deconstrucción filosófica posmoderna así como también del vitalismo posclasicista nietzscheano o las filosofías del *ser-ahí*: desde el materialista científico Alexander Humboldt al rural romántico Henry Thoreau, del profeta de la *Deep Alemania* Martin Heidegger al empedernido *filoandinista* Rodolfo Kusch o Gilberto Freyre, el sensualista gozoso.

Es decir, la rizomática posibilidad de armar un mapa antirracional en una *episteme* que articula viejo y nuevo mundo fuera de la tradición imperativa y victoriosa que funda lo moderno y que por tanto, de manera cognitivamente equívoca, negativiza este pensamiento como antimoderno que mal se entiende entonces como arcaizante o fuera del tiempo de lo evolutivo.

En América, esta veta, como intentaré verificar en mis autores, también da curso a un planteo esteticista no entendible como *art pour l'art* sino como otra vía de actividad política en que emerge la obstinación del *locus* (el sujeto-paisaje) por ejemplo, en Mario de Andrade y en Juan Rulfo, que bien podemos considerar como figuras literarias de referencia de Costa y Barragán.

El Nuevo Mundo, sin embargo, contiene otra cisura, tamizado por la diferencia religiosa que explica el aprovechamiento práctico del iluminismo protestante en USA –y por tanto una vía de acceso a la modernidad– y el rechazo católico del iluminismo en Hispanoamérica, donde deberá verse al barroco como coartada estética (no ética) contrarreformista para intentar confrontar el origen ilustrado de una modernidad excesivamente humanizada.

2. Se suele señalar cierta rusticidad técnica en el trabajo de Luis Barragán y en ello la marca de una modernidad no asumida, no entendida o directamente rechazada, por ejemplo, en torno de las ideas de abstracción y funcionalismo.[136] Lo que redundaría en considerar sus obras más (re)conocidas –su casa en Tacubaya, 1947, y la casa Gilardi, 1976– como momentos en los que, sin perder su caracterización fenomenologista del espacio

---

[136] Esa es la opinión que presenta J. M. Buendía Júlbez en su ensayo *El espíritu del lugar*, dentro del libro editado por R. Rispa, *Barragán. Obra completa*, Tanais, Sevilla, 1995, para matizar dicho aserto señalando que las falencias de diseño abstracto barraganianas (que atribuye a su formación de ingeniero) se compensan o anulan dado su excepcional manejo de la idea de montaje espacial. En un texto de mi autoría, *Barragán: escenógrafo de sí mismo*, *Summa*+84, Buenos Aires, 2005, p.107, desarrollo la idea de un montaje espacial que en su arquitectura remite tanto a una idea teatral basada en efectos de apariencia (más que de construcción o composición) y en cierta automitología de un yo narcicista.

arquitectural, más parece acercarse a cierta discursividad moderna, casi como puntuales excepciones a una obra más bien marcada profundamente por cierto arcaísmo programado y manifiesto que arranca de su origen *tapatío* acomodado y sus primeras sensaciones en la hacienda natal de Corrales, Sierra del Tigre, cerca de Michoacán, de donde deviene cierto perfil conservador, aristocratizante y de cristianismo tradicional que forma parte de su manera de ser (anti)moderno en un país de tantas oposiciones irresueltas. A lo que sumará una educación heterodoxa, ya que estudiará ingeniería hidráulica –completando luego algunos créditos para obtener el título de arquitecto– en Guadalajara.

Fuera pues de aludir aquí a las citadas obras que junto al Monasterio de Capuchinas de Tlalpan le otorgan su consagración internacional (Pritzker, etc.) hay un Barragán más denso y complejo que expresa programáticamente un modo de ser moderno excéntrico, dada una biografía de múltiples y eclécticas facetas de formación y una concepción de la idiosincrasia cultural mexicana que sin perder su mirada conservadora y elitista se proponen, bien a contramarcha de la historia estética del siglo XX, un objetivo de búsqueda de identidad más o menos ajena al paradigma dominante.

Si una biblioteca privada pudiera ser signo relativamente oculto de intereses, influencias y hasta pulsiones del gusto y el carácter, la de Barragán, con su centro en antiguos libros referidos a la vida monástica de las disipadas monjas barrocas mexicanas, ello parece confirmarse en Barragán.[137]

---

[137] Véase el ensayo de A. Alfaro, *Voces de tinta dormida: itinerarios espirituales de Luis Barragán*, en *Revista Artes de México*, s/f, p. 43, edición especial para el Gobierno de Jalisco en la que se analiza la biblioteca de Barragán donde a la par de textos premodernos

Un repaso comentado a pasajes de su vida y formación quizá otorga algunas claves arrancando por su primer viaje europeo en 1924-1925 donde visita la *Expo Art Deco* del '25, se compra los libros de Ferdinand Bac *(Les Jardins Enchantés* y *Les Colombieres)* y va a la Alhambra y se deslumbra.

De vuelta, formará el llamado *Grupo de Guadalajara* junto a sus camaradas Castellanos, Díaz Morales, Urzúa, González Madrid y Palomar, grupo que se aboca algo esotéricamente a discutir/aplicar a Bac y desde el cual hay que entender sus obras *tapatías* más importantes, las casas González Luna y Cristo (10.1).

Ilustración 10.1

---

franceses (Proust, Baudelaire) destacan los estudios coloniales sobre la vida monástica como el libro editado en 1723 del cura J. P. Pinamonti, *La religiosa en soledad*.

Para esos años, de 1926 a 1929, sobreviene en México la llamada *guerra de los Cristeros*– un levantamiento de católicos ultramontanos y terratenientes contra el gobierno reformista y laicista de Plutarco Calles– en la que Guadalajara será un bastión conservador al que pertenecen la familia como las amistades de Barragán que están del lado *cristero*.

Un segundo largo viaje iniciado en 1930 lo llevará a USA, donde visita al muralista José Clemente Orozco en Nueva York (a quién le construye una casa en Guadalajara), y conoce a Frederick Kiesler. Después, ya en Europa, visita fugazmente a Le Corbusier y por fin departe largamente con Bac en su refugio de la Costa Azul.

El interés por Kiesler seguramente tendría que ver con sus propuestas escénico-teatrales (sus *ballets mecánicos*) y quizá con sus primeros escritos sobre el *correalismo* y la crítica al funcionalismo moderno y seguramente menos en sus incursiones vanguardistas junto a Duchamp o en sus ulteriores propuestas surrealistas como la *Endless House*. En los años que Barragán visita Nueva York, Kiesler había acabado su única obra construida, el *Film Guild Cinema*, en dónde había diseñado un espacio interior óptimamente apto para el cine experimental.

Después de unos años más en Guadalajara se va al Distrito Federal e inicia la que llama *su etapa comercial* entre 1936 y 1940, con edificios encargados para renta inmobiliaria que serán bastante racionales tanto como despreciados por su propio autor, un conjunto de trabajos del que destaca un edificio de estudios para cuatro artistas que hace con Max Cetto y al fin del cual anuncia su retiro de la arquitectura. Tras este anuncio se dedica a hacer jardines en la avenida de los Madereros y a desarrollar un frustrado negocio inmobiliario; las 400 hectáreas del fraccionamiento de El Pedregal.

INTELIGENCIA PROYECTUAL

Después ya poco más, aunque será lo más notorio desde su celebridad internacional: en 1947, su casa de Tacubaya (10.2). Unos pocos años después conoce a Neutra quién lo introduce como paisajista en California, de lo cual devendrá más adelante la invitación de Kahn como paisajista del *Salk Institute* que finalmente no se concretará y luego un nuevo viaje a Italia y África hacia 1952 con el pintor Juan Soriano. A su regreso, la intervención de Las Capuchinas.

Ilustración 10.2

Ya en su última década activa 1955-1965, se aboca casi únicamente a jardines y loteos: Jardines del Bosque (Guadalajara, 1955), Las Arboledas, de 1958, Los Clubes de 1962 (10.3), Lomas Verdes, de 1965, más las casas Gálvez, de 1955, y Gilardi, de 1976.

Ilustración 10.3

Y en toda esta trayectoria, como destaca Antonio Toca Fernández[138], un entrecruzamiento complejo de asociaciones y préstamos con amigos que se entrelazan en sus resultados como los muebles y objetos de sus casas hechos por Clara Porcet o los colores de su paleta decorativa que le son enseñados por sus amigos pintores Jesús Reyes y Miguel Covarrubias, ambos no solo plásticos sino anticuario el primero y etnólogo el segundo.

En el documento legal que designa monumento artístico (bien de interés patrimonial) a la casa Cristo, de 1929, de unos 500 metros de tamaño, se lee como uno de los fundamentos lo siguiente:

---

[138] Toca Fernández, A., *La obra de Luis Barragán: entre ver y mirar*, en Rispa, R., *op. cit.*

> Que esta obra del arquitecto Luis Barragán máximo representante mexicano en esta disciplina, retoma elementos de diseño de las antiguas haciendas, y resulta evidente por los detalles de su diseño la influencia del arquitecto y escritor Ferdinand Bac, arquitecto con influencia de arquitectura morisca, especialmente en los elementos decorativos y ornamentales utilizados en los remates del inmueble, así como en el manejo de los espacios interiores y los juegos de volumen.[139]

Las referencias en esa etapa proyectual a las que permanentemente recurría eran sus memorias de niñez de la hacienda familiar de Corrales y la influencia de Bac (su escrito *Les Colombiers* era como una Biblia) que para Barragán ofició como una suerte de monje de los *jardines de meditación*.

El rol de Bac –amigo de Wagner, D'Annunzio, Proust, Rimbaud, personaje de la literatura y la política, el caricaturista más célebre de su época, se pasó una década en Menton armando para sus mecenas aristocráticos (los Ladan-Bockairy) la casa de *Les Colombiers* donde Barragán lo conoció ya con 60 años y un prestigio importante– fue impactante, tenía ya una veintena de escritos ilustrados sobre sus viajes a inicios de los veinte y sus dibujos de jardines (*Les Colombiers* y *Jardins enchantés* son colecciones editadas en 1925) que deslumbraron al mexicano.

El grupo de sus amigos de Guadalajara, sobre todo Urzúa y Díaz Morales, lo acompañó en estudiar a Bac, de donde seguramente proviene el interés de Barragán en diseñar patios y jardines en busca de una *arquitectura emocional*.

---

[139] *Ibid.*

La influencia de Chucho Reyes, otro jalisciense a quién reencontró en la capital, artista, anticuario y coleccionista de artesanías populares, fue relevante para torcer el interés hispano-morisco de Barragán hacia motivos indígenas. Pero el segundo Barragán, salvo ese deslizamiento referencial, mantiene un semejante interés en la organización de paisajes como escenas de meditación estética.

El Barragán de Guadalajara en definitiva, no debería ser entendido como anacrónico o antimoderno –en todo caso, la antimodernidad o antivanguardismo de Barragán es un efecto persistente– sino como el auténtico, conservador, católico e hispanófilo (incluyendo la vertiente morisca) que era y cuyas características siempre mantuvo así como su teoría del *jardín habitable* como centro de su concepto de morada recluida.

De hecho, en 1940 cuando declaró que abandonaría la arquitectura y que solo haría jardines, su primera casa propia en Tacubaya, luego cedida a la familia Ortega, vecina de su segunda y más conocida, era poco más que un jardín.

La noción de espacio de las casas tapatías y de la Cristo en particular (hoy remodelada con ciertas licencias para albergar el Colegio de Arquitectos) se ligaba a definirlo como espejo y depósito, atributos que daban pie a una arquitectura de escena y acumulación en donde siempre destacaba una idea de lo teatral y del juego que implican los fingimientos y representaciones de la figuración teatral unida a un manejo peculiar de lo óptico más que lo táctil o lo material.

Los trabajos de Guadalajara se habían iniciado además con una operación de restauración de un palacete decimonónico –la casa Robles León de 1927– que era en origen una casa compacta de patio central con unos motivos de arquerías que a Barragán le resultaron entrañables de modo que casi se limitará a limpiarla y depurarla.

El tema del arco romano lo retoma en las casas adosadas de Robles Castillo (1928) y en las González Luna (1929) y Aguilar (1931) siendo la Cristo (1929) el caso del acotado experimento de trabajar con arcos apuntados. Para muchos, la González Luna –un juego de bloques bajos yuxtapuestos tratados de una manera muy seca y austera, exaltando las masas murarias y un fuerte texturado en el acabado– es su mejor performance, evocadora de casas burguesas como las de Tessenow o Lewerentz, es decir, severas y desornamentadas pero muy tributarias de ideas clasicistas simplificadas o estilizadas.

Sin embargo, la Cristo (que es un complejo derrame de diversas formas en un lote no muy grande y donde empieza el interés de Barragán por los espacios teatrales), la disposición de secuencias de movimientos perceptuales, el uso del color y el recurso, a manera de citas, de fragmentos edilicios antiguos, parece ser el trabajo que más concentra su programa arcaizante y su atención intensa en lo tradicional.

La apelación a los motivos del ambiente de las haciendas de grandes terratenientes siempre operó como una potente veta de representación de clase, una de cuyas características era el fuerte cierre de lo interior respecto de lo urbano, del uso del jardín como fuelle de segregación y ficción de naturaleza y a veces, el recurso del agua también para privatizar esa idea de naturaleza perdida.

La modernidad del segundo Barragán debería verse pues como un cambio de elementos, en donde será relevante el acogimiento de una sensibilidad indigenista austera –a influencia de Reyes– no como cambio de concepto en su idea de arquitectura. Barragán continúa pensando en el tema del jardín como espectáculo y entorno de unas arquitecturas que deben enmarcarlo; un jardín visible y simbólico que en cierta forma, si bien en un talante algo elitizado, reivindica el sino americano de exceso de naturaleza.

Por ello, no será extraño que frecuentara a Neutra –cuyo racionalismo siempre quedó relegado a un interés por lo tópico del paisaje– y que decantará en una suerte de antimodernidad clasicista que también explica su circunstancial aunque infructuoso entronque con Kahn para los jardines del Instituto Salk en La Jolla.

Neutra, como consecuencia de la hibridación de una formación europea y un deslumbramiento topofílico frente al paisaje californiano o Kahn, con su destilada adhesión a la arquitectura arquetípica de matriz ledouxiana serán también, como Barragán, personajes algo incómodos para la labor de los historiógrafos filomodernos.

3. "Una variada gama de su actuación se compone de avances y retrocesos, 'profesiones de fe' e incertezas, reflejando de manera abierta y ambigua la materia viva del país con el cual dialoga"[140] arranca diciendo

---

[140] Wisnik, G., "Lucio Costa: entre o empenho e a reserva", prólogo a *Lucio Costa*, Cosac & Naify, San Pablo, 2001. En ese mismo texto Wisnik alude a posibles parangones de Costa entre los modernos y entre ellos menciona a Barragán, aunque a su vez, si se asemejan soluciones se diferencian intenciones: "Para Lucio Costa no se trata de crear una intimidad metafísica –como si ocurriría con Barragán– (...) Si Barragán persigue su poética teniendo como fantasmas las marcas de un opresivo 'laberinto

Guillherme Wisnik en su artículo prólogo de la antología que compila de los trabajos de Lucio Costa.

Parte de esa ambigüedad se manifiesta puntuando someramente algunos momentos cruciales en la vida intelectual de Costa.[141] En 1936 convence al gobierno populista de Getulio Vargas que es conveniente invitar a Le Corbusier para trabajar en el proyecto de la nueva ciudad universitaria (y de paso en el emblemático proyecto del MESP), en el intento de contrarrestar la presencia anterior de Piacentini.[142] Iniciativa que, como comenta ácidamente Mario Pedrosa, se ubicaba en medio de una *época de ilustración comandada por la reacción,* visto el costado fascista de la operación Vargas (que Capanema administraría trayendo efectivamente a Le Corbusier, reconocidamente autoritario y oportunista, entre una y otra invitación a Piacentini).[143]

---

de soledad', Costa abre con su arquitectura, una búsqueda de luz para una posible y sutil 'promesa de felicidad'" (p.48).

[141] Todo este ítem dedicado a la obra de Costa fue inestimablemente escrito con los comentarios de Carlos Eduardo Días Comas –tal vez el más dedicado historiador y crítico de Lucio– a quién agradezco calurosamente sus aportes tanto como desligo de ciertos juicios crítico-analíticos hipotéticos y evaluativos que son de mi cosecha.

[142] Santos, Cecilia Rodrigues dos *et al., Le Corbusier e o Brasil,* Projeto/Tessela, São Paulo, 1987.

[143] Piacentini viaja a Río en 1935 para opinar sobre el terreno de la Ciudad Universitaria en un viaje decidido entre la Embajada de Italia, el Ministerio de Educación y la Universidad y se lo invita como autor de una de las dos más modernas Ciudades Universitarias europeas (la otra era la de Madrid). La interacción de fascismo y modernidad era mucho más fluida por entonces, interacción emblematizada por el propio viaje de Le Corbusier a Roma para intentar conseguir encargos de Mussolini (c/r: Bardi, P.M., *Lembrancas de Le Corbusier,* Nobel, San Pablo, 1984).

Casi al mismo tiempo que Costa lidera el entronizamiento del maestro suizo, apoya la fundación del SPHAN, lanzado en 1936 por iniciativa de Capanema y presidido por Rodrigo Mello Franco de Andrade, desarrollando una propuesta de Mario de Andrade, en la cual Costa será primero contratado para San Miguel y luego designado director del área de estudios y relevamientos. Por esta razón casi al mismo tiempo que trajina el devenir de los cuatro proyectos sucesivos del MESP, diseña su *Museo das Missoes*, basado en el motivo modular de los pabellones de las casas de indios y que dialoga con sus trabajos arqueológicos en San Miguel, tanto como le permite una reflexión proyectual sobre la índole del espacio abierto propio de las plazas jesuíticas americanas, amén de un trato con la materialidad arqueológica de las ruinas.

Los vaivenes de Costa –turbios o mestizos en sus componentes estéticos y eclécticos en cuanto aceptación del componente selección más yuxtaposición de esa corriente filosófica– se suceden como una característica de su biografía.

En 1933 suspende su sociedad con Grigori Warchavchik –después de haber construido la espléndida Villa Operaria de Gamboa, de 1932. El caso mismo de Warchavchik –semejante al ruso-argentino Wladimiro Acosta– es extraño en sí y se enreda en los recovecos de esta historia: arquitecto tributario del pensamiento constructivista-weimariano en un paso de su tránsito europeo recala en Italia como ayudante de Piacentini,

---

El italiano será contratado para el proyecto de la Ciudad Universitaria en 1937, después que la comisión universitaria rechazara el proyecto preparado por Le Corbusier y también el que hiciera Costa. Irónicamente, una *maquette* del trabajo de Piacentini se expondría en el Pabellón Brasileño de la Feria Mundial de Nueva York de 1939 de Costa y Niemeyer.

uno de los clasicistas preferidos del *Duce* y, como se ha dicho, visitante de Río para éstas épocas.

Solo, Costa desarrolla la potente visión de pueblo obrero para Monlevade, en Minas Gerais (1934). Aunque Monlevade es solo aparentemente racionalista, con la dispersión romántica de su arquitectura en la naturaleza, recurre a soluciones artesanales como la tapia de mano (barro aplicado a mano sobre un bastidor de madera) o las celosías de madera y los cielorrasos de caña trenzada pensadas para mejorar la ventilación[144] y aun con una posible referencia a Perret en la arquitectura de su iglesia.

En 1938, Costa gana el concurso del Pabellón Brasileño de la Feria de Nueva York (10.4), pero decide elaborar un proyecto conjunto con quien había sido segundo, su antiguo empleado Oscar Niemeyer, cuyo talento apareciera en el proyecto del Ministerio. Desarrollado en Estados Unidos, el nuevo proyecto, en que colabora Paul Lester Wiener, el futuro asociado de Sert, recoge elementos de los dos proyectos de concurso, de partidos topológicamente parecidos, y algunos de los más osados provienen del de Costa.

---

[144] Véase la memoria de Monlevade que Costa vuelve a publicar en *Lucio Costa: Registro de una vivencia*. Empresa das Artes, São Paulo, 1995. pp. 91-99, donde defiende el perfeccionamiento técnico representado por la combinación de *pilotis* en hormigón y planta alta en *barro armado*, entonces el sistema constructivo adoptado mayoritariamente en las habitaciones del Brasil rural. Véase igualmente Comas, C.E., *Lucio Costa e a revolução da arquitetura brasileira 1930-30*, disponible en: www.vitruvius.com.br. Comas indica que más que apelaciones directas al saber artesanal popular, Costa parte del mismo para una reelaboración que hoy asumiría indicios de búsqueda de sostenibilidad, como la minimización del contacto con el suelo para evitar la humedad y el uso de madera aserrada y estabilizada.

Ilustración 10.4

Costa regresa a Brasil cuando la construcción comienza y pronto se opone al proyecto neocolonial para el Grande Hotel de Ouro Preto encargado por el SPHAN a Carlos Leão, otro antiguo socio y compañero en el grupo del Ministerio. Costa se ocupa de recomendar a Niemeyer a Rodrigo Mello Franco de Andrade, asumiendo activamente el rol de consultor.

El arribo de Niemeyer a Minas Gerais a propósito del hotel le significará conocer a Kubitschek y quedar posicionado para encarar Pampulha en 1942. Dos años después, Costa sí aceptará hacer para los Guinle el Park Hotel Sao Clemente en Nova Friburgo, en *estilo campestre*.[145]

---

[145] Véase el capítulo "Cour et jardin" sobre el Pabellón Brasileño y el Hotel de Ouro Preto en la tesis doctoral de Comas, C. E. *Précisions*

Oscilaciones a menudo sesgadas por etapas de intereses puntuales –como cuando dirige la Escuela Nacional de Bellas Artes en 1931, debiendo poner a prueba la versatilidad de su ideológica estética híbrida moderno-popular pero también tensada por lo vanguardista que lo motiva para organizar el *Salao Revolucionario* de 1931 que, con la participación de Anita Malfatti, Candido Portinari y Tarsila do Amaral, revive el espíritu paulistano de 1922, aunque lo eyecta del cargo (o quizás lo deja por motivos personales como cuando anuncia en 1929 su retiro de la vida profesional carioca para recluirse en Correias, cerca de Petrópolis).

Hay también oscilaciones que atraviesan el proceso de desarrollo de una misma pequeña obra como lo atestiguan las sorprendentes dos perspectivas de la Casa Ernesto Fontes (1930) que publica Wisnik; la primera en *estilo ecléctico-académico*[146], pero con arcos, verandas y rejas de celosía en las aberturas y la segunda como una estructura ortogonal de sabor racionalista aunque naturalizada con una profusa jardinería circundante. Derivación

---

brésiliennes sur un état passé de l'architecture et de l'urbanisme modernes d'après les ouvrages exemplaires de Lucio Costa, Oscar Niemeyer, MMM Roberto, Affonso Eduardo Reidy, Jorge Moreira et cie., 1936-1945, Université de Paris VIII, Paris, 2002. Ahí se publican los fragmentos de los dos proyectos de concurso descubiertos en la casa de Costa después de su muerte. El proyecto final combina las curvas de Niemeyer con dos proposiciones de Costa, la planta baja porosa así como el contraste entre elevación enfáticamente horizontal frente a la calle y elevación enfáticamente vertical de columnas colosales frente al jardín exhibiendo canteros de bordes curvilíneos. Véase también Comas, C. E. *O passado mora ao lado. Lucio Costa e o projeto do Grand Hotel de Ouro Preto 1938-1940.* Arqtexto 2, 2002/1. pp. 6-18.

[146] Esta adjetivación es del propio Lucio ya que en su *Lucio Costa. Registro de una vivencia,* al presentar el proyecto neocolonial de la mansión y la casa de campo de Fabio Carneiro de Mendonça, los menciona como sus últimos proyectos de *estilo eclético-académico.*

o tránsito bastante difícil de entender y que le costarán las enérgicas diatribas en su contra del ultramontano José Mariano Filho, el padre del neocolonial que hasta entonces había apadrinado celosamente al joven Costa.

Sin embargo, la densidad conceptual de la mayoría de los escritos de Lucio abriga el argumento de su complejidad reflexiva como marco de sus aparentes contradicciones. De Niemeyer, apuntará Wisnik, creía que "suponía una buena causa de arquitectura abierta a una tendencia ligada al espectáculo". De su enfoque político remite a las dudas que tenía respecto de "efectivos avances en la modernidad social y de la imposibilidad o dificultad de constituir explícitamente la esfera pública".[147]

Brasilia, que iba a erigirse en el supremo gesto político de la arquitectura americana, juntaba argumentos tan polarizados como su concepto de negar la propiedad privada del suelo junto a la idea de fundación colonial de trazar en el territorio una huella reminiscente de las cruces cabralinas y de ellas, el resabio alegórico de la traza urbana latina. Pero también sus dudas sobre la verdadera conformación de un aporte consistente: "En Brasilia el sueño fue mejor que la realidad."

También levita entre un realismo político ligado a lo popular junto a sus prevenciones de liberal de izquierda, como asumirá en su escrito *Constatacao* (1932) en el que así como analiza elementos de lo popular admite su dificultad en adscribirlos a modelizaciones intelectuales. Lo que se conjuga con su ideal artístico de modernidad no escindida de manipular lo tradicional aunque con un sabor quizá no tan optimista como los escritos de Freyre:

---

[147] El texto entre comillas de este y los siguientes tres párrafos remite a extractos de Wisnik, op.cit..

"Su distanciamiento crítico –dirá Wisnik– a la manera de una calculada inactividad algo duchampiana, asume un sentido de negatividad." Nunca alcanzará la paz del populista ingenuo. Algo que se advierte en sus estudios de arquitectura histórica portuguesa, en los que ignora lo fastuoso del barroco palaciego y reconoce, como perlas cuidadosamente cultivadas, a casas innominadas cuyo valor estriba en decantar al extremo tipologías de adaptación al sitio, así como recursos constructivos del ingenio artesanal y una condensación de esos objetos a un núcleo antropológico que los valora como útiles, sedimentos sabios de funcionalidad radical.

El crítico literario argentino Jorge Panesi ofrece, al hablar del caso de la célebre revista cultural *Sur*, un argumento que me sugiere un modo de establecer para Costa, cierta convergencia entre ideología política y cosmovisión estética –en este caso, connotada por lo ecléctico–: "Se somete a una ley que podríamos bautizar como de 'neutralización ideológica de los discursos'. Y esto se explica porque el eclecticismo, el discurso ecléctico, es siempre un discurso neutralizador."[148] El afecto operativo que Costa parece tributar a una estética ecléctica (a un complejo juego de referencias a veces opuestas) debería verse en consonancia con una motivación política cifrada en una noción muy actual de *real politik* progresista, postura que yo veo en Costa no como oportunismo proactivo ni como neutralización de oposiciones, sino más bien como búsqueda de tortuosos caminos de articulación entre lo tradicional y lo innovativo, entre lo popular y lo culto, entre lo histórico-colonial y lo moderno.

---

[148] Panesi, J., "Cultura, crítica y pedagogía en la Argentina: Sur/Contorno", en *Críticas*, Norma, Buenos Aires, 2004, p. 56.

En la ya tardía Casa Duvivier, de 1985, se ve transmitida esa capacidad analítica visto el proceso por el cual ese proyecto reelabora el motivo del pabellón de peregrinos del portugués Santuario de Santa Rita, en un trabajo que, por una parte, imita como virtud del análisis, pero también transforma (en horadaciones y alivianamientos) esa referencia en lenguaje básico para una reescritura moderna.

Un proceso de continua referencialidad que también incluye trabajos como la Casa Hungría Machado, de 1942 –una caja de planta clásica revestida de cerramientos más bien populares como las celosías de madera –o la Casa Saavedra, de 1942, en Correias –artefacto pensable como un gran mueble de ebanista–,, temas que vuelven y se reelaboran en búsqueda de nuevas *performances* respectivamente en la Casa Costa-Moreira Penna (1980) o en la espléndida y fenomenologista Casa Thiago de Mello en Barreirinha (1978) cuya liviana trama casi japonesa puede converger con trabajos de Bo Bardi, aunque –en esta trayectoria de sutiles matizaciones– haya también un regreso a las formulaciones estructurales de la casa de campo Fabio Carneiro de Mendonça, la que él consideraba como de registro ecléctico-académico.

Pero las grandes obras de Lucio también oscilan entre la simplicidad o aun la recurrencia a nociones proyectuales previas y reconocidas –como la manzana del Jockey Club en Río, de 1956, o las viviendas del Parque Guinle en Río, de 1943-1945 (10.5)– junto a hallazgos quizá elementales pero muy fecundos como la organización del espacio abierto en áreas centrales (la idea de *plazas construidas* que enuncia Wisnik) o las fachadas del Guinle resueltas con el motivo cerámico del *cabogó*, que es una recreación del tema islámico del *muxarabi*, mixturas que abordará en la mayoría de sus casas como la Saavedra (10.6) o la Fontes.

Ilustración 10.5

Ilustración 10.6

En distintas vertientes –que son quizá reflejos de sus respectivos países y subculturas– Barragán y Costa asumen el trayecto del siglo moderno con la voluntad de trabajar en un lugar específico para una sociedad determinada. A veces surge la tentación de imaginarlos más apátridas o nómadas especulando entonces con una mayor fortuna y reconocimiento proyectual. Pero esa tentativa de homologación con cánones centrales fue justamente aquello que de distintas formas, Costa y Barragán quisieron evitar e incluso confrontaron.

El valor central de su aportación, en suma, no se desdibuja en la recursividad a lo híbrido o lo ecléctico sino que más bien hay que entender que esos dispositivos conceptuales les fueron útiles para moverse en los contextos políticos y culturales de sus ambientes y que los mismos no fueron rémoras o taras en la expresión canónica de modernidad sino al revés, los instrumentos para tematizar modos específicos de atravesar proyectualmente el siglo XX.

www.ingramcontent.com/pod-product-compliance
Lightning Source LLC
Chambersburg PA
CBHW021758220426
43662CB00006B/107